历史进步论
与中国发展之路

王 晶◎著

LISHIJINBULUN

YUZHONGGUOFAZHANZHILU

辽宁人民出版社

ⓒ 王晶　2020

图书在版编目（ＣＩＰ）数据

历史进步论与中国发展之路 ／ 王晶著 ． — 沈阳 ：辽宁
人民出版社 ，2020.9
ISBN 978−7−205−09948−0

Ⅰ．①历… Ⅱ．①王… Ⅲ．①马克思主义哲学－历史
唯物主义－研究 ②中国经济－经济发展－研究 ③社会发展
－研究－中国 Ⅳ．① B03 ② F124

中国版本图书馆 CIP 数据核字 (2020) 第 164116 号

出版发行：辽宁人民出版社
　　　　　地址：沈阳市和平区十一纬路25号　邮编：110003
　　　　　电话：024−23284321（邮　购）　024−23284324（发行部）
　　　　　传真：024−23284191（发行部）　024−23284304（办公室）
　　　　　http：//www.lnpph.com.cn
印　　刷：辽宁鼎籍数码科技有限公司
幅面尺寸：170mm×240mm
印　　张：20.5
字　　数：264千字
出版时间：2020年9月第1版
印刷时间：2020年9月第1次印刷
责任编辑：祁雪芬
装帧设计：白　咏
责任校对：吴艳杰 等
书　　号：ISBN 978−7−205−09948−0

定　　价：68.00元

目 录

下编 当代中国的改革与发展之路

导论

重新审视历史进步问题的当代价值

自启蒙运动以后，进步观念在近代西方社会逐步确立起来，并日益成为人们理解和阐释历史事件和历史进程的主导模式，成为人们追求自身完善、谋求社会变革、建立理想社会的坚定信念。然而，不可否认的是，历史进步的观念自其诞生之日起所受到的质疑和批评就从未停止过，特别是自20世纪60年代以来，随着当代社会历史生活的巨大变迁从而引起的西方社会历史观念的变化，这种对历史进步的信仰面临着严峻的考验。

一、人类生存现状要求重新审视进步问题

进步概念的确立，使人们对历史发展的前景作了无限乐观的展望，对未来社会充满了无限美好的憧憬。人们认为，社会历史的进步是理性自我发展的过程，它将同作为人类理性成果的科学一起把人类推向无限光明的未来。在理性认识和自然科学的推动下，新兴技术很快发展起来，与此同时，这种新技术又被用来服务于新的生产方式，在这一发展过程中，整个世界发生了根本性的改变。在进步观念推动下逐渐发展起来的现代科学与现代文明的神话在当时是无懈可击的。马克思和恩格斯在其对资本主义生产方式及其在此基础上产生的社会制度进行批判的过程中，不仅没有在根本上对工业生产方式本身提出质疑，与此相反，他们还将人类从被剥削、

受奴役的资本主义社会中解放出来，进入作为"自由人联合体"的共产主义社会的物质条件的获得寄托在它身上。

科学技术的发展及其应用，在一定程度上实现了人类征服自然的梦想，极大地改变了人类的生存条件。然而，科学、技术、工业革命、资本主义生产方式以及随之产生的西方殖民强国对世界大部分地区的殖民瓜分却复杂地联系在一起。于是，随着科学技术和工业主义的全球化推进，特别是当理性和科学不断地被纳入强权的逻辑，人们发现社会并不像他们所设想的那样美好，以理性和科学为基础的18世纪理性社会的蓝图已经演变成通往灾难的途径：两次世界大战、核武器的杀伤破坏后果、环境破坏、金融投机、垃圾债券、恶意收购、财富和权力的两极分化以及由此而导致的各种社会问题。

尽管对进步的信仰仍然是世界历史发展的基本特征，然而，这种观念却丧失了许多昔日的光辉，18世纪的人们所预测的那种令人愉快的、不间断的和不可避免的进步的可能性，听起来似乎充满了天真和愚蠢的意味。特别是20世纪70年代中期以来，随着整个世界经济的发展，人们逐渐产生的"能源危机""环境危机""安全危机""民主的危机"等这些危机意识越发反映出人们对进步的怀疑。这种怀疑直接针对的是进步观的根基，即科学以及它得以产生的基础——理性，也就是那种受到人们深刻批判的"工具理性"。人们开始意识到，理性的发展未必给人类带来幸福，人类历史发展的前景并不总是那么美好，历史的进步并非一定要发生。于是，人们提出了多种关于人类历史演进、促进社会发展的理论，比如，斯宾格勒和汤因比的历史循环论、麦多斯和舒马赫的均衡进步论、佩鲁的新发展观、弗洛姆的"健全社会"方案等。那么，究竟有没有进步的存在？是否是因为"技术万能论"用"生产力的普遍提高模式"简单置换了"进步"的整体性，才导致了人们怀疑甚至否定进步的真实性？还是进步本身就是"乌托邦"式的虚幻存在？对这些问题急需作出回答。

二、国内外理论界的纷争要求重新审视进步问题

历史进步的问题是理论研究中的一大难题，对进步观念的批判从其诞生之日起就从未间断过。中外思想史上对历史有无进步问题，一直持有不同的看法并进行过激烈的争论。"且不说后现代主义哲学对社会进步根本不予承认，拒绝讨论，就是认可社会进步的讨论，在其分析和理解上也是歧义重重，以致社会进步问题成为哲学上的一大难题。"①已故俄罗斯著名作家索尔仁尼琴很早以前就对人类无限进步的信仰发出警告。根据他的观点，进步观念的形成主要是基于两个错误的设想：一是在有限的自然中设想无止境的物质进步；二是设想物质进步必然会导致整个社会道德水平的提高。索尔仁尼琴认为，这种设想的错误就在于忽视了人类受欲望驱动的本能，人类的这一本能不仅不会受道德伦理的约束，而且在现代社会，由于受消费文化的鼓动和诱惑变得更加不可抑制，其导致的直接后果或者是不断产生的新的消费欲望所引起的不满足感的增强，或者是消费欲望被满足后随之而产生的精神萎靡。于是，人们在沉迷于物质享受的同时，整体上的精神发展却在不断下降，人类的文化已经变得贫乏和苍白无力。索尔仁尼琴最后得出结论："进步曾被看作是闪光的、笔直的矢量，而事实上却是不规则的曲线。"②

18世纪末期，历史主义在西方出现。其创始人、德国史学家赫尔德在《关于人类历史哲学的思想》一书中认为，人类历史的发展并非遵循一条抽象理性的道路。每一个历史现象都是暂时和个别的，它们在历史上都有

---

① 丰子义：《发展的反思与探索——马克思社会发展理论的当代阐释》，中国人民大学出版社，2006年版，第184页。

② Alexander solschenizyn, *Wofuer Lebern wir? Wohin geht die Fahrt?* In: Die Zeit, Nr. 38, 17. Sept. 1993, S. 63ff.

独特的价值，而并不是一根发展链条中的一个个环节。对欧洲史学产生重大影响的兰克学派是历史主义的典型。德国史学大师兰克生活在法国大革命和拿破仑战争以后欧洲陷入政治反动、思想文化方面也出现复古主义逆流的时代，受这种社会潮流影响，兰克的思想相当保守。他以治史方法上的缺陷为突破口，对启蒙时期史学进行批判，用轻蔑的口吻指责启蒙学者不尊重客观史实，甚至歪曲史实以适应政治宣传的需要。继而指出，所谓"进步论"纯属虚构，不符合历史的真实。兰克认为，人和国家的行动都以观念为基础，在人们可认识的观念背后还有一个永恒的观念，这就是上帝的意志，世间一切都受其支配，人类理性对社会历史的发展丝毫不起作用。历史的演变也不是从低级走向高级的过程，因为"每一个时代都与上帝沟通，它的价值不在于能留给后代多少东西，而是在于它的存在，它的自身"①。在他看来，在历史时代之间不能做孰优孰劣的比较，也没有高低差别，因此时代的变化谈不上是"进步"或"倒退"，仅仅是变化而已。②

三、后现代理论的冲击要求重新审视进步问题

进步曾被视为现代社会发展过程中自我肯定和鼓舞精神的中心思想。但是，随着经济危机、政治动荡、文化虚无、军事冲突和生态危机等各种全球性问题的不断涌现，现代性本身的内在矛盾和困境日益暴露出来。正是在这种情况下，后现代主义者如福柯、利奥塔、德里达、鲍德里亚、德勒兹以及拉克劳和墨菲等人，不约而同地都把批判的矛头指向启蒙运动以来所确立的关于历史进步和人类解放等"宏大叙事"的历史理论。他们拒绝对社会历史的起源和本质进行考察，放弃对社会历史发展的必然性和规

---

① 王晴佳：《简论朗克与朗克史学》，载《历史研究》，1986年第3期，第124页。
② 王勤榕：《西方史学中的历史循环论与历史进步论》，载《北京师范学院学报》（社会科学版），1991年第6期，第73—74页。

律性以及内在根据的研究，把启蒙运动以来的历史进步观看作是现代性的哲学话语所构建的神话，并要求对其进行坚决的批判和解构。另外，他们中的一些人将马克思的历史进步观视为现代基础主义、本质主义和中心主义的历史观谱系中的典范，从而对马克思的历史进步思想进行批判甚至完全抛弃。

随着后现代主义思潮及作为其理论结果的历史虚无主义在全球范围内的蔓延，虚无主义在我国也悄然兴起，并大有愈演愈烈之势。其具体表现是：不承认历史及文化传统的继承性与连续性，把传统文明向现代文明的过渡看成是彻底的断裂，否定历史发展的内在逻辑，漠视人文精神传统的内在传承及其教化意义。历史虚无主义不仅否定历史传统，也否定自身的当代史及其现代化传统，或者用现代化史观代替革命史观，否定中国革命，否定历史唯物主义，否定现代中国的马克思主义与社会主义传统。历史虚无主义将历史唯物主义视为自身的理论基础，历史唯物主义因此被解释成历史目的论。①历史目的论的前提性假设是历史的单线性进步观，毋庸置疑，马克思的历史学说中包含着历史进步论的倾向，但能否就此断定马克思的历史进步观是单线性的历史进步观？面对着已经逝去的历史和我们仍然置身其中的当下社会，我们该如何理解历史发展的这种连续性，并适时地把握未来历史的发展方向？

正是在这种背景下，历史进步问题再次摆在了人们的面前，成为人们关注和讨论的重要问题之一。面对进步观念被指认为一种专制主义范式，面对马克思的历史进步思想被归结为一种"思辨的历史哲学"，我们该如何在理论上阐明马克思的历史进步观既非单线的、目的论的，也非超历史的思辨体系？这就要求我们深入到马克思的文本中，系统地把握马克思历

---

① 邹诗鹏：《现时代的历史虚无主义及其成因》，《中国社会科学报》，2009年第6月2日第07版。

史进步思想的理论内容，正确地理解马克思历史进步观念的革命性变革及其当代意义，以便用马克思的基本立场、观点和方法作为指导，深刻地分析当代社会复杂的现实状况，坚定我们的历史信念，推进我们朝向未来的实践活动。

上 编

·马克思历史进步观的当代解读·

第一章　进步观念在西方确立的历史进程

　　进步观念在严格和完整的意义上来说，是近代以降才真正形成和完善的一种历史观念。语义学上的"进步"概念并不复杂。在西语中，英文中的"进步"（Progress）一词源于拉丁文，由Pro(前)和gress(走)组合而成，其基本含义就是"向前(走)"。在汉语中，根据《辞源》的解释，所谓"进步"是指"向上或向前"①；根据《现代汉语词典》的解释，所谓"进步"是指"(人或事物)向前发展，比原来好"②。可见，理解或确认"进步"的关键是"前"，然而"前"不是自明的概念，作为一个方位词，它本身具有相关价值判断的内容因素，不具有客观确定性，而是依据人们确定的行动目标和事态演变方向而定。因此，当人们运用这一概念对历史事件的任何变化进行指认时，便会形成一种特定的既关涉事实又关涉价值的与人类社会总体演变趋势、阶段、方向相关联的历史观念。正如举世公认的最早对进步观念进行全面而富有建设性研究的英国著名历史学家约翰·伯瑞对"进步"观念的本质所进行的描述，"人类进步的观念是一种理论，涉及一种对过去的假设和对未来的预言。它的基础是对历史的一种阐释，这种阐释认为人类是朝着一个确定和理想的方向缓慢前进——即一步一步地前

---

① 《辞源》，商务印书馆，1988年版，第1670页。
② 《现代汉语词典》，商务印书馆，1996年版，第659页。

进，并推断这一进步将会无限期地持续下去"①。与人类历史的发展紧密相连的进步观念是时代的产物，其产生与确立经历了一个十分曲折而又漫长的发展过程。

第一节　进步观念的最初萌芽

进步观念最早可以追溯至欧洲中世纪时期，而在此之前的古希腊、古罗马时期实际上没有与"进步"观念相类似的概念，他们倾向于讴歌过去，受"历史倒退论"和"历史循环论"的支配。古希腊诗人赫西奥德在其著作《工作与时日：神的谱系》一书中，将人类历史划分为五个阶段：第一阶段是黄金时代，人们在这一阶段过着神仙般无忧无虑的日子，颐享天年；第二阶段是白银时代，在这一阶段生活变得残酷，人们违逆神意恶斗厮杀，早夭者众；第三阶段是紫铜时代，尽管人们此时身强体壮，精力充沛，但却在绵延的战火中白白地耗费生命；第四阶段是英雄时代，贵族和类神的人物在这一阶段开始出现，不幸的是他们都毁灭于战争之中；第五阶段是黑铁时代，即赫西奥德所生活的时代，这是一个充满苦难的阶段，没有繁荣，亦没有任何正义②。赫西奥德的描述展现出人类命运每况愈下的过程，体现了他对人类历史发展所持有的悲观、退化的观念。与赫西奥德的"历史倒退论"不同，修昔底德则坚持一种"历史循环论"的观点。修昔底德的理论基础是"人性不变"的原则，在此基础上他提出一切历史事件都是人性的反映，因为人性不变所以历史过程必然重复发生③。这一"历史循环论"的萌芽在古罗马时期得到进一步发展，这一时期的人们相信人类社会经

---

① [英]约翰·伯瑞：《进步的观念》，上海三联书店，2005年版，第3页。
② [美]布莱萨赫：《古代、中世纪和近代史学》，芝加哥大学，1983年版，第8页。
③ [古希腊]修昔底德：《伯罗奔尼撒战争史》，商务印书馆，1960年版，第18页。

由一段时间的发展必然会走向衰亡，跌入深渊，然后一切又重新开始。

欧洲中世纪犹太基督教思想的引入，确立了历史进程的不可重复性，并且在其中注入了不断上升的意义，从而构成了进步观念的最初萌芽。早期犹太基督教之所以构成进步观念的思想源头，主要在于基督教历史观蕴含了以下思想：人类作为统一的整体是世界性的存在；人类历史有着明确的开端和终结，其开端起源于上帝造人，终结于末日审判；历史演变具有必然性，人类正是在对"至善"的追求中朝向千禧王国前行。基督教的这些思想最早出现在以色列"精选民族"的犹太教思想中。根据犹太教的思想，上帝已经带领犹太人逃出埃及，经过在巴比伦受囚禁的阶段后，犹太人步入受罗马人统治的时期；再过一千年，人类将面临"末日审判"，而后上帝带领他所精选出来的子民进入神的国度。后来，犹太教思想经过一些教父如托图里亚和尤斯希斯的改造，并最终在奥古斯丁那里构成了一个完整的思想体系。

基督教的代表人物奥古斯丁在其著作《上帝之城》中，对史前至未来的社会发展规律进行了总的概括，首次提出了"历史进步"的观点。奥古斯丁指出，上帝创造了两个世界，一个是人们生活于其中的有限的"世俗之城"；另一个是永恒的"上帝之城"，它开始于"世俗之城"的毁灭。奥古斯丁把"世俗之城"存在期间的历史分为六个时期：1.从亚当至洪水；2.洪水退后至亚伯拉罕时期；3.亚伯拉罕死后至大卫；4.大卫之后至巴比伦灭亡；5.巴比伦之囚至耶稣诞生；6.公元初直至耶稣再次降临人世。①根据奥古斯丁的观点，人类历史的发展是从上帝创世到末日审判的前进运动，正如他所说，"天地存在着，天地高呼说它们是受造的，因为它们在变化。凡不是受造而自有，则在它身上不能有先无而后有的东西。不能有

---

① [古罗马]奥古斯丁：《上帝之城》，人民出版社，2006年版。

变化的东西"。①但是，他否认"世俗之城"变化的意义，认为所有的变化都是上帝意志的体现，都不过是为了趋向永恒的"上帝之城"。在奥古斯丁那里，历史从不会停滞或循环，因为历史的变化伴随着时间的移动，而时间的移动只能是朝着一个方向上的不间断的前进过程。

尽管犹太基督教思想第一次打破了历史发展中的"倒退论"和"循环论"，但是，由于其历史观是神创论和天命论，这就决定了它本身不可能产生严格意义的浸透科学和理性精神的进步观念。因此，在基督教历史观中已经存在的进步观念的思想要素，依然只构成进步观念的思想来源。

第二节　进步观念的逐步形成

16—17世纪是进步观念逐步形成并开始为人们所接受的时代，这一过程迁延了两个世纪之久。尽管在此之前人们也已经观察到这样一个显而易见的事实，即在人类过去历史的发展过程中，知识和技术一直在发展和进步。但是，他们的这些观察和结论并没能就此形成一种关于进步的理论。直到16、17世纪，早期的空想主义者和近代哲学的奠基人通过自己的研究，将知识、科学、理性以及今胜于昔的信念连接在一起，从而提供了进步观念赖以产生的前提条件和思想氛围，使衰退或循环的历史观念不再占主导地位，为历史进步观念的最终确立开辟了道路。

一、知识的力量和世俗生活的价值

弗兰西斯·培根是近代哲学的创始人和现代实验科学的奠基者，同时，他也是一位反对宗教神学、为科学和真理而斗争的英勇战士。作为进步观念的思想先驱，他比他的同时代人更为清醒地意识到了结束过去和创

---

① [古罗马]奥古斯丁：《忏悔录》，商务印书馆，1982年版，第234—235页。

造一个全新的开端的必要性，并为此而做了大量的努力和工作。正像伯瑞所评价的那样，培根在形成人类社会历史秩序的新观念的众多伟大先驱中，占有独一无二的地位。

培根坚信"知识就是力量"，强调知识向科学技术的转化可以"使自然服务于人类的事业和便利"①。知识作为人类理性思维活动的成果，是对社会实践经验的总结和概括，具有巨大的力量和作用，培根对此的阐释主要体现在以下几个方面：第一，知识的正确性是其具有巨大力量的前提。培根认为，经院哲学的长期统治禁锢了人们的头脑，造成了各种幻想和偏见，培根将其归结为四种"假相"，即"种族假相""洞穴假相""市场假相""剧场假相"。他强调，正是由于人们长期陷入这四种"假相"之中，导致人们不能独立地运用自己的理解力，这不仅妨碍了人们对真理的认识，而且也使人们在自然面前陷于无力状态。第二，知识的力量在于对现实生活的作用。培根认为，经院哲学的思想只能用来争辩，而不具有实际效果，不能为现实生产服务；知识只有与现实实践结合起来，才能发挥出自身的力量。他进一步补充说，强调知识和实践相结合，并不是鼓励人们去追求能获取直接利益的科学，实际上，只有摆脱对日常实践需要的奴隶般的依赖关系，获得独立发展的权利，知识才能显示出自己的理论意义和实践价值。第三，知识拥有力量的关键在于服从自然。培根认为，尽管科学知识是人们改造自然的强大力量，是实现人类普遍利益的有力武器，但是任何知识都是从实践中得来的，是人们认识自然、改造自然的实践经验的总结和概括。当人不知道自然力的原因并无法利用自然力时，人就处于受自然奴役的软弱无力状态，因此，人们要确立对自然的统治，"要命令自然就必须服从自然"②。这样，才能掌握自然的规律，也即拥有了对

① [英]弗兰西斯·培根：《新工具》，商务印书馆，1984年版，第181页。
② [英]弗兰西斯·培根：《新工具》，商务印书馆，1984年版，第9页。

自然的知识，也就能运用这些知识去改造自然，使其为人类服务。第四，知识转化为技术才能发挥其力量。培根认为，知识作为社会发展的决定力量，是通过技术表现出来的。正如他在《新工具》中所言，"说到人类要对万物建立自己的帝国，那就全靠方术和科学了"①。也就是说，运用科学和技术的目的就是要发现自然法则，从而使人类能够更加有效地控制自然、改造自然，进而使人类获得更大的自由，增进道德与幸福。

此外，培根还提出了"古""今"之分的新概念，他依据"时间是伟大的发现者，真理是时间的女儿，而不是权威的女儿"②这一理论，论证了今人优越于古人的观点。培根以印刷术、火药、指南针的发明为例，坚持认为，"这些为古代所没有的东西，已经改变了全世界的面貌和状态；首先在文学，然后在战争，最后在航海；并且无以数计的改变已被引出，以致于没有任何帝国、教派或星宿在人类事务上比这些机械的发现更为有力或有更大的影响"③。这些新发明的科学技术是人类智慧的结晶，在人类征服自然的过程中具有无比的威力。由此证明，正是"今人"的知识积累及科技的应用才改变了整个世界的面貌和事物的状况，并推动了人类社会历史不断向前发展。

二、理性至上的原则和自然法则的不变性

法国著名哲学家勒内·笛卡儿是西方现代哲学思想的奠基人，他的哲学思想不仅对整个欧洲的近代哲学产生了深刻的影响，而且为现代进步观念的确立奠定了思想基础。尽管笛卡儿并未建构一种关于进步的理论，但是，正如伯瑞所说，"在笛卡儿主义的精神氛围中一种进步理论

---

① [英]弗兰西斯·培根：《新工具》，商务印书馆，1984年版，第104页。
② [英]弗兰西斯·培根：《新工具》，商务印书馆，1984年版，第84页。
③ [英]约翰·伯瑞：《进步的观念》，上海三联书店，2005年版，第54页。

逐渐形成"①。

笛卡儿不同于培根重视实验和科学技术的使用方面，他更推崇理性思维和理论的作用。笛卡儿在反对经院哲学的斗争中，树立起理性的权威。他认为经院哲学不能为人们带来真实可靠的知识，必须用新的正确方法才能建立起新的哲学原理。经院哲学的方法论基础是盲目的信仰和抽象的论断，经院哲学家们以《圣经》的论断和神学的教条为前提，用亚里士多德的三段论法进行推论，目的是为了推论出符合教会利益的结论。笛卡儿坚决反对这种论证方法，并且对采用这种论证方法所得出的结论和知识表示深刻的怀疑。根据笛卡儿的观点，已有的观念和论断有很多是极其可疑的，为了追求真理就必须对一切现有的知识都尽可能地保持一种怀疑的态度。正如笛卡儿所说，"必须首先从我们的偏见中解放出来，并且抛弃我们曾经信以为真的一切观念，除非它们经受过了新的检验"②。笛卡儿把怀疑看成积极的理性活动，强调要把一切事物或观念都放在理性的尺度上加以校正，他的这种怀疑不同于否定一切知识的不可知论，其"并不是模仿那些为怀疑而怀疑并且装作永远犹豫不决的怀疑派"③，而是以怀疑为手段，是"方法论的怀疑"，他的目的是为了使人们可以摆脱一切成见，运用理性去获得真理，从而为整个知识大厦奠定最可靠的基础。

笛卡儿在其思想理论中，确立起两个绝对的原则，即自然法则不可变易和理性至高无上，这两条原则的确立给予之前的历史理论以毁灭性的打击。自然法则不可变易的原则说明了自然演化过程的永恒性，这一理论的提出根本否定了上帝存在的理论。基督教理论的前提和基础是存在一个行

① [英]约翰·伯瑞：《进步的观念》，上海三联书店，2005年版，第65页。
② [苏]奥伊则尔曼：《十四—十八世纪辩证法史》，人民出版社，1984年版，第121页。
③ 北京大学哲学系外国哲学史教研室：《十六—十八世纪西欧各国哲学》，商务印书馆，1975年版，第146页。

动着的上帝，或者说是存在着一个能够创造世界并决定人类事务的上帝，而自然法则不可变易的原则是对上帝创世理论的根本否定；理性至高无上的原则动摇了皇权，把一直统治人们思想的权威和传统推下了神坛。笛卡儿的思想使人们从认识论上根本地摆脱了基督教的历史观念，对进步观念的发展产生了深刻的决定性的影响，正如伯瑞所言，"在笛卡儿主义的精神氛围中一种进步理论逐渐形成"①。

三、古今优劣之争

17世纪初，一场在英国和法国持续了百年之久的"古今之争"使退步理论和循环理论在更广阔的范围内受到挑战。这场以文学、哲学和科学著作究竟是古代的优秀还是现代的优秀为主题的争论，最初是在文学领域展开，而后进一步扩展到人类知识的全部领域甚至社会生活领域，并最终以现代派大获全胜而告终。

意大利文艺复兴时期的"古今之争"是当时诗学理论界一场引人注目的思想论争，这场争论起因于当时意大利的学者针对古典作品和理论观点所表现出的新旧两派的不同态度。保守派的代表人物及其著作包括：维达的《论诗艺》、特里西诺的《诗学》、丹尼厄罗的《诗学》、明屠尔诺的《诗艺》和斯卡利格的《诗学》等。他们在这些著作中，逐字逐句地注释和讨论了亚里士多德的《诗学》，认为这就是诗艺的典范，并且认为现代人应该以此为楷模，学习古人留下的伟大遗产，而不应该像传奇作家那样不顾事实，无中生有。明屠尔诺在《诗艺》中明确表示："如果这两位古人，使用《荷马史诗》为例证，曾教导我们一种真正的诗艺，我就看不出怎样能够创立另一种诗艺，因为真理只有一种，只要一旦证明是真的，就

---

① [英]约翰·伯瑞：《进步的观念》，上海三联书店，2005年版，第65页。

必然在任何时代总是真的。"①斯卡利格甚至将亚里士多德奉为"诗艺的永久立法者"②，并把他的一些理论尊为牢不可破的普遍的、永恒的"规则"。但也有一些人强调理性与经验，拒绝对古典权威的盲目顺从。诗人亚历山德罗·塔松尼在《思想杂录》中批判了荷马和亚里士多德的作品，认为他们的著作中充满了错误和偏见，并断言现代的作家远远超过古代的经典作家。钦齐奥在《论传奇诗的创作》中指出："这就是我所以常常讥笑某些人的缘故，他们想强使传奇诗的作者墨守亚里士多德和贺拉斯所定下的诗艺的清规戒律，而绝不考虑这两个古人既不懂得我们的语言，又不懂得我们的创作方法。"③而喜剧家拉斯卡的思想更是给予了保守派以强有力的回击，他认为，"亚里士多德和贺拉斯只知道他们的时代，我们的时代却和他们的不相同。我们的风俗习惯、宗教和生活方式都是另样的，所以我们写剧本，也必然要按照不同的方式"④。

塔松尼的著作传到法国并翻译为法文后，激发了法国人在这个论题上的交锋。与此同时，英国也展开了古代与现代孰优孰劣的争论，并且将这一争论由文学领域推进到了更为广泛的科学、艺术和道德等领域。其中法国作家贝洛的著作《古今之比》和《十七世纪在法国出现的名人》极具代表性。他在这两部著作中认为，第一，无论是在物质方面还是在精神方面，今人都可以与古人媲美；第二，根据人类精神不断进步的法则，今人在艺术上应该超过古人；第三，实际上，今人在文学方面也已经开始超过古人，如心理分析更准确、议论方法更完备等。贝洛的主张在法国得到了一大批作家的支持。冯特奈尔在《闲话古人与今人》中指出，"现在人类

① 章安祺：《缪灵珠美学译文集》(第1卷)，中国人民大学出版社，1987年版，第387页。
② 章安祺：《缪灵珠美学译文集》(第1卷)，中国人民大学出版社，1987年版，第368页。
③ 章安祺：《缪灵珠美学译文集》(第1卷)，中国人民大学出版社，1987年版，第430页。
④ 朱光潜：《西方美学史》(上卷)，人民文学出版社，1979年版，第155页。

到了成熟年龄，人类比以往议论更有力，更明晰"；"什么也不能阻止事物的进步，什么也不能限制人类的精神"①。圣埃佛尔蒙是今派的另一杰出代表，他的观点体现了鲜明的历史进步的思想，他认为，"如果荷马活在今天，他也会写出适应他所描绘的时代的绝妙好诗来。但我们的诗人却以古人诗歌为绳尺，以过时的规则为指导，以过时的事物为对象来创作诗歌"②。因此，他号召诗人应该"把脚移到一个新的制度上去站着，才能适应现时代的趋向和精神"③。另外，方特奈尔的"知识进步观"以一种隐含的方式断言了进步的确定性。他认为一代会胜过一代，后代人一定会超过他们的前辈，就像现在的人超过古代的人一样；人类没有年老的时候，人类的智力将不会退化，有智慧的人在后代那里会持续地增加。方特奈尔的"知识的无限进步"这一判定所基于的原则排除了退步观。正如波拉德所言，这一时期"关于历史持续进步的观念……开始具有科学的一致性，并受到公众的普遍注意"④。可见，在"古今之争"中，现代派的获胜促使有利于进步观念产生的思想氛围开始广泛形成。

第三节　进步观念的最终确立

17世纪末在人类智力领域确立起来的进步观念，在18世纪逐步扩展到人类生活的各个领域，"知识进步"的信念逐渐扩展成一般"人类进步"的观念，并最终成为影响人类社会生活和历史进程的大观念。进步观念取

---

① 柳鸣九、郑克鲁、张英伦：《法国文学史》(上册)，人民文学出版社，1979年版，第263—264页。
② 柳鸣九、郑克鲁、张英伦：《法国文学史》(上册)，人民文学出版社，1979年版，第264页。
③ 朱光潜：《西方美学史》(上卷)，人民文学出版社，1979年版，第198—199页。
④ Sidney Pollard. *The Idea of Progress: History and Society*. New York: Basic Books, 1968, p. 26.

代曾经占统治地位的历史退步观念和历史循环观念而成为占主导地位的历史观念，这与资本主义生产方式和以这种生产方式为基础的社会生活方式的确立分不开，新的生产方式带来了社会物质财富的普遍增长和物质生活水平的极大提高。启蒙运动中的思想家以及百科全书派的思想家们将此作为社会进步的具体表现和知识进步的经验证明，纷纷著书肯定并传播进步这种历史观念，使其被西方世界的大多数知识分子和民众所认同。

伏尔泰是第一个明确提出历史进步论的启蒙思想家，他试图用理性来解释人类历史的进步过程，他将人类历史看作是一部理性与迷信的斗争史，力图从各种历史事件中揭示出规律性，开创了对社会进步进行实证研究的先河。在其著作《路易十四时代》中，他列举了人类历史上四个光辉时代，即从伯里克利到亚历山大的希腊时代、凯撒和奥古斯都的罗马时代、意大利的文艺复兴时代和法国的路易十四时代。他认为这四个时代的共同特征就是出现了伟大的历史人物，从而能够引导社会前进的方向。正如他所说，他的研究"不为后代叙述某个个人的行动功业，而向他们描绘有史以来最开明的时代的人们的精神面貌"[1]。这样，他就把研究的重心由以往的宫廷历史和将军们的征战史转向了精神文化史和科技进步史。在《论普遍史和各民族的风俗与精神》中，他在考察了从古代到路易十四时代各民族的历史之后断言，从总体上来看，人类历史的发展是沿着不断进步的方向进行的。在他的著作中，精神和理性的力量代替了古代和中世纪的神话，他让人们确信，理性和工业将始终处于越来越快的进步之中。但是，正如伏尔泰自己所说："我的目的决非积累大量总是自相矛盾的事实，而是选择最重要最确凿的事实，以便读者能自己判断人类精神的毁灭、复兴和进步，使他能通过各民族的民俗来认识他们。"[2]总之，在伏尔

---

① [法]伏尔泰：《路易十四时代》，商务印书馆，1982年版，第5页。
② [德]卡西勒：《启蒙哲学》，山东人民出版社，1988年版，第211页。

泰那里，进步是人类智慧的提高以及由此而来的征服自然能力的增强和物质生活的改善，人类社会的发展曾经是、也将继续是不间断的进步过程。

伏尔泰的进步观念在杜尔哥那里得到了进一步的阐释。年轻的杜尔哥于1750年在巴黎大学作了一个题为《论人类精神的持续进步》的报告，后人评价其报告的内容包含着"改变了整个世界历史的结论""创造了一个崭新的包括从远古到现今的世界历史观，并构成了现代第一个发展思想的重要雏形"①。杜尔哥的贡献在于他首次对历史进步的过程进行了分期，并试图通过因果规律来说明进步的不可避免性。同其他启蒙思想家一样，他也把历史的进步归结为知识、科学和理性的进步，在此基础上他将人类历史进步的过程划分为三个阶段：第一阶段，人们由于不理解某些自然现象而把这些现象归结为神，从而导致了对神的崇拜；第二阶段，哲学家意识到上述虚构的荒谬性，试图借助于"实质""力"等概念来重新解释自然，但是这些抽象的概念最终却创造了新的神；第三阶段，近代科学技术的发展使人们实现了对自然现象的确切认识，专门化的知识必然会重新统一为科学知识的集合。②在对人类历史的发展进程作出了如上的概括之后，杜尔哥又进一步指出，一切民族都是从原初的原始性开始，经过不同的客观环境的作用，终将以不同的速度向着完善的状态发展，正如他所说："人类的整个群体在静止和运动、善与恶的交换中不断地、尽管是缓慢地接近更完美的状态。"③从杜尔哥的上述思想可以看出，"进步"在他那里已经成为了一个可以替代奥古斯丁的上帝观念的历史组织机制概念，通过对人类历史发展阶段的追溯，他断言进步存在于人类历史的每一个时期，

---

① [美]里夫金·霍华德：《熵：一种新的世界观》，上海译文出版社，1987年版，第11页。

② 李秋零、田薇：《启蒙主义的历史进步论》，载《中国青年政治学院学报》，1994年第2期。

③ 彼得·欧皮茨：《"进步"：一个概念的兴衰》，载《中国社会科学季刊》（香港），1994年夏季卷，第182页。

人类将在科学和理性所带来的便利和福祉以及激情和冲动所导致的错误和灾难的共同作用下，不断地朝着最大限度地实现生活幸福和社会完善的方向前进。

　　进步观念在18世纪法国思想家孔多塞那里达到了理论最高点。孔多塞是启蒙主义进步理论的集大成者，亲历并参加了法国大革命，在其被捕入狱后写出了伟大的著作《人类精神进步史表纲要》，这部著作几乎涵盖了进步观念所有的重要观点并达到了其所能达到的最高高度。孔多塞将人类进步的历史划分为包括未来在内的十个时期，即原始部落时期、畜牧时期、农业时期、古希腊人类思想开始进步时期、知识继续进步和罗马统治时期、黑暗时期(从知识的衰落延续到十字军东征)、文艺复兴时期、印刷术发明到科学和哲学完全脱离宗教束缚时期、笛卡儿开创的科学革命到法国革命时期、法国革命以后完美的理性王国建立时期。在这种人类精神进步的历史分期中，他试图证明，"自然界对于人类能力的完善化并没有标志出任何限度，人类的完美性实际上乃是无限的；而且这种完美性的进步，今后是不以任何想要扼阻它的力量为转移的；除了自然界把我们投入在其中的这个地球的寿命而外，就没有别的限度。毫无疑问，这种进步所经历的行程可能或快或慢，但是，只要大地在宇宙的体系中仍将占有同样的地位，只要这个宇宙的普遍规律不会在这个大地上产生一场整个天翻地覆，或者产生那样一些变化，以至人类在其中不再能保存并运用他们的这些能力或者再也找不到同样的这些资质，那么这种进步就决不会倒退"①。孔多塞在此首次明确提出了关于人类无限进步的可能性的论断。与此同时，他还表达了进步的矛盾性的思想，他指出，"理性的过程并非总是把社会引

---

① [法]孔多塞：《人类精神进步史表纲要》，三联书店，1998年版，第2—3页。

向幸福和美德"①，并且他还从意识形态的角度阐明了知识垄断和愚民政策对社会进步过程的影响。"既然他们的目标并不是要进行启蒙而是要进行统治，所以他们不仅不把自己的全部知识都交给人民，反而在以谬误败坏他们要想宣示给人民的东西；他们教给人民的并不是他们信以为真的东西，而是对于他们自己有利的东西。"②孔多塞的进步观念对人们的影响是如此之深，以至于在相当长的时期内想要在这个问题上作进一步研究的人，都把他的结论当作了前提，正如皮特·J.鲍勒所说，"孔多塞的乐观主义进步观奠定了19世纪主流思想体系的基础"③。

经过孔多塞对进步观的进一步阐释，历史进步的观念成为那个时代的最强音，正如英国史学家艾瑞克·霍布斯鲍姆所言，"启蒙运动的捍卫者坚信，人类历史是上升的，而不是下降的，也不是水平式波浪起伏的。他们能够观察到人类的科学知识和对自然的技术控制日益增进。他们相信人类社会和个人发展都同样能够运用理性而臻于至善，而且这样的发展注定会由历史完成"④。尽管进步观念从16、17世纪主要局限于知识和智力领域扩展到社会生活和历史发展的各个领域，并在以伏尔泰、杜尔哥和孔多塞等人为代表的启蒙思想家的推动下成为18世纪具有普遍意义的社会历史观念，然而，进步观念从由少数思想家所推崇的观念演变成大众普遍接受的常识观念，则主要是通过以狄德罗、拉美特利、爱尔维修、霍尔巴赫等人为代表的18世纪法国百科全书派思想家的努力而实现的。随着进化论的创立并被广泛地接受，到19世纪下半叶，理论上已经完善的进步观念彻底摧毁了传统的历史观念，成为引导人类历史前行的历史观念。

---

① [苏]奥伊泽尔曼：《十四—十八世纪辩证法史》，人民出版社，1984年版，第236页。
② [法]孔多塞：《人类精神进步史表纲要》，三联书店，1998年版，第34页。
③ [英]皮特·J.鲍勒：《进化思想史》，江西教育出版社，1999年版，第121页。
④ [英]艾瑞克·霍布斯鲍姆：《革命的年代》，国际文化出版公司，2006年版，第293页。

第四节　进步观念向纵深发展

1882年12月15日，恩格斯在写给马克思的最后一封信中谈到了他即将展开的对中世纪德国社会的研究工作。在信中，恩格斯告诉马克思，他已经查阅了德国中世纪的历史学家毛勒的著作中所有与这个问题相关的部分，值得高兴的是他自己的研究结果和结论几乎都可以在毛勒那里得到印证。另外，恩格斯同时也指出了毛勒的著作中所存在的一些基本假设和论证方法上的错误，特别是毛勒没能将历史理解为一个"发展过程"以及"暴力"在这一过程中所起到的作用。由此恩格斯认为，毛勒"具有'开明的'成见：似乎自从黑暗的中世纪以来必定会不断朝着更美好的方向进步，这不仅妨碍他认识真正进步的对抗性质，而且也妨碍他认识个别的倒退情况"[①]。

尽管恩格斯写给马克思的这封信的内容非常重要，但是它却从来没有被任何有关进步观念的著作所引用。在这里，恩格斯清楚地重述了他和马克思自1844年以来所共同持有的进步观念，对他们来说，真正的进步是现实历史的产物，是历史和社会发展的现实生活过程。但是，这一进程并不是一帆风顺的，它根植于社会、经济、政治和文化的对抗过程中，这是迄今为止的所有人类历史，包括他们生活于其中的现代性的资本主义时代的特点。正如马克思于1847年在《哲学的贫困》中所写的："当文明一开始的时候，生产就开始建立在级别、等级和阶级的对抗上，最后建立在积累的劳动和直接的劳动的对抗上。没有对抗就没有进步。这是文明直到今天

---

① 《马克思恩格斯全集》第35卷，人民出版社，1971年版，第123页。

所遵循的规律。"①

马克思和恩格斯在现代理论家中并不是最先将社会和历史的进步视为矛盾和对抗的。事实上，绝大多数从事这一研究主题的19世纪的理论家都持有类似的观点。当代学者莱斯莉·斯克莱尔已经注意到这些理论家的相似之处，即将历史的发展看作表征时代特征的一般的"进步的矛盾性理论"②。所谓"进步的矛盾性理论"源于欧洲18世纪中叶的思想，这种思想旨在解决由于不断发展的资本主义市场体系、日益膨胀的资产阶级权利、传统阶层不断恶化的生存条件和日渐严重的政治上的紧张局势等引起的一系列社会问题。在整个19世纪30年代，"进步的矛盾性理论"是围绕进步观念所形成的一股社会思潮的核心内容，持这一观点的代表人物有杜尔哥、康德和黑格尔，他们对马克思的历史进步思想的形成起着重大的影响作用。

一、杜尔哥关于历史进步的思想

杜尔哥是为数不多的提出了完整的合乎逻辑的进步学说的法国哲学家之一。对杜尔哥来说，邪恶和错误对进步的实现是必要的，因为两者都是人类想要提高他们生存的物质条件这一自然欲望的附属物。也就是说，人类为了获取更好的生存条件就必须不断地进行革新，而这反过来却同现有的生产条件和社会关系发生了对立和冲突。虽然强迫创新往往会产生社会的苦难和不幸，但是尽管如此也比不采取任何行动，长久地处在一个不发展的社会状态要好得多。杜尔哥坚信，一切社会进步都是由冲突所引起的，这一观点成为后来康德构建理论学说的核心原则。

---

① 《马克思恩格斯全集》第4卷，人民出版社，1958年版，第104页。
② Leslie Sklair. *The sociology of progress.* London: Routledge & Kegan Paul, 1970, pp. 25—26.

杜尔哥认为，只有通过毁灭性的暴乱和运动，国家才能扩大，并且，从长远来看，文明和政体才能完善。他也许是第一个明确表达这一思想的现代思想家。杜尔哥的这种观点并不仅仅是源于哲学家的推测，而是根植于他作为一个不知疲倦的改革者的实际工作。从1761年至1774年，作为利摩日的州长，他努力工作以改善曾是法国最贫困的地区之一的利摩日州的经济状况。他为当地农民建立了农业和兽医学校，鼓励种植马铃薯和棉花等新的农作物，帮助本地的投资者创办丝绸和纸张等制造业。从那时起，他成为路易十四的财政管理者，希望能扭转皇家国库走向破产的趋势。虽然杜尔哥的努力以失败告终，但是由于他参与到了实际事务中，因此他的思想体现了更加丰富的历史知识和因果关系，而当时绝大多数哲学家通常将进步理解为智力活动的结果，或如马克思后来所批判的"所谓的人类心灵的进步"①。

二、康德关于历史进步的思想

这种冲突性的历史进步的思想在德国古典哲学那里得以更加充分地发展，并且，从某种程度上来说，也为马克思的进步观念提供了直接的理论基础。康德于1784年在一篇题为《世界公民观点之下的普遍历史观念》的短文中，概述了他的历史哲学的基本前提。这篇文章所呈现的主题在于说明自然如何已经将若干理性能力置于人类心灵以使人类能够发展自我并朝着进步的方向前进，同时也说明了人类历史如何因此彰显出由自然所确保的进步机制。根据康德的理论，在为构建一个进步的政体而进行的斗争中，人类取得进步的关键在于有意识地理解人类自身逐步"展开"的本质力量和能力。他在"命题四"中指出："大自然使人类的全部秉赋得以发展所采用的手段就是人类在社会中的对抗性，但仅以这种对抗性终将成为

---

① 《马克思恩格斯全集》第3卷，人民出版社，2002年版，第631页。

人类合法秩序的原因为限。"①

康德解释说，他在这里所说的对抗性或冲突性指的是"人类进入社会的倾向，而这一倾向又是和一种经常威胁着要分裂社会的贯穿终始的阻力结合在一起的"②。康德的冲突理论的最终来源是人类本身所固有的矛盾性，也就是说，尽管人类倾向于同他人相交往从而实现自身的社会化，但是另一方面，他也渴望按照自己的意志来控制一切从而试图使自己孤立化。这种二元论激起了人类理解自己的渴望，推动着人类克服自己的懒惰倾向，并且在虚荣心、权力欲或贪婪心的驱使下试图在社会中争得一席之地，从野蛮到文化的进步就是在这一过程中出现的。可见，通过把个人的自我冲突投射到社会，康德将历史视为一个艰巨的过程，经由这一过程，人类的全部智慧逐渐地发展起来了，并且由于持续不断的启蒙从而形成了一种思维方式，这种思维方式把粗糙的辨别道德的自然秉赋转化为确切的实践原则，从而把那种病态的被迫组成了社会的一致性转化为一个道德的整体。正如康德所说："没有这种非社会性的而且其本身确实是并不可爱的性质，——每个人当其私欲横流时都必然会遇到的那种阻力就是从这里面产生的，——人类的全部才智就会在一种美满的和睦、安逸与互亲互爱的阿迦底亚式的牧歌生活之中，永远被埋没在它们的胚胎里。人类若是也像他们所畜牧的羊群那样温驯，就难以为自己的生存创造出比自己的家畜所具有的更大的价值来了；他们便会填补不起来造化作为有理性的大自然为他们的目的而留下的空白。因此，让我们感谢大自然之有这种不合群性，有这种竞相猜忌的虚荣心，有这种贪得无厌的占有欲和统治欲吧！没有这些东西，人道之中的全部优越的自然秉赋就会永远沉睡而得不到发

---

① [德]康德：《历史理性批判文集》，商务印书馆，1990年版，第6页。
② 同①。

展。"①

康德启蒙的目标是建立一个强大稳定的国家，其核心是宪法。在他后来的著作《判断力批判》中，康德阐述了取得进步的另外一个关键因素，即人与自然之间的斗争。人同自然力之间的激烈斗争加剧了其本身所固有的内在的冲突，与此同时，人为的残暴行为和战争等祸患也被加入其中。正如康德所说："自然界远不是把他当作自己特殊的宠儿来接受并善待他胜过一切动物的，毋宁说自然界正如对待一切其他动物一样，并没有使他免于自然的破坏作用的伤害，如瘟疫、饥饿、水患、冻伤、其他大小动物的侵袭，如此等等；更有甚者，人身上的自然素质的矛盾性还把他置于自造的磨难中，又把和他自己同类的另外的人通过统治的压迫和战争的残暴等等投入绝境，而正如在他身上发生的那样，他自己也进行着毁灭他自己的同类的工作……"②尽管如此，康德对未来的发展仍然抱有乐观的态度。根据康德的观点，从严格的道德立场来看，上帝给予人类以理解力，以取代他在事物秩序中的位置以及制定使其自身完美化的方法，正如康德所明确阐释的那样，这种目的论体系的目标或最终目的就是人类自己。这是康德的"绝对命令"的基础，借助于绝对命令，世界上的每一个人都无条件地尽职尽责地履行其行善的义务。康德的这些关于历史进步的思想极有可能在1837年马克思就读于柏林大学的第一年学习期间就被他熟识并吸纳。

三、黑格尔关于历史进步的思想

黑格尔的冲突性的进步理论比康德的理论更加彻底，因为它解构了个人追求完美的道德责任。在黑格尔的历史哲学中，冲突根植于矛盾原则本身。正如黑格尔在他的《逻辑学》中所阐明的那样，"矛盾则是一切运动

---

① [德]康德：《历史理性批判文集》，商务印书馆，1990年版，第7—8页。
② [德]康德：《判断力批判》，人民出版社，2002年版，第288页。

和生命力的根源；事物只因为自身具有矛盾，它才会运动，才具有动力和活动"①。在黑格尔的包罗万象的、目的论的历史哲学中，这种矛盾的原则具有广泛而又复杂的应用范围。黑格尔与康德不同，在康德那里，尽管"完美"是无法实现的，但是它却是个人义不容辞的目标，而在黑格尔那里，"完美"被归入精神领域，而精神自身就是完美的。因此，在黑格尔的历史哲学中，精神成为进步的仲裁者，是历史发展的动力，它内在于构成人类历史长河的各个共同体和国家中。尽管精神自身是完美的，但是它也得通过必然性才能实现自身，以达到其自我实现的目的。

　　根据黑格尔的观点，精神采取理性的形式，体现在这些共同体的实际运动过程中，最普遍地体现在共同体各自的兴起和衰落中，或者体现在一个共同体的瓦解和另一个共同体的产生过程中。在这里，矛盾的原则运用在两个基本层面：在精神层面上，转化为朝向自我实现这一目标的理性；在现实层面上，理性表现在共同体的延续过程中。这种精神运动的目标或目的及其表现形式是自由，而自由是唯一能够真正被这些共同体中的个人所理解或掌握的思想，因为这些人生活在这两个领域，即物质领域和精神领域。根据黑格尔的观点，人的心理特性使其能够理解精神的意义和目的，而精神则以理性的形式向其表达自由的理念。因此，自由的获得仅仅是由于精神和人通过理性的方式在思想领域的相遇。理性使人类领会了"世界历史无非是'自由意识'的进展"②这一要义。虽然精神在思想领域保持其纯粹的本性，然而，世界历史中的人们却在某一时刻在被视为各民族福利、各国家智慧和各个人德行横遭宰割的屠场般的历史中依次追求自由。可见，历史的进步的最终结果是自由的实现，尽管人类得为此付出巨大的代价。

---

① [德]黑格尔：《逻辑学》（下），商务印书馆，2009年版，第66页。
② [德]黑格尔：《历史哲学》，上海书店出版社，2001年版，第17页。

黑格尔仍然坚信，通过历史上的这些斗争，就会实现对自由及其世俗世界的终结的更好的认识，也就是国家和最完善的形式，即君主立宪制的到来。因此，对于黑格尔来说，进步是矛盾的必然产物，矛盾在许多层面上都发挥作用，特别是在由精神运动所引起的历史的进程中起着重要的作用。历史的进步过程是由精神的运动所引起的，也就是说，进步所采取的是自由的自我意识的形式。黑格尔所理解的历史进步的过程不过是以观念的形式所表现出来的绝对精神的显现，其目标在于在观念中充分实现自我意识。黑格尔的历史进步观具有明显的目的论性质，他的整个体系是历史的同时也是有限的，因为绝对精神最终必然要返回自身。

尽管康德和黑格尔的思想存在着根本的分歧，但是他们都认为冲突和对抗对于历史进步来说是不可避免的。康德和黑格尔的这一思想反映了从18世纪末到19世纪30年代德国社会发展的实际状态。正如艾瑞克·霍布斯鲍姆曾经指出的那样，对进步的信仰当时在德国中上层知识分子中非常普遍。但是，它是一种带有浓厚的辩证法色彩的信念，这种辩证法在复杂的普遍的思想体系的框架内运行，而这种思想体系既反映了同时也掩盖了整个德国社会的、政治的和经济的状况。德国的哲学显然是资产阶级的，但是却是由知识分子进行传播的，他们所处的社会处于欧洲资产阶级发展的边缘。当时，在法国推翻了旧政权，在英国创建了工业体系，这两个历史事件被参与其中的人们视为是进步性的，而德国资产阶级的进步观念却建立在部分地实现资产阶级社会这一基础之上。①

但是，即使是这些局部的进步，也摧毁了传统的德国社会结构。法国革命性的政治活动为德国的君主立宪制、共和制和社会主义的来临发出了信号。当时，德国面对的是封建霸权，同时又试图阻碍普鲁士国家不断增

---

① [英]艾瑞克·霍布斯鲍姆：《革命的年代》，国际文化出版公司，2006年版，第311页。

强的专制主义。具有讽刺意味的是，甚至拿破仑的帝国主义统治也通过颁布进步的法典和采取显著的地方自治的形式，从而给德国西部带来了根本性的变化。与此同时，由于受到了德国西部农村的资本主义农业和北部的新兴产业的激励，社会主义思想在1820年以后开始在德国政界传播。尽管资本主义农业和新兴产业的出现增加了新兴资产阶级的财富，但是，这些带给农民和城市贫民的仅仅是越来越多的困难和绝望。农民和城市贫民在1815年和1830年期间，经历了经济衰退、工资的下降、技术性失业以及对未来的怀疑。尽管如此，德国资产阶级却因为既缺乏资本又缺乏政治权力，从而无法在自己的土地上完成资产阶级革命。因此，辩证法和精细的哲学体系的建立，反映了德国知识分子的窘境，尽管他们看到了未来，但却依旧无法摆脱过去。正如马克思后来在1843年所写的，德国资产阶级在现实中所无法实现的，他们就在意识领域将其实现。

这样的现状部分地体现了德国社会的学术氛围，为现代的进步观念提供了新的动力。继康德和黑格尔之后，18世纪理性主义者对进步观念不再感到满意。由于已经发生的大规模的社会变化，人类完善性的论据不再充分了，进步也因此不再仅仅是理性的胜利，不再是被受过教育的精英们用来解决社会问题的科学原则。于是，德国哲学试图从历史、道德、政治等方面讨论进步问题，以期使生活的物质条件发生哲学意义上的大范围的根本性的改变。德国哲学首次系统地论述了在现代世界的背景下理性与现实的二分法以及如何理解现有和应有的联系。由此可见，德国当时整个社会的现实状况以及思想家们在理论上努力调和理想与现实之间的矛盾，这一切都对马克思的历史进步观念的提出产生了决定性的影响。

第二章　马克思历史进步观的创立过程

进步观念的产生、确立和传播的过程并不能解释马克思在这一问题上如何形成了自己的看法。也就是说，进步观念的形成过程作为一种观念的历史，并不能充分地解释马克思的进步观念是如何产生的，对这一问题的回答必须深入考察马克思中学就读期间的复杂的时代背景以及对马克思的历史进步观的形成有着重大影响的人物和思想。

第一节　马克思进步观念形成的历史根源

马克思历史进步理论的形成有着深刻的历史原因，是人类历史发展到19世纪的必然产物，因此，研究它的形成逻辑就必须分析马克思所在的时代的历史状况，这样才能更好地解读他的历史进步理论。作为一名生活在19世纪30年代初的特里尔的青少年，当时动荡的经济和政治状况所产生的大量社会问题深切地牵动着马克思的思想。与此同时，开明、自由、进步的家庭氛围和学校环境，使马克思从小就受到了较高层次的文化熏陶，这促使马克思寻求理想生活的浪漫主义思想的形成，从而共同构成了推动马克思的历史进步思想发展的动因。

一、马克思成长的时代背景

卡尔·马克思于1818年出生于莱茵省的特里尔市。19世纪30年代初，当马克思读中学时，特里尔的政治、社会和经济状况非常动荡，极大地反映了莱茵省和德国其他地区所面临的大量问题。这一时期，资本主义在莱茵省的大部分地区已经取得了胜利，然而与此同时也带来了矛盾性的结果。资产阶级的财产所有权形式和取得市场繁荣的方法成为莱茵地区社会分层的主要标准，摧毁了直到那时还占据优势地位的封建社会的残余，包括农民所拥有的共同使用公共土地的传统权利。虽然资本主义的发展主要得益于成功的有独立见解的资产阶级，但是，当时的人们逐渐察觉出，该地区城市和农村中的中下阶层的贫穷和苦难显著增加。

特里尔在当时主要作为一个服务性城市，与莱茵省的其他较大城市不同，它缺乏占主体地位的工业。黑麦和土豆等主要农产品和周边的葡萄园所酿造的葡萄酒，改变了特里尔人开拓摩泽尔河沿岸和向其他地区的市场拓展的方式。事实上，特里尔所在的摩泽尔地区长期以来被认为是西欧地区著名的农产品产地之一。然而，19世纪初的繁荣景象在拿破仑倒台后便停止了，随后的几十年经济状况日益下滑，从而使人们产生了强烈的社会危机感。1815年之前，莱茵省的大部分城市和城镇直接进入法国市场，并且从国外的竞争对手那里获得保护，这种保护主要是来自于英国人。但是，从1815年开始，莱茵省同法国之间的免税贸易被取消了，而此时廉价的英国商品涌进该地区。此外，普鲁士政府与德国其他州所签订的关税协议实际上摧毁了摩泽尔地区的葡萄酒贸易。到1828年，摩泽尔地区的葡萄酒销量是其1818年销量的三分之一；到1830年，葡萄酒的价格暴跌，甚至只是原来的十分之一。虽然葡萄酒价格下跌，但是由于1828年到1830年间莱茵省大部分地区粮食歉收，导致粮食和其他基本食物的价格急剧上升。

在特里尔，人们越发感受到日益加剧的社会混乱和苦难。在经济领域中占支柱性地位的葡萄酒商的财富日益减少，而且其他行业的经营状况也已经崩溃或者接近崩溃。当地毛纺行业在法国占领期间就已经开始关闭；即使在经济活动中继续活跃的水路贸易行业，其所雇用的员工也不超过200

人，并且由于1820年以后特里尔市的人口数量显著增长，内河港口的工作也不能吸收越来越多的可用工人；农业部门的经济，也清楚地表明了资本主义发展的矛盾性质，尽管特里尔地区的土地拥有者能够为市场生产更多的利润，但是随着人口的增长，大量失业的和未充分就业的农业工人日益增多。因此，粮食和食品价格的上涨增加了劳动阶级的贫困，而且由于19世纪20年代末连年的粮食歉收，更是加剧了由长期的经济问题所导致的社会贫困水平。另外，使事情变得更糟的是，由于政府官员开始限制进入森林收集木材的传统权利，因此木材的价格开始飙升。特里尔地区农村居民的困境扩大了失业人数。据当地官员统计，每4个城市的居民中就有1个失业，但实际数字可能比这还要高得多。他们中的许多人依赖于公益慈善事业生活。当时，市政府官员和私人集团采取大量措施以帮助失业和贫困人口，比如，开放羹汤厨房、食品仓库以配发面包和其他生活必需品，公共工作项目通过提供工作以帮助失业人士，甚至贷款协会还贷款给那些有能力偿还贷款的但已经被剥夺了公民权利的人。

资本主义发展对整个地区的普遍影响日渐显现，特里尔同莱茵省其他城市的不同仅仅在于其贫困的程度更深，影响的范围更广。尽管上层阶级并没有因为日益衰退的经济而改变其繁荣的景象，但是，广大下层阶级，包括技工、制造业外包工、酒商、船夫和做散工的人，却在实际工资日益下降和购买力日益降低的经济环境中为了生存而苦苦挣扎着。在德国19世纪上半叶期间，这些下层阶级的成员通常被称为"暴民阶层"。他们是最先遭受苦难和失业的人，被贵族、中产阶级和农民等其他三个社会阶层称为"第四阶层"①。"第四阶层"日益恶化的生活状况，激起了弥漫于整个19世纪30年代的社会抗议和社会暴力。贵族和中产阶级的成员认为，"第

---

① Wolfram Siemann. *The German Revolution of 1848—1849*. London: Palgrave MacMillan, 1998, p.45.

四阶层"的困境对其利益至关重要，并且将他们的困境看作是一种"社会问题"，而这种社会问题暗示了日益严重的社会危机。日益严重的冲突和对立也是政治事务和传统阶级的特征，尤其是他们在这10年中参与行使国家权力，并且导致了1848年革命的爆发，这一时期在莱茵历史上被称为"（从1815年至1848年德国的）三月革命前的时期"。尽管在19世纪30年代初期，政治冲突只是偶尔发生，但是却成为莱茵省这20年的生活中一个永久的和持续的状况。这一时期，不仅有产者和无产者之间的冲突日益加剧，而且，莱茵河沿岸的资产阶级和普鲁士官僚关于发展的道路问题的冲突也更为明显。普鲁士官僚于1815年从法国脱离以后，试图收紧君主制对莱茵省的控制；小型和中等农场主同普鲁士官员和贵族地主之间在传统的放牧权和森林准入权问题上产生争执。同时，莱茵河沿岸的资产阶级与容克官僚及平民之间的观点也越发不一致。实现现代化的努力，只是激发了特里尔市和莱茵省的其他城市中的资产阶级的意识，而容克官僚们关于德国"现代化"的计划不过意味着在生活中的全部领域扩大君权。

到那时为止，代议制政府的观点在特里尔和其他地方都遭到围攻。莱茵省的雅各宾运动可追溯至18世纪90年代中期，在巴黎七月革命的推动下，这一运动于1830年再度盛行。虽然拿破仑在其下台前由于在莱茵省展开了许多旨在破坏法国改革的活动而受到鄙视，然而，莱茵河畔的资产阶级断言，普鲁士在1815年以后的统治甚至给人民带来了更沉重的负担。在三月革命前的几十年间，柏林的官员费尽心思去消除法国对莱茵省所造成的影响。他们做了许多尝试，想用1795年颁布的《普鲁士通用法典》代替《拿破仑法典》，然而这些努力均以失败而告终。同样，给予普鲁士国家官员高于地方代表的更大的权威这一重建市政管理的尝试也举步维艰，并且君主制度直到1846年一直设法阻止整个莱茵省大部分地区的市政选举。然而，新普鲁士的统治对莱茵资产阶级最大的侮辱也许是国王决定赐封地方领地，这些领地的主人拥有对地方问题的咨询权，他们代表的是贵族阶层的利益。因此，莱茵河畔的少数贵族实际上掌握着权力。对于那些早就了解法国革命的经验和莱茵省所遗留下来的问题的资产阶级来说，普鲁士针对莱茵省议会代表所提出的要求的答复就是一个骗局。

由于反对普鲁士专制统治无法在政治上达成一致，这使得莱茵河沿岸人们对立宪政体的呼声演变成1832年5月的声势浩大的示威游行。在汉巴赫举行的"德国人的国家节日"吸引了来自社会各阶层的超过30000人参加。众多的利益团体轮流表达他们的反对意见，特别是表达了他们对目前的经济状况以及政府在面对这些状况时的不妥协态度的不满。葡萄酒商强烈要求减缓葡萄酒价格的大幅度下跌。虽然与会者代表了广泛的政治观点，但是汉巴赫节却预告了一个更有针对性的要求，这将导致1848年的起义。在特里尔，人们深切地感受到节日的影响，特里尔曾派了一个由城市中的极端反对普鲁士分子组成的代表团参加这次集会。

在市政管理和州议会的管理下，形成自己的政治组织和寻找自己的有限力量都是被禁止的，因此莱茵河畔的资产阶级创建非正式的政界圈子或"俱乐部"用来交流他们的沮丧情绪和讨论政治及社会问题。特里尔也有它的俱乐部，其成员包括马克思的父亲亨利希·马克思，马克思的第一任历史老师、中学校长约翰·胡果·维登巴赫，以及马克思未来的岳父路德维希·冯·威斯特华伦。普鲁士政府下令警方对特里尔的俱乐部进行监视，将其视为激进的共和党和空想社会主义思想的温床。俱乐部被柏林政府作为特定的攻击对象，因为它支持德国的第一个社会主义者路德维希·高尔。高尔是特里尔本地人，他在1816年担任市议会秘书，专门有针对性地支持德国菲亚特社会主义者，他作为傅立叶思想的推动者和追随者而广为人知。

在特里尔，高尔的存在引起人们对城市的政治活动的极大重视。他于1818年组建了一个旨在帮助解决整个德国的贫困人口的就业和住房问题的组织。次年，他前往美国试图在宾夕法尼亚州哈里斯堡创办一个基于傅立叶的法伦斯泰尔思想的社区。实验失败后不久，他回到了特里尔城，不知疲倦地为了穷人的利益而辩护。他撰写了许多批判资产阶级社会及其文化的小册子和文章，揭示资产阶级的统治不能满足人类的基本需要。他的第一本小册子《可以提供怎样的帮助》于1825年在特里尔出版。在这本小册子以及其他已发表的作品中，高尔论述了莱茵地区贫富差距不断扩大的问题，以及进步的矛盾性质问题。他写道："那些依赖于财富的特权阶层和工人阶级之间是根本对立的，并且有着相反的利益；前者的经济状况以精确的比例提高，这就导致了后者经济状况的恶化，越发的不稳定和悲惨。"[1]

二、对马克思产生影响的关键人物

19世纪30年代的这十年，或许是三月革命前期政治活动最活跃的十年。在这十年间，对马克思产生重大影响的这些关键人物的思想和活动清晰可见。他们都是受过高等教育的人，深受开明思想和自由主义政治的影响。

1.亨利希·马克思对马克思的影响

在马克思的童年和少年时期，对他影响最大的就是他的父亲亨利希·马克思，正如法国学者罗杰·加罗蒂所指出的那样，亨利希·马克思是"那个时代进步的动力"[2]。作为特里尔市高等上诉法院律师，他曾留学法国，在那里获得了法学专业的教育和必要的职业培训。亨利希是一个依靠自己的努力而成功的人，他相信教育，拥有为理想主义原则而献身的精神，同时他也深刻认识到需要通过实践才能实现理想。尽管亨利希在

---

[1] Roger Garaudy. *Karl Marx: The Evolution of His Thought.* New York: International Publishers，1967，p.17.
[2] Roger Garaudy. *Karl Marx: The Evolution of His Thought.* New York: International Publishers，1967，p.41.

1817年改变了自己的宗教信仰，成为福音派新教教徒，但是他从来没有否认他的犹太血统。在改变宗教信仰以后，亨利希仍然努力为争取犹太人的权利和他们公平的待遇而大声疾呼。亨利希·马克思的自由主义观同他的犹太人血统有很大的关系，宗教信仰的改变并不意味着他就此投入了基督教教义的怀抱。正如他的孙女爱琳娜后来所描述的那样，亨利希是"一个真正的18世纪的法国人"，其真正的宗教信仰实质上是自然神论。他学识渊博，富有哲学素养，他熟悉伏尔泰、卢梭、莱辛、莱布尼茨、康德、牛顿等18世纪启蒙学者的作品，特别推崇莱辛及法国启蒙运动者伏尔泰和卢梭等资产阶级人道主义精神先驱的作品。他思想上倾向于启蒙学派的理性主义，政治上倾向于自由主义，宗教观念上是一个倾向于像康德那样把信仰和理性结合在最高道德之内的开明新教徒。亨利希的开明观点可以概括为法国理性主义和德国唯心主义混合的产物，由此产生了其强烈地关怀他人的道德意识，当然这是在资产阶级行为规范所允许的界限之内展开的。尽管亨利希一直期望在普鲁士能有一部自由主义的宪法和议会式的代议制度，但他却将此寄希望于由普鲁士国王自上而下地加以实现。与其他怀有进步思想的资产阶级一样，他将损害"第四阶级"的社会危机视为对公共秩序的一种威胁，这就解释了为什么亨利希协助建立公共食品仓库，用以降价出售给穷人面包。亨利希·马克思的自由的进步主义革新论的思想决定了他在19世纪30年代初的政治行为，他的人文主义的思想倾向对少年马克思的成长产生了积极的影响。正如梅林在《马克思传》中所写的那样："不管是什么原因，有一点是无可怀疑的，即亨利希·马克思树立了一种现代人文主义思想，这种思想使他摆脱了犹太教的一切偏见，而他就把这种自由作为一宗宝贵的遗产留给了他的卡尔。"①

———————————

① 梅林：《马克思传》，樊集译，人民出版社，1965年版，第9页。

2.约翰·胡果·维登巴赫对马克思的影响

1830年至1835年，马克思在特里尔中学读书时，那里也盛行自由主义启蒙精神。当时任该校校长的是约翰·胡果·维登巴赫。维登巴赫是一位学者和人道主义者，也是特里尔俱乐部的资深会员之一，他是亨利希·马克思的亲密朋友，是马克思读中学时的第一位历史老师。维登巴赫是一名坚定的康德主义者，对康德哲学的研究有很深的造诣，19世纪30年代初，他已经在德国文坛获得了极高的知名度。他是一位多产的作家，他的第一本书《纪念人类的恩人》，从法国启蒙运动的立场讨论了进步的思想。

自从他于1804年被法国任命为校长开始，就一直主张把学校的教学建立在理性主义的原则之上，并给学校确立了自由的发展方向。正如维登巴赫在1834年所说的那样，他在学校的计划是教导年轻人树立对进步、理性、道德和自由意志的信念。在为马克思等人所讲授的历史课程中，维登巴赫特别仰慕卢梭，将其视为"一个真实的人"。同时，他也非常推崇巴托·拉斯卡萨斯、本杰明·富兰克林、威廉·潘、卢梭、莱布尼茨、休谟和康德等历史人物，认为这些人是人类原则的代表。在授课过程中，维登巴赫将康德的伦理学著作集结成册以方便他的学生使用，他同康德一样认为诗歌是研究伦理学的最好方式。维登巴赫经常引用康德的《人类学》，并宣称诗歌是人类艺术发展的最高境界，因此他建议学生研究席勒、克洛卜斯托克和浪漫主义诗人的诗句，作为培养学生们展开想象的一种方式。马克思之所以长时间保持着对诗歌的兴趣，这同维登巴赫对诗歌极其重视以至于将诗歌视为改变世界的一种手段的思想息息相关。可以肯定地说，马克思从维登巴赫那里吸收了康德的社会责任的原则，维登巴赫教导马克思和他的同学，一个受过教育的德国人的标志是无论他从事什么职业，都要将自己投入到为人类服务中去。

维登巴赫对德国青年运动的支持也是如此，他满腔热情地支持诗人俱乐部，诗人俱乐部成员的文学作品主要是对由普鲁士的民族主义、基督教道德和新闻检查制度等所引起的柏林政府的一系列问题进行抨击。在支持德国青年运动的许多作家中，抒情诗人海涅拥有最高的声誉，而在特里尔中学，维登巴赫的政治情绪回应了海涅以及德国青年对任何阻挡年轻人的精神和文化解放的行为的蔑视。维登巴赫所讲授的进步主义的课程以及他的自由主义的观点，引起了普鲁士当局对他的敌意，学校也因此成为激进主义的活动场所，这些都令普鲁士当局感到恐慌。从1830年开始，特里尔中学一直处于警察的高度监视之下。1835年10月，德国联邦国会发起了旨在"为所有阶层提供纯文学作品"的活动，这使得德国青年运动在整个德国被禁止。此后一个月，也就是1835年11月，维登巴赫被政府解雇。1846年，即维登巴赫逝世一年以后，他的讲座和发言稿出版发行，这些作品为我们呈现出一个对进步充满信仰的原则性极强的自由主义学者。

3.路德维希·冯·威斯特华伦对马克思的影响

对马克思成长影响最大的，除了他的父亲和历史老师以外，还有他的邻居，也就是后来成为马克思岳父的特里尔市的枢密顾问官路德维希·冯·威斯特华伦男爵。威斯特华伦男爵与他身边的大多数同僚不同，他是一位具有现代资产阶级精神的人，他富于自由思想，并且极其关心社会问题，在特里尔的自由主义政治活动中非常活跃。尽管威斯特华伦多年以来一直是一名为普鲁士服务的官员，但是，他的自由主义倾向使他的政治立场比亨利希·马克思或维登巴赫更加激进。

尽管目前没有证据表明威斯特华伦参与了空想社会主义运动，但是，根据马克思的女儿艾琳娜的回忆，威斯特华伦确实有可能向马克思介绍了圣西门和孔德的作品。同时，威斯特华伦也非常喜欢浪漫主义文学，他对莎士比亚、18世纪法国作家的作品，以及德国文学和哲学都非常熟悉。马克思之所以终身保持着对伟大的文学作品的激情，这与威斯特华伦对他的影响密不可分。再有，威斯特华伦一直积极地投身于社会实践中，即使当特里尔的骚乱达到顶点的时候，他依然设法去解决降低底层阶级不断增加的税收负担的需求。直到1836年去世时，威斯特华伦在某种程度上来说，已经彻底成为一名反对普鲁士统治的社会主义者。正是从老男爵威斯特华伦那里，青年马克思首次获得了关于社会主义理论的实质性的指引。

这些人究竟对青年马克思的思想产生了怎样的影响？毫无疑问，当时几乎所有人都被莱茵省向现代性转型过程中所遇到的问题和挑战深切地牵动着。所有人似乎都关注着在特里尔及其周边乡村蔓延开来的经济困难和社会混乱。除了亨利希·马克思以外，大多数人也都因为柏林政府企图对莱茵河畔的自由主义严加管制而越来越对其统治怀有抵触情绪。同时，几乎所有人或多或少都被柏林当局怀疑是激进分子，柏林当局的间谍一直监视这些人以及他们所参加的组织。在当时，特里尔俱乐部和马克思就读的中学是一块磁石，吸引了城市中许多最重要的自由主义者和激进分子，因此这里也成为举报人和警察密切关注的地方。青年马克思肯定接触到了他的长辈们逐渐加深的对现实状况的不满情绪以及他们对改变现状以获得更好的生存状况的要求，所有这一切在马克思读中学期间就一定对他产生了深刻的影响，并且引起了具有丰富想象力和活跃智力的马克思的沉思。

三、青年马克思的浪漫主义思想

作为一名生活在19世纪30年代初的特里尔青年，马克思很有可能从他在高级中学时代的学习中，抑或是从对形成自己的世界观产生深刻影响的那些人中，就已经接触到了所有这些关于自由和进步的思想。非常明显的证据是马克思的父亲、校长、老师和他未来的岳父都将自己视为具有前瞻性的"开明"的莱茵省市民，他们对当时重大问题的看法一方面受到启蒙时代进步观念的影响，另一方面也受到康德、费希特、黑格尔和其他德国哲学家的学术思想的影响，从而形成了他们自己的进步观念。然而，同德国社会中与他们具有同等地位的其他人一样，他们也感受到了他们所希冀的那个社会同他们生活于其中的这个社会之间的矛盾。同时，他们也认同其同时代的那些人所坚持的辩证观点，并在此基础上从事政治活动，这些活动反过来又对年轻的马克思产生了影响。

1.中学毕业论文：追求自由的理想

马克思在中学毕业时所写的作文，反映了他生活的那个环境所给予他的思想影响。我们在马克思中学毕业时所写的作文中，也可以看出青年马克思思想的起点以及日后推动马克思思想发展的动因。马克思甚至在其进步观念刚刚开始形成时，就已经理解了矛盾的原则，尽管这个原则在当时的特里尔城，更多的是与个人内心的斗争相关，而不是与社会矛盾相关，尽管在青年马克思的人生观中，他应该还不能理解矛盾原则的意义。20年后在伦敦流亡期间，马克思曾说道："在我们这个时代，一切似乎都孕育着它的反面。"①青年马克思在1835年的志向表明，他观察发生在他周围的社会的苦难，并且接受了越来越多的来自于他的父亲和其他寻求解决方案的那些人对社会的困难现状的批判，这反过来促使马克思在其青年时期形成了一种"激进的自我矛盾"的个性和意识特征。

（1）马克思的人生理想：寻求人的自由和解放

考察马克思思想的发展史，我们可以发现，有一个问题是马克思用尽毕生精力去解决的，那就是人的自由和解放。可以说，这个理想贯穿了整个马克思思想发展的历史，马克思的一生都在为实现这一理想而奋斗。马克思的人生理想显著地体现在他的德语作文《青年在选择职业时的考虑》中。尽管一些马克思的传记作家基本上不讨论马克思青年时期的志向，只是将其看作当时德国的青年中很平常的事情，但是，马克思的这些志向反

---

① 《马克思恩格斯全集》第14卷，人民出版社，1964年版，第665页。

映了他头脑中对其未来的自我形象的设定，这是一个对新世界充满向往、对自己在塑造这个世界的过程中所承担的作用充满信心的具有前瞻性的德国青年的形象。正如杰洛德·塞吉尔所指出的，马克思选择那种能够为人类服务和自我完善的职业的愿望，反映了德国哲学的要义，这就是在现实中找寻理想。

在为数不多的保存下来的马克思早年所写的作品中，写于1835年的一篇关于职业选择的毕业论文《青年在选择职业时的考虑》中，体现了维登巴赫对马克思的影响，同维登巴赫所公开表达的观点相一致，也许在一定程度上也受到了亨利希·马克思观点的影响。在这篇文章中，马克思表示他渴望从事一个与"抽象真理"[①]的研究相关的职业，这将有利于"人类的幸福"以及有助于他"自身的完美"[②]。

首先，马克思指出了青年在选择职业时所应当遵循的指针。马克思断言，在所有的职业中最佳的是"一种能给我们提供最广阔的场所来为人类工作，并使我们自己不断接近共同目标即臻于完美境界的职业"[③]，而且，"在选择职业时，我们应该遵循的主要指针是人类的幸福和我们自身的完美"[④]。马克思强调，这两个目标并不矛盾，如果认为两者之间存在"冲突"则是错误的，要将这两个指针统一起来，"不应该认为这两种利益是敌对的，互相冲突的，一种利益必须消灭另一种的；人类的天性本来就是这样的：人们只有为同时代人的完美、为他们的幸福而工作，才能使自己也达到完美"；"历史承认那些为共同目标劳动因而自己也变得高尚的人是伟大人物；经验赞美那些为大多数人带来幸福的人是最幸福的人；宗教本身也教诲我们，人人敬仰的理想人物，就曾为人类牺牲了自己"；"如

---

① 《马克思恩格斯全集》第1卷，人民出版社，1995年版，第458页。
② 《马克思恩格斯全集》第1卷，人民出版社，1995年版，第459页。
③ 同①。
④ 同②。

果我们选择了最能为人类而工作的职业，那么，重担就不能把我们压倒，因为这是为大家作出的牺牲；那时我们所享受的就不是可怜的、有限的、自私的乐趣，我们的幸福将属于千百万人"①。在这里，我们可以看出马克思对启蒙思想家关于个人利益和社会利益天然一致的抽象人道主义观点的领会和赞赏。

马克思强调青年在作出选择时一定要负起责任，一定要"认真考虑：我们对所选择的职业是不是真的怀有热情"②。并且，马克思强调要探求这种鼓舞的来源本身，不能是由于虚荣心或者是幻想所引起的我们的选择。正如马克思所言："历史把那些为共同目标工作因而自己变得高尚的人称为最伟大的人物；经验赞美那些为大多数人带来幸福的人是最幸福的人；宗教本身也教诲我们，人人敬仰的典范，就曾为人类而牺牲自己。③"

其次，马克思在承认选择职业的自由的同时，又清醒地估计到这种选择必然会受到客观条件的限制。马克思指出，青年在选择职业时，并不是由主观任意作出选择的，他必须要考虑到自身的条件和周围的环境。在这里，马克思提出了一个发人深思的观点，即"我们并不总是能够选择我们自认为适合的职业；我们在社会上的关系，还在我们有能力决定它们以前就已经在某种程度上开始确立了"④。尽管马克思当时所说的"社会关系"并不包含十分确定的内容，但仅就这一点而言，我们可以看到：尽管马克思当时还仅仅是一名高中毕业生，但是他的思想已经开始走向成熟。他已经能够把错综复杂的外部关系作为思考问题的背景，意识到各种社会关系在人们生活中的重要意义。

马克思宣称，最崇高的职业是"那些主要不是干预生活本身，而是从

---

① 《马克思恩格斯全集》第1卷，人民出版社，1995年版，第459页。
② 《马克思恩格斯全集》第1卷，人民出版社，1995年版，第456页。
③ 同①。
④ 《马克思恩格斯全集》第1卷，人民出版社，1995年版，第457页。

事抽象真理的研究的职业"①。与此同时，马克思也指出了自由选择的危险性，即这"同时也是可能毁灭人的一生、破坏他的一切计划并使他陷于不幸的行为"②。这是一个危险的选择，因为这些职业需要具有合适才干的人为其竭尽全力，甚至不惜牺牲生命，这会使那些不经考虑、凭一时冲动而贸然从事的人毁灭。无论他具有怎样高尚的意图，决定从事"抽象真理"的研究可能给不能胜任这一任务或者作出"轻率"决定的年轻人带来灾难。失败会导致自卑，这种来自于内心的可怕的痛楚比来自于外界的指责更能使人受到伤害。马克思观察了特里尔政治斗争的后果。他当然知道他的长辈们所遭受的苦难，他们由于坚持共和政体的原则和反对普鲁士的统治而受到警方的处罚或追捕。维登巴赫在马克思毕业后不久就从他的校长的职位上被辞退。他和亨利希·马克思在特里尔俱乐部的一些同伴被指控带有反普鲁士的情绪，其中一人甚至被控犯有叛国罪。然而，马克思所想表达的意思是说，在充满危险的生命历程中，主要的危险是由于缺乏对自己的能力的合理判断。马克思表明，现有的社会关系可能会妨碍一个人获得他所选择的职业，但是能否作出这样的决定则取决于个人。

马克思还写到，他对只为了个人利益而获得地位和成功的职业不感兴趣。对于有才能的人，最好的职业是既"不干预生活本身"，也不使人作为"奴隶般的工具"。在这样的"工具"中，同样包括那些帮助维持现有的政治秩序的人。同时，这也暴露了马克思的"叛逆"精神，这种"叛逆"精神针对的是追名逐利的资产阶级和尽管对现存状况有所批评但却从来不去做危及自己生计的事情、更加不会从事这样的职业的那些人。不过，从某种程度上来说，一个人的职业的最终衡量标准或"价值"是他毕生致力于他人的幸福。在马克思的观念中，"如果一个人只为自己劳动，

---

① 《马克思恩格斯全集》第1卷，人民出版社，1995年版，第458页。
② 《马克思恩格斯全集》第1卷，人民出版社，1995年版，第455页。

他也许能够成为著名的学者、伟大的哲人、卓越的诗人，然而他永远不能成为完美的、真正伟大的人物"①。一个人的职业并没有涉及对金钱的追求，这是"贵族的骄傲"，这是"最能使人高尚、使他的活动和他的一切努力具有更加崇高品质的东西，是使他无可非议、受到众人钦佩并高出于众人之上的东西"②。因此，关于实现自我完善的愿望，这样一种职业所带来的"就不是可怜的、有限的、自私的乐趣，我们的幸福将属于千百万人"③。

最后，马克思强调了能够赋予生命的力量的理想的重要性。马克思在讨论选择职业时不止一次地提到过理想，他认为当一个人为他人的幸福而工作的时候，理想是可以帮助这个人实现"价值"的关键因素。因此，当一个人改变自己的时候，理想与改变世界的根本任务紧密相连。显然，这是马克思将进步视为知识和活动相结合的信念的最早阐释。即使在这个早期阶段，马克思就已经试图去超越其他人的成就，这些人已经不再去想象和憧憬一个更加美好的世界或者他们已经不再将改变世界的活动作为首要的任务。马克思自觉地站在敢于设想一个新的更加美好的世界的那些人一边，反对改变自己向现有的条件妥协。同时，马克思也表达了在事业和自己的理想之间的内在冲突，这驱动个人心甘情愿地接受挑战或不顾身体的限制去追求艰苦的职业。马克思写到，虽然我们自己的体质有限，但是，"为了恪尽职守而牺牲自己幸福的思想激励着我们不顾体弱去努力工作"④。马克思的毕业作文揭示，他早期所接受的辩证的世界观是他的个人发展的基础。在年轻的马克思那里，最终的进步观念的起源基于一种冲突，这种冲突涉及目的和能力之间的内在斗争。正如马克思考虑要选择一

---

① 《马克思恩格斯全集》第1卷，人民出版社，1995年版，第459页。
② 《马克思恩格斯全集》第1卷，人民出版社，1995年版，第458页。
③ 同①。
④ 《马克思恩格斯全集》第1卷，人民出版社，1995年版，第457页。

个既能为他人服务，又对完善自我有利的职业一样，马克思也承认，"我们的体质常常威胁我们，可是任何人也不敢藐视它的权利"①，也就是说，成功可能更需要能够超过体质限制的智力的胜利，也即精神原则和肉体原则之间的斗争。

（2）马克思的政治理想：自由政体

马克思的政治理想发端于一篇用拉丁文写成的《奥古斯都的元首政治应不应当算是罗马国家较幸福的时代？》文章中。在文章的一开头，马克思便提出了可以采用三种方法来判断一个时代所采用的政体的优越与否，即历史对比法、古人评价法以及对这个时代的艺术和文学的状况进行考察的方法。

在这篇文章中，马克思通过对罗马历史上不同时期的政治、道德、文化和国力的考察和比较，表达了对压榨人民的暴政的痛恨，对伟大美德和发达文化的向往。马克思指出："如果一个时代的风尚、自由和优秀品质受到损害或者完全衰落了，而贪婪、奢侈和放纵无度之风却充斥泛滥，那么这个时代就不能称为幸福时代。"②他称赞奥古斯都所确立的国家是最适合他那个时代的国家，因为担任国家职务的人"并不滥施暴力，并且没有给可憎恨的权力披上温和的外衣"；"它唤起了人们去建立伟大的业绩，造就了一些使敌人感到惧怕的人物，并号召在贵族与平民之间展开良好的竞赛"③。

根据马克思的观点，奥古斯都时期的元首政治实质上要优越于自由的共和政体，因为它"更好地保障人民的自由"④。奥古斯都时代的统治"以温和著称。由于元首下令改变了机构和法律，往昔为护民官监察官和执政

---

① 《马克思恩格斯全集》第1卷，人民出版社，1995年版，第457页。
② 《马克思恩格斯全集》第1卷，人民出版社，1995年版，第463页。
③ 《马克思恩格斯全集》第1卷，人民出版社，1995年版，第464页。
④ 同③。

官所拥有的一切权力和荣誉都转入了一人之手，所以各种自由，甚至自由的任何表面现象全都消失了，尽管如此，罗马人还是认为，是他们在进行统治，而'皇帝'一词只不过是先前护民官和执政官所担任的那些职位的另一种名称罢了，他们没有觉得他们的自由受到了剥夺"①。在这里充分体现了马克思的政治理想，即他希望能够建立一种保证人民自由的政体。

马克思在毕业时所写的这两篇文章在思想上是连贯的，不能将其割裂开去考察马克思当时的思想。结合马克思在中学时代所写的这两篇作文，我们可以看出来，青年马克思关于进步的思想起源于马克思的理想，而贯穿马克思理想的主线就是——关于自由的思想。追求人的自由和解放也是贯穿马克思一生思想的主线，同时也是其为之奋斗的动力及目标。

2.浪漫主义诗歌：改变世界的理想

尽管马克思本人从来不是一个浪漫主义者，但是浪漫主义在马克思早期进步观念的构想中发挥了一定的作用。马克思的"浪漫主义"阶段也许是他一生中最复杂的阶段，对这一阶段的错误理解主要是因为人们结合马克思后来的思想来解释马克思青年时期的诗歌含义的学术企图。问题的部分原因是缺乏关于这一时期思想的直接证据，目前保存下来的有马克思写于1836年秋到1837年冬的一些诗歌和1837年11月他写给父亲的一封信件。在给父亲的信中，他将他三卷本的诗歌描述为："对当代的抨击，漫无边际、异常奔放的感情，毫无自然的东西，纯粹的凭空想象，现有之物和应有之物的截然对立。"②尽管马克思的大部分诗歌都是对爱情悲剧的描绘，并且充满了大量的能够将人拖入深渊的神秘力量，但是他的一些诗提供了超出很多评论家所认可的内容，使我们能够更深入地了解马克思对未来的

---

① 《马克思恩格斯全集》第1卷，人民出版社，1995年版，第462页。
② 《马克思恩格斯全集》第47卷，人民出版社，2004年版，第7页。

希望和对他人的关怀。

马克思的某些诗歌体现了他在世界观上的双重意识：一个孤立的天才，选择切断所有社会联系，然而，却向往通过诗歌改造"神奇"的世界。他所坚持的是有意识地改变世界和自身的渴望，尽管实现这一愿望有极大的困难并且会给个人带来一定程度的痛苦，但是这仍然是个人价值的最终衡量标准。在一首《感触》①的诗中，马克思写道：

> 一旦心中涌起了激情，
>
> 我就再也不能从容镇定，
>
> 我永远不能闲适恬静，
>
> 我要不停地奋勇前进。
>
> ……

与那些愿意"走自己平坦的道路"的人不同，那些人使自己适应资产阶级世界的现状，而马克思发现自己仅为未来而战斗。

> 而我心中却激荡着永恒的渴望，
>
> 永恒的心潮，永恒的热情，
>
> 我无法强迫自己顺应流俗，
>
> 也不愿碌碌无为听天由命。
>
> ……
>
> 因为所有的墙垣和殿堂，
>
> 都会在时光飞逝中倾圮，
>
> 它们一旦化为废墟，
>
> 一个新世界便会崛起。

马克思以对行动的号召结束了这首诗：

> 切莫在空想中虚掷时光，

---

① 《马克思恩格斯全集》第1卷，人民出版社，1995年版，第560—563页。

切莫在枷锁中犹豫彷徨，

只要胸怀抱负和渴望，

我们就可以将事业开创。

马克思在题为《人的自豪》①的诗中提到了现代城市的令人感到压迫的环境。这也许是马克思从浪漫主义出发明确拒绝现代异化的一首诗。

金碧辉煌的画栋雕梁，

高高耸立的殿宇楼房，

人群如潮奔腾激荡，

无休无止地劳碌奔忙；

……

没有哪根巨柱能在一瞬间

凭借自身的力量拔地高耸，

一块块精心堆砌的石头

显示出蜗牛爬行般的艰辛劳动。

马克思以某种上帝般的方式超出了这种异化状态：

我就向整个世界提出挑战，

面对庞然大物发出嘲笑，

外表魁伟的侏儒将倒地哀号，

他的残骸窒息不了我心中的火苗。

我可以像神一样漫步徜徉，

胜利行进在那片废墟之上，

我的每句话都是火焰和行动，

我就像造物主那样襟怀坦荡。

① 《马克思恩格斯全集》第1卷，人民出版社，1995年版，第482—486页。

　　尽管马克思的诗歌中含有许多浪漫主义的成分，但是依然能够看出，《人的自豪》的中心论点就是他1835年毕业作文的主题思想的详细阐述。马克思渴望通过成为一名有创造力的作家所具有神奇的改变世界的力量来为人类服务。他将改变世界的强烈意愿表现在不断流露出来的浪漫主义情怀以及要立志成为一名诗人的自我认同之中。然而，《感触》和《人的自豪》这两首诗歌中所蕴含的解放的基调，清楚地表明了马克思所持有的试图改变世界的思想。马克思的这些诗歌从两个方面揭示了他最早的关于人类进步的观念。通过确认矛盾的原则是一切生命的特征，马克思揭示出解决这些矛盾的能力只能来自有意识的人类行动。

　　马克思的诗表达了社会进步与德国的动荡状况之间的矛盾关系，而这种推动事物发展的矛盾本性最初体现在马克思的成长过程中。比激进的政治内容更重要的是马克思不断增加的从总体上对抽象思维和德国唯心主义的批评。马克思不仅开始对许多与他同时代的浪漫主义思想者提出质疑，而且他也开始质疑费希特和康德的唯心主义哲学。尽管马克思在黑格尔的哲学中发现了"向现实本身去寻求观念"[1]这一思想，但是很快马克思就开始将黑格尔作为自己批判的对象。在《讽刺短诗集》关于"黑格尔"一节中，马克思写道：

　　　康德和费希特喜欢在太空遨游，

　　　寻找一个遥远的未知国度；

　　　而我只求能真正领悟

　　　在街头巷尾遇到的日常事物！

　　　请原谅我们这些短小诗篇，

　　　如果我们唱的调子惹人讨厌；

---

[1] 《马克思恩格斯全集》第47卷，人民出版社，2004年版，第13页。

我们已把黑格尔的学说潜心钻研，

却还无法领略他的美学观点。①

马克思对黑格尔的首次批判是讽刺性的，明确表示他不能容忍黑格尔把思想从现实世界中分离出来的观点。但这些也预兆了马克思在几年以后对黑格尔哲学的更复杂的批判。但是，无论怎样，黑格尔哲学的发现是马克思进步观念起源的基础。马克思确信，所有他以前的论证都没有建立在稳定的基础之上，正如他所说："我从理想主义——顺便提一下，我曾拿它同康德和费希特的理想主义作比较，并从中吸取营养——转而向现实本身去寻求观念。如果说神先前是超脱尘世的，那么现在它们已经成为尘世的中心。"②

第二节　进步观念的起源：拒绝浪漫主义进步观念

1859年，马克思在《〈政治经济学批判〉序言》中曾提到："我学的专业本来是法律，但我只是把它排在哲学和历史之次当作辅助学科来研究。"③马克思选择专业是经过了深思熟虑的，从他报考波恩大学法律系前夕所通过的中学毕业考试的德语作文——《青年在选择职业时的考虑》中，就可以清楚地看到他对这一问题的深刻思考和围绕思考的整个思想状况。

一、在现实中寻求理想

马克思于1837年11月10—11日写了《给父亲的信》，这封信在内容上

---

① 《马克思恩格斯全集》第1卷，人民出版社，1995年版，第736页。
② 《马克思恩格斯全集》第47卷，人民出版社，2004年版，第12—13页。
③ 《马克思恩格斯全集》第31卷，人民出版社，1998年版，第411页。

接续了马克思的中学毕业试卷，不仅叙述了他学习法律的初衷和方法，而且还谈到了他后来为什么和怎样把学习重点从法律转向哲学。马克思在柏林大学的第一学期写了一部关于罗马成文法的法学著作，他之所以"首先渴望专攻哲学"则是因为创作这一著作所遇到的理论困难所引起的，马克思最初研究哲学的目的是为了获得正确的法学研究方法。

1.构筑形而上学法学体系的失败

马克思这次观念上的转变是其思想发展的第一个重要的转折。这次转变起因于马克思企图构筑的形而上学法学体系的失败。马克思试图把某种法哲学体系贯穿于全部法律史。作品分为两部分。第一部分是导言，叙述了若干形而上学的法学原理。马克思指出："这里首先出现的严重障碍同样是现有之物和应有之物的对立，这种对立是理想主义所固有的，是随后产生的无可救药的错误的划分的根源。最初我搞的是慨然称之为法的形而上学的东西，也就是脱离了任何实际的法和法的任何实际形式的原则、思维、定义，这一切都是按费希特的那一套，只不过我的东西比他的更现代，内容更空洞而已。"①第二部分是法哲学，研究罗马成文法的思想发展。这一部分又被分为关于形式法的学说和关于实体法的学说。前者叙述"体系在其连贯性和联系方面的纯粹形式，它的划分和范围"；后者叙述"体系的内容，说明形式怎样浓缩在自己的内容中"②。

在马克思看来，他的这部著作充满着矛盾，因为第一部分完全脱离实际的法律文献，既脱离它们的形式也脱离它们的内容，而第二部分则表明"形式是概念形成的必要结构，而实体是这些概念形成的必要品质"，这

---

① 《马克思恩格斯全集》第47卷，人民出版社，2004年版，第7—8页。
② 《马克思恩格斯全集》第47卷，人民出版社，2004年版，第8页。

样就产生了"实体与形式可以而且必须互不相干地发展"①这一错误。马克思意识到了这些矛盾，并且尽最大的努力来调整他的思路。在第一部分的写作中，马克思强调了哲学同数学和几何不同，不能脱离对象而使用概念，即"在生动的思想领域的具体表现方面，例如，在法、国家、自然、全部哲学方面，情况就完全不同：在这里，我们必须从对象的发展上细心研究对象本身，而决不允许任意划分；事物本身的理性在这里应当作为一种自身矛盾的东西展开，并且在自身中求得自己的统一"②。针对第二部分的问题，马克思指出："用哲学来说明法时，形式必然从内容中产生出来；而且，形式只能是内容的进一步发展。"③他把全部罗马法，包括公法和私法在内，分为契约法和非契约法，而在这样的划分中，"法的精神及其真理却消失了……这里通篇都贯穿着三分法，叙述繁冗令人生厌，同时又极其粗暴地滥用罗马概念，以便把它们硬塞进我的体系"④。

在实体私法的结尾，马克思看到了全部体系的虚假，这使他感到必须要求助于哲学。"这再次使我明白，没有哲学就无法深入。于是我就可以心安理得地重新投入哲学的怀抱，并写了一个新的形而上学基本体系，但在该体系的结尾处我又一次不得不认识到它和我以前的全部努力都是错误的。"⑤正是由于马克思构筑形而上学法学体系的失败，才导致了马克思这一时期的思想和观念的变化。

2.理想主义观念的破灭

从马克思的中学毕业作文中可以看出马克思的理想主义情绪，马克思

---

① 《马克思恩格斯全集》第47卷，人民出版社，2004年版，第9页。
② 《马克思恩格斯全集》第47卷，人民出版社，2004年版，第8页。
③ 同①。
④ 《马克思恩格斯全集》第47卷，人民出版社，2004年版，第9—11页。
⑤ 《马克思恩格斯全集》第47卷，人民出版社，2004年版，第11页。

最初是抱着这种观念来学习法学的，而且他也正是怀着理想主义从事法学研究的。但是，构筑形而上学的法学体系失败后的理论反思使马克思明白，他必须放弃这部著作，它的问题并不在于构思和表述方面，而是出自于根本的理想主义的思想方法。

马克思在《给父亲的信》中表明，放弃他一贯推崇的理想主义对他来说是一个非常痛苦的选择，因此他把自己的理想主义发泄到了艺术创作上。马克思写道："在我寄给你们的最后一册笔记中，理想主义渗透了那勉强写出来的幽默小说（《斯考尔皮昂和费利克斯》），还渗透了那不成功的幻想剧本（《乌兰内姆》），直到最后它完全变了样，变成一种大部分没有鼓舞人心的对象、没有奔放的思路的纯形式艺术。"[1]正是因为被马克思奉为神圣的理想主义已经彻底毁灭了，因此他才尝试着转变研究方法，即"我从理想主义——顺便提一下，我曾拿它同康德和费希特的理想主义作比较，并从中吸取营养——转而向现实本身去寻求观念"[2]。

3.由康德和费希特哲学转向黑格尔哲学

从马克思《1837年给父亲的信》中可以看出，马克思最初深受康德和费希特的理想主义思想的影响，而不喜欢黑格尔"那种离奇古怪的调子"[3]。但是，由于构筑形而上学法学体系的失败，马克思清醒地认识到：不应该在思想中去构筑现实，而应该向现实本身去寻求思想。

康德和费希特哲学的一个重要特点在于把"应有"和"现有"、理想和现实对立起来，用"应有"去批判"现有"，用理想去批判现实，而不注重研究"现有"和现实本身。马克思最初采用这种方法去研究法学，这

---

① 《马克思恩格斯全集》第47卷，人民出版社，2004年版，第12页。
② 《马克思恩格斯全集》第47卷，人民出版社，2004年版，第12—13页。
③ 《马克思恩格斯全集》第47卷，人民出版社，2004年版，第13页。

使得马克思的法学研究脱离了实际的法和法的任何实际形式，只研究内容空洞的原则、思维和定义，因而导致了马克思的研究不能向前推进。正如马克思所说："康德和费希特喜欢在太空遨游，寻找一个遥远的未知国度；而我只求能真正领悟在街头巷尾遇到的日常事物！"①马克思认为应该研究事物和对象本身，即"必须从对象的发展上细心研究对象本身，而决不允许任意划分；事物本身的理性在这里应当作为一种自身矛盾的东西展开，并且在自身中求得自己的统一"②。正是基于这种认识，马克思由康德和费希特的哲学转向黑格尔主义，即从现实本身出发去寻求理想。

二、进步观念的初步表达

马克思的博士论文是反映青年马克思在大学毕业时的哲学思想的极为重要和宝贵的文献，在他的进步观念的起源中占据着开创性的地位。1839年初到1840年初，马克思致力于研究古希腊晚期的伊壁鸠鲁主义、斯多亚主义和怀疑论哲学，在摘录整理了7册《关于伊壁鸠鲁哲学的笔记》之后，于1841年3月以《德谟克利特的自然哲学和伊壁鸠鲁的自然哲学的差别》为题完成了博士论文的写作。博士论文是通过一个例子来说明伊壁鸠鲁哲学与整个希腊哲学的关系。但从论文的整体内容上来看，马克思是在比较伊壁鸠鲁和德谟克利特的哲学思想的差别过程中表达了对他们哲学理论的看法，借以阐述自己的哲学思想。正如以前的学术研究所表明的那样，马克思的论文标志着"实践哲学"的出现，马克思的"实践哲学"调和了思想和行动、自我意识和外部世界，他的"实践哲学"有助于产生一个新的哲学世界观，这个新的哲学观包含着对人生的思考以及在这一过程中采取行

---

① 《马克思恩格斯全集》第1卷，人民出版社，1995年版，第736页。
② 《马克思恩格斯全集》第47卷，人民出版社，2004年版，第8页。

动的思想。①

1. "自我意识"的哲学使进步成为可能

马克思对论文题目的选择反映了博士俱乐部的成员们正在讨论的问题。青年黑格尔派的成员把自我意识看成是自由的象征，重视自我意识在改造世界中的作用，因此他们重视对希腊晚期哲学的研究。马克思选择把研究的重点放在希腊晚期哲学最重要的三个体系，即斯多亚主义、伊壁鸠鲁主义和怀疑论哲学上，在某种程度上也是受青年黑格尔派的成员的影响。马克思在这三个体系中看到了与他生活的历史时代的相似之处。对于马克思来说，古希腊和现代这两个不同的历史时期，实际上具有一个新时代的共同标志，即哲学开始转向关注解决现实问题这一决定性的活动上来。正如希腊晚期哲学的三个主要学派"合在一起形成自我意识的完整结构"②，马克思和其他青年黑格尔派的成员同样寻求相同的东西，即自我意识，只不过他们的探索是以一种现代的形式展开的。

马克思是在他构筑形而上学的法学体系失败以后，为解决"现实的东西和应有的东西之间的对立"而转向黑格尔哲学的。马克思曾经说过，当一个像黑格尔哲学一样的全部或完整的哲学没能够解决分裂的世界的问题的时候，只有两种选择：或者是哲学家们必须重新解释那种哲学的内容，而忽视其明显的矛盾；或者是他们必须寻求解决实践中的这些矛盾的现实方法。因此，对于马克思来说，在古希腊晚期的哲学思想中，最令他感兴趣的不是这些哲学流派的内容，而是它们的主观形式，也就是说，哲学家本人在何种程度上解决了体现在以前的古代的"总"体系中的矛盾。马克

---

① [波兰]莱泽克·科拉科夫斯基：《马克思主义的主要流派》，黑龙江大学出版社，2015年版。

② 《马克思恩格斯全集》第1卷，人民出版社，1995年版，第17页。

思看到了古代哲学中这一特定时期和他自己时代的哲学的相似之处。对于马克思来说，他和青年黑格尔派就相当于现代版本的古代斯多亚派、伊壁鸠鲁派和怀疑论者，他们跟随着亚里士多德的总体系，在调和理想与现实世界的斗争中，转向哲学的更实际的一面。黑格尔之后的哲学家的任务是通过建立在实践基础之上的自我意识哲学去调和包含在黑格尔的总体的、抽象的理论体系中的矛盾。

对于马克思来说，选择伊壁鸠鲁自然哲学和德谟克利特自然哲学的关系作为研究主题，对于他宏大的研究计划来说论域似乎过于狭窄，他确实也只是把他的博士论文作为"一个例子"和"出发点"来说明伊壁鸠鲁的哲学乃至整个自我意识哲学与整个希腊哲学的关系。但是就马克思所关注的问题而言，博士论文的选题可以说抓住了问题的关键。前人把伊壁鸠鲁的自然哲学同德谟克利特的自然哲学等同起来，将伊壁鸠鲁的哲学看作是对德谟克利特哲学的重复，然而，马克思却在二者的自然哲学中看到了差异。在整个希腊哲学中，自然哲学是离主观哲学最远的一个领域，那么主张精神快乐的伊壁鸠鲁为什么要选择这个领域作为自己的研究对象？他又是如何运用自我意识的原则改造了这个领域，把探究物质客观本质的原子论发展成为一种人生哲学，引导人走向心灵的宁静？这正是马克思写作博士论文的初衷。马克思在这里试图证明，与德谟克利特的学说中所体现出来的机械决定论模式不同，伊壁鸠鲁的"原子论"本身隐含着对"个人精神自由"的理解。

马克思驳斥了前人对伊壁鸠鲁和德谟克利特在自然哲学和原子论方面的差异的错误认识。通常人们认为，这两位哲学家用同一种方法讲授同一种科学，因此，他们的差别是偶然的，而且差别的主要原因是伊壁鸠鲁错误地理解了德谟克利特哲学。马克思在详细考察两个人在认识论方面的主张和在实践活动中的表现后认为，"在一切方面，无论涉及这门科学的真理性、可靠性及其应用，还是涉及思想和现实的一般关系，他们都是截然相反的"①。在马克思看来，指出两个人对客观现实世界的理解有原则的不同更为重要。对德谟克利特来说，客观世界是指排除主体的纯客观世界，而不是被主体感知的世界。感知的世界只是假象，人们只有通过理性才能把握真实世界。相反，对伊壁鸠鲁来说，感觉到的世界才是我们生活中的真实世界，而理性把握的那个世界不过是一种假定。在伊壁鸠鲁的体系中，他尤其重视古希腊哲学的圣人或"智者"这一概念，他关于智者的思想目的就在于试图解决个人同自身以及同现存世界之间的矛盾。伊壁鸠鲁对这一问题的解决采取了无神论的形式，或者如马克思所称的"自我意识的自然科学"②的形式，其核心就是自我意识的能动性，即通过有意识的实践活动来改变世界的思想。

2. "矛盾性"作为进步观念的一个基本原则

在博士论文的第二部分，马克思进一步分析了德谟克利特和伊壁鸠鲁因不同的认识方法所导致的在自然哲学方面的差别。对于马克思来说，自我意识的证据在于伊壁鸠鲁的原子自由运动的思想，即"原子脱离直线而偏斜"的理论。马克思对这一思想给予了极高的评价，认为伊壁鸠鲁用辩证法的观点"解决了一个在希腊哲学史上至今尚未解决的问题"③。通过马克思对这一问题的分析，我们可以看到，马克思在这里是根据黑格尔辩证法的结构去理解伊壁鸠鲁的原子论，突出地表现了他将事物内在的矛盾性作为推动历史进步的原则的思想。

马克思认为，伊壁鸠鲁最大的贡献就在于其把原子的概念和存在之间的矛盾归结为它的内在矛盾。伊壁鸠鲁一方面对原子作出质的规定，肯定

---

① 《马克思恩格斯全集》第1卷，人民出版社，1995年版，第20页。
② 《马克思恩格斯全集》第1卷，人民出版社，1995年版，第64页。
③ 《马克思恩格斯全集》第1卷，人民出版社，1995年版，第10页。

原子具有特质，另一方面又对原子作出一些相反的规定，否定原子具有特质。正是通过采用这种规定特质本身是自相矛盾的方法，伊壁鸠鲁提出，原子除具有德谟克利特所规定的形状、体积的差别之外，还具有重量这种特质，从而把原子概念中本质与存在的矛盾客观化、具体化到人类的认识领域，在本质世界和现象世界之间架起了一座桥梁。由此马克思指出，伊壁鸠鲁的哲学是古代世界自我意识哲学的逻辑基础，因为伊壁鸠鲁使原子概念成为原子自身运动与人们对这种运动的理解之间的必要环节。只有概念化的知识可以将外部世界的存在同人类对它的理解和感知联系起来，而这正是伊壁鸠鲁超越德谟克利特哲学的地方，因为德谟克利特只是简单地设想了一个唯物主义形式，在这种形式中，自然界的客体化状态是给定的，因而是自身的证明。在伊壁鸠鲁体系中的"原子偏离于直线"的观点中，马克思看到了一种基于矛盾和排斥原则的自由运动，并将其假定为对人的自由原则的承认。

对于马克思来说，矛盾的原则也产生了哲学家的自由的理论精神，其主要任务是确定世界如何在其真实的状态下运行。由于并不是所有的哲学家都自觉地试图将他们的注意力转向外部世界，因此哲学分成了两个派别。一派构成了"自由派"，其拥护者引导哲学朝向外部世界；另一派包含那些仍然拘泥于把哲学看作冥想和沉思的哲学家。这些都是马克思称之为"实证哲学"的承担者。对于马克思来说，两个派别之间的差异是明显的，因为此时他将哲学转向外部世界视为实现自身的唯一手段。只有哲学的自由派有能力改变世界，也只有自由派才能够获得真正的进步，"因为它是概念的一派"①。马克思认为，只有自由派才能够从形式和内容的结合的总体上去理解世界。

根据马克思的观点，伊壁鸠鲁的自由原则是古希腊哲学最优秀的成果

① 《马克思恩格斯全集》第1卷，人民出版社，1995年版，第77页。

之一，这一思想成果同他们自己的时代有着密切的关系，因为古希腊哲学家身上具有"性格十分刚毅的、强有力的、永恒的本质，以致连现代世界也不得不承认它们享有充分的精神上的公民权"①。正是在古希腊的整个思想体系中，特别是在伊壁鸠鲁的哲学中，人的自我意识的完整结构最终得以展现。马克思把伊壁鸠鲁的基于矛盾和排斥原则基础之上的"内在辩证法"，扩展解释人的自我意识、理解外部世界。正如马克思所说，"如果我同我自己发生关系，就像同直接的他物发生关系一样，那么我的这种关系就是物质的关系"②。由于马克思识别出了自身所具有的物质性，他才能进一步论证包含在这种物质性中的内在辩证法，才能将其应用到对外部世界的解释中去。而这就是自我意识哲学的现代后果，它不是寻求"心灵的宁静"的哲学，而是行动的哲学。正如马克思确信他所理解的那样，自我意识哲学所带来的影响是潜在的革命性的。

3. "世界的哲学化"作为推动进步的方法

马克思在现已缺损的概论部分第4节中论述了德谟克利特和伊壁鸠鲁的一般关系。从保留下来的附注中，我们可以了解到马克思在这一节中涉及了哲学和世界的关系问题，也即哲学如何改变世界、推动人类历史进步的问题。也就是通过实践活动，即哲学的实现带来了他自身的否定，即世界的哲学化。这是哲学在人类现实活动中能够成为进步的力量的唯一方法。因此，在他的智力发展的最初阶段，马克思转向了对世界进步起着主要作用的行动哲学。他将自己与和他同时代的大多数哲学家区别开来，原因就在于他将哲学的最终消灭视为社会理论必要的起点。

马克思把自我意识理解为哲学改变世界的中介，并把它称作"作为意

---

① 《马克思恩格斯全集》第1卷，人民出版社，1995年版，第16页。
② 《马克思恩格斯全集》第1卷，人民出版社，1995年版，第37页。

志的哲学"或"哲学的实践"。这个实践还不等于他后来创立唯物史观时所说的人的感性活动，而是指自由的理论批判活动。在他看来，自我意识对自由的追求本身就是一种良心的进步，即"凡是表现为良心的进步的东西，同时也是一种知识的进步。这里不是哲学家个人的良心受到怀疑了，而是他的本质的意识形式被构成了，被提高到一定的形态和意义，从而同时也就超出了意识形式的范围"①。哲学家的良心，即"理论精神"，随之"成为实践力量……面向那存在于理论精神之外的尘世的现实"②。这开始了漫长的以其真实状态理解这个世界的过程："哲学的实践本身是理论的。正是批判根据本质来衡量个别的存在，根据观念来衡量特殊的现实。但是，哲学的这种直接的实现，按其内在本质来说是充满矛盾的，而且它的这种本质在现象中取得具体形式，并且给现象打上自己的烙印。当哲学作为意志面向现象世界的时候，体系便被降低为一个抽象的总体，就是说，它成为世界的一个方面，世界的另一个方面与它相对立。体系同世界的关系是一种反思的关系。体系为实现自己的欲望所鼓舞，就同他物发生紧张的关系。它的内在的自我满足和完整性被打破了。本来是内在之光的东西，变成转向外部的吞噬一切的火焰。"③于是，马克思得出这样的结论："世界的哲学化同时也就是哲学的世界化，哲学的实现同时也就是它的丧失，哲学在外部所反对的东西就是它自己内在的缺点，正是在斗争中它本身陷入了它所反对的缺陷之中，而且只有当它陷入这些缺陷之中时，它才能消除这些缺陷。"④

　　马克思描述了他所理解的"把事情纯粹客观地看成哲学的直接的实

---

① 《马克思恩格斯全集》第1卷，人民出版社，1995年版，第75页。
② 同①。
③ 《马克思恩格斯全集》第1卷，人民出版社，1995年版，第75—76页。
④ 《马克思恩格斯全集》第1卷，人民出版社，1995年版，第76页。

现"①，这意味着哲学家同他的哲学的关系并不是简单易懂的，从主观上来说，哲学家可以实现或使他的哲学体系作为个人的思想的载体成为现实。哲学或者被实现，或者保持为哲学的纯粹的沉思状态，对此马克思指出："这些个别的自我意识始终具有一个双刃的要求：其中一面针对着世界，另一面针对着哲学本身。因为在事物中表现为一个本身被颠倒了的关系的东西，在这些自我意识中表现为二重的、自相矛盾的要求和行为。这些自我意识把世界从非哲学中解放出来，同时也就是把它们自己从作为一定的体系束缚它们的哲学中解放出来。因为自我意识本身仅仅处在发展的过程中，并为发展的直接力量所掌握，因而在理论方面还未超出这个体系的范围，所以，它们只感觉到同体系的有伸缩性的自我等同的矛盾，而不知道当它们转而反对这个体系时，它们只是实现了这个体系的个别环节。"②

哲学的两个基本倾向源自哲学自我意识的二重性，其表现为"两个极端对立的派别"③。而正是在这里，马克思看到一个基本的分歧，马克思将持第一种观点的人称为"自由派"，持第二种观点的人称为"实证哲学"。他进一步以如下的方式区分两者："第一个派别的活动就是批判，也正是哲学转向外部；第二个派别的活动是进行哲学思考的尝试，也就是哲学转向自身，因为第二个派别认为，缺点对哲学来说就是内在的，而第一个派别却把它看作是世界的缺点，必须使世界哲学化。两派中的每一派所做的正是对方要做而它自己不愿做的事。但是，第一个派别在它的内在矛盾中意识到了它的一般原则和目的。在第二个派别里却出现了颠倒，也可以说是真正的错乱。在内容上，只有自由派才能获得真实的进步，因为

---

① 《马克思恩格斯全集》第1卷，人民出版社，1995年版，第76页。
② 同①。
③ 同①。

它是概念的一派，而实证哲学只能产生一些这样的要求和倾向，这些要求和倾向的形式是同它们的意义相矛盾的。"①对于马克思来说，自由派代表着哲学的进步的力量，因为它的理论精神在形式和内容、主观和客观方面都把握了现实的真正的概念化的本质。自由派不仅承认世界的客观物质性，而且还要求从主观上通过概念的形式去把握世界的本性。马克思的博士论文标志着他把行动的原则纳入现代哲学的第一次尝试。

第三节 进步观念的发展：拒绝理性主义进步观念

1843年3月，马克思被迫离开新闻工作，标志着他暂时"从社会舞台退回书房"②。然而，在《莱茵报》期间，马克思接触到大量当代具体的政治问题，这些问题对他的哲学思想产生了深刻的影响，特别是改变了他对黑格尔的国家学说的观点。马克思在1842年到1843年初对德国的政治状况的批评主要是受到黑格尔的理想的国家观念的影响，到那时为止，黑格尔哲学都是马克思评价德国政府的理论基础。

一、对黑格尔进步观的质疑

在黑格尔的哲学中，国家是理想的实现，国家应该按照理性的原则，平等地对待一切公民。但是，马克思在《莱茵报》期间所目睹的现实证明，黑格尔的国家观念同普鲁士的客观现实是矛盾的。在德国政治生活中，理想与现实之间的鸿沟日益加剧，普鲁士国家不是"国家理性和国家伦理"，它并不是按照国家的本性，而是按照私有制的性质来行动。对于马克思来说，如果没有社会平等的原则作为前提提供保证，黑格尔的市民

①《马克思恩格斯全集》第1卷，人民出版社，1995年版，第76—77页。
②《马克思恩格斯全集》第31卷，人民出版社，1998年版，第412页。

社会中同理性的国家相关的利益共同体的概念就没有任何意义。对作为"私人利益"的私有财产的保护，从根本上违背了黑格尔的对于建构理性的理想国家至关重要的共同体的概念，正是因为黑格尔的国家概念无法调和私有财产和公民身份之间的矛盾，最终促使马克思放弃了黑格尔的整个国家理论。

1.批判黑格尔的泛神论的神秘主义

马克思在《黑格尔法哲学批判》中继承了费尔巴哈对黑格尔哲学体系的批判，将黑格尔关于国家和市民社会的关系的思想视为"逻辑的、泛神论的神秘主义"[①]，并对此思想进行了批判。

黑格尔在他的《法哲学原理》一书中，对国家与家庭和市民社会的关系作了思辨的论证，按照严密的逻辑体系推演出整个自然法和国家法体系。黑格尔认为，国家是现实的理念，是作为普遍的利益领域发展起来的；国家的实体性表现为王权、行政权和立法权这三个逻辑环节，是普遍性和特殊性的统一。根据黑格尔的观点，无论是在古代社会还是在近代社会，都没能在国家观上实现普遍性和特殊性的统一。普遍性在古代国家中就有体现，例如，柏拉图在《理想国》中所描绘的国家就是对个人的财产、自由和权力的否定，这种国家的观念用普遍性排斥了特殊性；近代国家则用特殊性排斥了普遍性，例如，卢梭的"社会契约论"对体现共同意志的契约的强调。只有现代国家，即他的理想中的君主立宪制国家，才是国家理念的最终完成，体现了普遍的最终目的和个人的特殊利益的统一。在黑格尔的国家理论中的核心问题就是市民社会和国家之间的关系。在黑格尔看来，家庭、市民社会和国家分别是概念的特殊性和普遍性的体现；国家理念决定家庭和市民社会，国家理念在自己的发展过程中把自身分为

[①] 《马克思恩格斯全集》第3卷，人民出版社，2002年版，第10页。

自己概念的两个特殊的、有限的领域，即家庭和市民社会，然后返回自身，成为现实的国家。

马克思继承了费尔巴哈对黑格尔哲学体系批判的"革命性方法"，将黑格尔哲学中被颠倒了的主词和谓词、观念和现实之间的关系再次颠倒过来，把市民社会从黑格尔的神秘的观念主体中解放出来。马克思认为，家庭和市民社会是现实的活动着的，它们才是国家的前提，而在黑格尔的思辨的思维中这种关系却是以颠倒的形式出现的。在黑格尔那里，观念成为了主体，家庭和市民社会对国家的现实的关系被解释为观念的内在想象的活动。正如马克思所指出的："黑格尔使各谓语、各客体变成独立的东西，但是，他这样做的时候，把它们同它们的现实的独立性、同它们的主体割裂开来了。然后现实的主体作为结果出现，其实正应当从现实的主体出发，考察它的客体化。因此，神秘的实体成了现实的主体，而实在的主体则成了某种其他的东西，成了神秘的实体的一个环节。正因为黑格尔不是从实在的存在物出发，而是从谓语、从一般规定出发，而且毕竟应该有这种规定的体现者，于是神秘的观念便成了这种体现者。"①

2.创建推动历史进步的民主制度

通过揭露黑格尔的政治哲学在每一个关节点都依赖的神秘元素，马克思最终将民主的原则应用到市民社会中。马克思认为："黑格尔从国家出发，把人变成主体化的国家。民主制从人出发，把国家变成客体化的人。正如同不是宗教创造人，而是人创造宗教一样，不是国家制度创造人民，而是人民创造国家制度。"②

马克思超越了黑格尔国家观念的抽象，赋予人民在创建制度和代表机

---

① 《马克思恩格斯全集》第3卷，人民出版社，2002年版，第32页。
② 《马克思恩格斯全集》第3卷，人民出版社，2002年版，第40页。

构中的立法作用。在黑格尔那里"国家成长为君主立宪制乃是现代的成就"①。黑格尔高度赞扬君主立宪制的国家政体，宣扬君主拥有绝对的权力，王权至高无上的思想。按照黑格尔的观点，君主是理性的化身，拥有绝对的主权地位，但同时，他却反对把君主主权和人民主权对立起来，试图调和两者之间的矛盾，将君主主权视为人民主权的体现和代表。对于马克思来说，真正的国家需要这样一种制度，即"它本身具有与意识同步发展、与现实的人同步发展的规定和原则。而这只有在'人'成为国家制度的原则时才有可能"②。人民是改变现有国家制度的原则和动力，国家制度之所以被改变或者取代，是因为人民试图改变现有的生活状况，所以，"就必须使国家制度的运动，使前进成为国家制度的原则，从而必须使国家制度的实际承担者——人民成为国家制度的原则。这时，前进本身也就成了国家制度"③。

马克思认为，只有以人民为原则的国家制度，即民主制度，才是普遍性和特殊性的真正的统一。很有可能就是马克思的一般的社会主义或共产主义思想的萌芽。在马克思后来的《1844年经济学哲学手稿》和《神圣家族》中，这两者之间的联系更为明显。马克思认为，"民主制是一切形式的国家制度的已经解开的谜。在这里，国家制度不仅自在地，不仅就其本质来说，而且就其存在、就其现实性来说，也在不断地被引回到自己的现实的基础、现实的人、现实的人民，并被设定为人民自己的作品。国家制度在这里表现出它的本来面目，即人的自由产物"④。在民主制中，主权属于人民，它的每一个环节都是全体民众的现实的环节。正是在这种全体民众参与其中的政治行动，即选举中，市民社会及其自身的否定终将实现。

① [德]黑格尔：《法哲学原理》，商务印书馆，2009年版，第287页。
② 《马克思恩格斯全集》第3卷，人民出版社，2002年版，第27页。
③ 《马克思恩格斯全集》第3卷，人民出版社，2002年版，第72页。
④ 《马克思恩格斯全集》第3卷，人民出版社，2002年版，第39—40页。

"选举是现实的市民社会对立法权的市民社会、对代表要素的现实关系。换句话说，选举是市民社会对政治国家的非间接的、直接的、不是单纯想像的而是实际存在的关系。因此显而易见，选举构成现实市民社会的最根本的政治利益。通过不受限制的选举和被选举，市民社会才第一次真正上升到自身的抽象，上升到作为自己真正普遍的本质的存在的政治存在。但是，这种抽象之完成同时也就是抽象之扬弃。市民社会把自己的政治存在实际设定为自己的真正存在，同时也就把不同于自己的政治存在的市民存在设定为非本质的存在；而被分离者中有一方脱落了，它的另一方，即对方，也随之脱落。因此，选举改革就是在抽象的政治国家的范围内要求这个国家解体，但同时也要求市民社会解体。"①

正是从此时开始，马克思对哲学和哲学家在改变世界过程中的作用有了一个新的认识。1843年9月在给青年黑格尔派中最杰出的成员之一阿尔诺德·卢格的一封信中，马克思指出，"以前，哲学家们把一切谜底都放在自己的书桌里"②，但是，通过将哲学意识运用到具体的政治斗争中，哲学变得"世俗"了，因此目前最需要做的不是像某些人想要他做的那样去描绘未来，而是"要对现存的一切进行无情的批判"③。必须认识到："理性向来就存在，只是不总具有理性的形式。因此，批评家可以把任何一种形式的理论意识和实践意识作为出发点，并且从现存的现实特有的形式中引申出作为它的应有和它的最终目的的真正现实。至于谈到现实的生活，那么正是政治国家，即使它还没有自觉地充满社会主义的要求，也以它的一切现代形式包含着理性的要求。而政治国家还不止于此。它到处假定理性已经实现。但它同样又处处陷入它的理想使命同它的现实前提的矛盾

---

① 《马克思恩格斯全集》第3卷，人民出版社，2002年版，第150页。
② 《马克思恩格斯全集》第47卷，人民出版社，2004年版，第64页。
③ 同②。

中。"①只有承认政治国家同它自身的这个冲突，"社会的真理"才有可能被发现。

对于马克思来说，哲学家的首要任务是使社会"从对于自身的迷梦中惊醒过来"，向世界指明它究竟为什么而斗争，像费尔巴哈在批判宗教时所做的那样，"我们的全部意图只能是使宗教问题和政治问题具有自觉的人的形态"②。意识的进步是在困难时期反对强烈的冲突和斗争的结果，"意识改革不是靠教条，而是靠分析连自己都不清楚的神秘的意识，不管这种意识是以宗教的形式还是以政治的形式出现。那时就可以看出，世界早就在幻想一种只要它意识到便能真正掌握的东西了。那时就可以看出，问题不在于将过去和未来断然隔开，而在于实现过去的思想。最后还会看到，人类不是在开始一项新的工作，而是在自觉地完成自己原来的工作"③。可以看出，此时的马克思已经开始从人的原初的共同体来规定人及其本质，尽管公共存在的本质已经被代议制和国家的发展所掩盖而逐渐开始走向退化，但是马克思相信，意识和社会的实际改革可以通过这种方式开始。在随后的《〈黑格尔法哲学批判〉导言》中，马克思进一步发展了他关于进步问题的这一思想，即哲学家是社会和政治变革的主要推动者，所不同的是，此时他认为，哲学家的主要任务是用历史的科学去"确立此岸世界的真理"④。也就是说，从这一刻开始，在马克思的著作中，哲学开始从属于历史，正如他在《导言》中所表述的，"揭露具有非神圣形象的自我异化"⑤。

---

① 《马克思恩格斯全集》第47卷，人民出版社，2004年版，第65页。
② 《马克思恩格斯全集》第47卷，人民出版社，2004年版，第66页。
③ 《马克思恩格斯全集》第47卷，人民出版社，2004年版，第66—67页。
④ 《马克思恩格斯全集》第3卷，人民出版社，2002年版，第200页。
⑤ 同④。

二、理解进步的理论基础

在《巴黎手稿》中，马克思通过对异化劳动理论和共产主义思想的阐释，开辟出一条理解现实历史的全新道路，从而为理解人类历史的进步过程奠定了历史唯物主义的基础。在揭示工人阶级在资本主义社会中存在的异化状态和人的本质的丧失的基础之上，马克思要求扬弃私有财产，消灭资本、地产和劳动的分离，建立人和自然界之间、人和人之间和谐统一的共产主义社会，从而初步形成了他的对抗性的、矛盾的、作为有意识的人类活动的产物的进步观念。

1.马克思的异化劳动理论

在《1844年经济学哲学手稿》中，马克思是从这样的经济事实出发的，即"工人生产的财富越多，他的产品的力量和数量越大，他就越贫穷"①。这一事实无非是表明"劳动所生产的对象，即劳动的产品，作为一种异己的存在物，作为不依赖于生产者的力量，同劳动相对立"②。那么，为什么工人劳动生产的产品越多，他所能够获得的产品却越少？如果劳动产品对工人来说是异己的，那么它到底属于谁呢？

在马克思看来，劳动对它的产品的直接关系，是工人对他的生产的对象的关系。而有产者对生产对象和生产本身的关系，不过是前一种关系的结果。因此，马克思认为，劳动的本质关系就是工人对生产的关系。马克思的分析也是从这里开始的。马克思指出，劳动在工人那里表现为异化的、外化的劳动，具体表现在以下四个方面：

首先，劳动者与其劳动产品的异化。表现在："工人生产得越多，他

---

① 《马克思恩格斯全集》第3卷，人民出版社，2002年版，第267页。
② 同①。

能够消费的越少；他创造的价值越多，他自己越没有价值、越低贱；工人的产品越完美，工人自己越畸形；工人创造的对象越文明，工人自己越野蛮；劳动越有力量，工人越无力；劳动越机巧，工人越愚笨，越成为自然界的奴隶。"①

其次，劳动活动本身的异化。正是由于工人在生产行为本身中使自身首先被异化，工人活动的产品才会作为与自己相异的东西同工人相对立。在资本主义社会，劳动对于工人来说是外在的东西，工人的劳动不是自愿的劳动，而是被迫的强制劳动。"这种劳动不是满足一种需要，而只是满足劳动以外的那些需要的一种手段。"②这种劳动并不属于工人自己，而是属于他人，这也就意味着这种活动是工人自身的丧失。

再次，人同自己的类本质相异化。马克思指出，人是类存在物，而自由的有意识的活动恰恰就是人的类特性。有意识的生命活动把人同动物的生命活动直接区别开来。正因为人是有意识的类存在物，人自己的生活对他自己来说是对象，生活本身仅仅表现为生活的手段。由此，他的活动才是自由的活动。而"异化劳动把这种关系颠倒过来，以致人正因为是有意识的存在物，才把自己的生命活动，自己的本质变成仅仅维持自己生存的手段"③。

最后，人与人相异化。马克思指出，当人同自身相对立的同时，他也同他人相对立。"人对自身的任何关系，只有通过人对他人的关系才得到实现和表现。"④人的类本质同人相异化这一命题，就已经说明了一个人同他人相异化，以及他们中的每个人都同人的本质相异化这一事实。

马克思进一步对异化劳动的分析表明，工人在这一过程中，生产出一

---

① 《马克思恩格斯全集》第3卷，人民出版社，2002年版，第269页。
② 《马克思恩格斯全集》第3卷，人民出版社，2002年版，第270页。
③ 《马克思恩格斯全集》第3卷，人民出版社，2002年版，第273页。
④ 《马克思恩格斯全集》第3卷，人民出版社，2002年版，第275页。

个对劳动生疏的、站在劳动之外的人，即资本家对这个劳动的关系。而工人劳动所生产的产品正是作为私有财产被资本家据为己有。对私有财产的积极的扬弃是对一切异化的积极的扬弃。而这一扬弃首要的是消灭资本、地产和劳动的分离，也即消灭资本主义生产关系。马克思通过对资本主义生产关系非正义的批判，使得他能够以与空想社会主义者不同的方式构建出充分体现正义原则的未来社会模式。在这样的社会中，凭借物质生产手段占有他人劳动的可能性已不再存在，劳动者"在改变了的环境下，除了自己的劳动，谁都不能提供其他任何东西，另一方面，除了个人的消费资料，没有任何东西可以转为个人的财产"①。在从经济学角度分析人的异化的过程中，在逐渐成熟的作为对抗、矛盾和斗争的产物的进步观念中，马克思指出，异化最终会发展到一个危机点，这必然会引起消除这种异化的存在条件的行动。这一思想预见了一个基本原理，即历史唯物主义理论的最完整的声明，也就是："无论哪一个社会形态，在它所能容纳的全部生产力发挥出来以前，是决不会灭亡的；而新的更高的生产关系，在它的物质存在条件在旧社会的胎胞里成熟以前，是决不会出现的。所以人类始终只提出自己能够解决的任务，因为只要仔细考察就可以发现，任务本身，只有在解决它的物质条件已经存在或者至少是在生成过程中的时候，才会产生。"②

2.马克思的共产主义思想

马克思在《1844年经济学哲学手稿》中论述的共产主义并不是具体的目标，而是作为"异化劳动"的对立面来设定的，它是异化劳动的积极扬弃。正是通过对资本主义社会中异化劳动的批判与揭露，马克思"把私有

---

① 《马克思恩格斯全集》第25卷，人民出版社，2001年版，第18页。
② 《马克思恩格斯全集》第31卷，人民出版社，1998年版，第413页。

财产的起源问题变为外化劳动对人类发展进程的关系问题"，从而阐发了自己的共产主义思想。

首先，马克思对"粗陋的共产主义"进行了批判。马克思称之为"粗陋的共产主义"指的是"从私有财产的普遍性来看私有财产关系"，这种共产主义表现出以下特征：一是在人与物的关系上，"物质的直接占有是生活和存在的惟一目的"；二是在人与人的关系上，异化是人的普遍存在形式，"工人这个规定并没有被取消，而是被推广到一切人身上"；三是它不了解私有财产的本质，并不想真正消灭私有财产，只是想通过平均分配私有财产来反对个别的私有财产，"私有财产关系仍然是共同体同实物世界的关系"；四是它用公妻制来反对婚姻，而这实际上依然是将妇女从私有财产变为公有财产的形式。这种共产主义实质上是一种平均主义，因为它主张消灭一切"不能被所有人作为私有财产占有的"物质财产，这种"私有财产关系仍然是共同体同实物世界的关系"，这种共产主义不过是私有财产关系的"普遍化和完成"①。

马克思在《手稿》中对"粗陋的共产主义"进行了有力的批判，认为"粗陋的共产主义"是"对整个文化和文明的世界的抽象否定，向贫穷的、需求不高的人——他不仅没有超越私有财产的水平，甚至从来没有达到私有财产的水平——的非自然的简单状态的倒退，恰恰证明私有财产的这种扬弃决不是真正的占有"②。这种共产主义并没有真正认识私有财产的本质，它并不想消灭私有制，它不过是对于私有财产的粗陋的平均主义愿望的集中体现，其"共同性只是劳动的共同性以及由共同的资本——作为普遍的资本家的共同体——所支付的工资的平等的共同性"③。这"完全符

---

① 《马克思恩格斯全集》第3卷，人民出版社，2002年版，第295页。
② 《马克思恩格斯全集》第3卷，人民出版社，2002年版，第296页。
③ 同②。

合于资本主义精神的积累物质财富的利己主义欲望"。这种共产主义"只是私有者发财致富的手段",它"牺牲了人的世界而保存了物的世界的统治","不过是想把自己设定为积极的共同体的私有财产的卑鄙性的一种表现形式"①。

其次,马克思对政治性的共产主义进行了批判。马克思所批判的政治性的共产主义包括两种形式:一种是"具有政治性质,是民主的或者专制的";另一种是"废除国家的,但同时是还未完成的,总还是处于私有财产即人的异化的影响下"。这种共产主义主张依靠国家的力量或者是通过废除国家的形式来实现共产主义。这种共产主义尽管已经认识到了私有财产是人的本质的自我异化,而共产主义是人的自我异化的扬弃,但是,它还没有摆脱对私有财产的消极理解,还没有认识到私有财产的积极本质。它和"粗陋的共产主义"一样,"还没有理解私有财产的积极的本质,也还不了解需要所具有的人的本性,所以它还受私有财产的束缚和感染"②。

马克思认为,以上这两种共产主义还不是真正的共产主义。"共产主义是私有财产即人的自我异化的积极的扬弃,因而是通过人并且为了人而对人的本质的真正占有;因此,它是人向自身、向社会的即合乎人性的人的复归,这种复归是完全的,自觉的和在以往发展的全部财富的范围内生成的。这种共产主义,作为完成了的自然主义=人道主义,而作为完成了的人道主义=自然主义,它是人和自然界之间、人和人之间的矛盾的真正解决,是存在和本质、对象化和自我确证、自由和必然、个体和类之间的斗争的真正解决。它是历史之谜的解答,而且知道自己就是这种解答。"③

---

① 《马克思恩格斯全集》第3卷,人民出版社,2002年版,第297页。
② 同①。
③ 同①。

3.马克思历史进步观的明确表达

马克思通过对异化劳动理论和共产主义理论的论述,指明了扬弃异化、消灭私有制的现实道路以及理解现实历史的全新路径,现实主体在社会历史发展中的核心作用和最终地位确立了,从而初步勾勒出了马克思的历史进步的思想。

首先,马克思进步理论的前提和基础。马克思在《手稿》中的进步观念是建立在他这时的科学的历史观念的基础之上的,"而不是简单地以抽象的应该存在的本质(价值悬设)来对置于历史现实"。根据马克思的观点,资本和劳动的发展是一个历史的过程,是一种新的社会意识类型,共产主义正是历史的结果。因此,"历史的全部运动,既是它的现实的产生活动——它的经验存在的诞生活动,——同时,对它的思维着的意识来说,又是它的被理解和被认识到的生成运动"①。这预示着马克思历史进步观念的真正起点,"不难看到,整个革命运动必然在私有财产的运动中,即在经济的运动中,为自己既找到经验的基础,也找到理论的基础"②。在这一过程中,个体意识上升为社会意识,同社会相联系的个人作为一种社会存在。正如马克思所说:"甚至当我从事科学之类的活动,即从事一种我只在很少情况下才能同别人进行直接联系的活动的时候,我也是社会的,因为我是作为人活动的。不仅我的活动所需要的材料——甚至思想家用来进行活动的语言——是作为社会的产品给予我的,而且我本身的存在是社会的活动;因此,我从自身所做出的东西,是我从自身为社会做出的,并且意识到我自己是社会存在物。"③马克思在这里所说的人的"普遍

---

① 《马克思恩格斯全集》第3卷,人民出版社,2002年版,第297页。
② 《马克思恩格斯全集》第3卷,人民出版社,2002年版,第298页。
③ 《马克思恩格斯全集》第3卷,人民出版社,2002年版,第301—302页。

意识"，是以"现实共同体、社会存在物为生动形式的那个东西的理论形式"①，而在异化劳动的状态下，这种"普遍意识是现实生活的抽象，并且作为这样的抽象是与现实生活相敌对的。因此，我的普遍意识的活动——作为一种活动——也是我作为社会存在物的理论存在"②。社会性的存在形式本应该是人的本真的存在形式，可是资本主义社会的私有制度却将这种社会存在颠倒为个人生活的对立面，成为一种抽象的强加于个人的东西。

社会性的存在形式表明了对于马克思来说对个人和自然界之间的关系的科学态度。在这种关系中，感觉决定了作为一种社会存在物的人类自身的"总体"，因此，"首先应当避免重新把'社会'当作抽象的东西同个体对立起来。个体是社会存在物。因此，他的生命表现，即使不采取共同的、同他人一起完成的生命表现这种直接形式，也是社会生活的表现和确证。人的个体生活和类生活不是各不相同的，尽管个体生活的存在方式是——必然是——类生活的较为特殊的或者较为普遍的方式，而类生活是较为特殊的或者较为普遍的个体生活。作为类意识，人确证自己的现实的社会生活，并且只是在思维中复现自己的现实存在；反之，类存在则在类意识中确证自己，并且在自己的普遍性中作为思维着的存在物自为地存在着。因此，人是一个特殊的个体……他也是总体，观念的总体，被思考和被感知的社会的自为的主体存在"③。

人的作为社会存在的这种意识在克服现代社会的异化状况的斗争中是至关重要的。马克思在《手稿》中指出，现代进步的矛盾性质十分明显，资本和劳动之间的斗争，即资本家和工人之间的斗争，结果导致人的本质的丧失，也就是使他们失去了作为社会存在物的特性，其中资本家一方因

---

① 《马克思恩格斯全集》第3卷，人民出版社，2002年版，第302页。
② 同①。
③ 同①。

为贪婪，而工人一方则是因为贫困和苦难。劳资之间的矛盾和斗争是在私有财产的形成中形成的，私有财产作为对象性事物的最终形式而被人所获得和拥有，这反过来又导致了作为总体的人的本质的丧失，因而是异化的总根源。与此同时，现代社会产生了现代意识，尤其是作为手段的人类的实践活动的意识，凭借这种手段，作为社会存在物的人类可能恢复他失去的、分离的自我。也就是说，解决异化的方法是废除私有财产的自觉的斗争。私有财产的废除标志着全人类的感性意识的彻底解放，因为只有这样才能使人无论是从主观方面还是从客观方面都重新回到作为人而存在。正如马克思所说："全部历史是为了使'人'成为感性意识的对象和使'人作为人'的需要成为需要而作准备的历史（发展的历史）。历史本身是自然史的即自然界生成为人这一过程的一个现实部分。自然科学往后将包括关于人的科学，正像关于人的科学包括自然科学一样：这将是一门科学。"①

实际上，历史现在已经取代了作为进步的主要标准的哲学家个人的作用。对于马克思来说，历史，特别是理解人类劳动演进的历史，对于社会化的人的意识来说是至关重要的。在马克思看来，社会化的人的理论意识是建立在关于人的真实存在及其人同自然界之间的真实关系的知识的掌握的基础之上，这使性质不同的存在物、上帝，甚至更加遥远的存在物成为可能。社会主义意识从而超越无神论。马克思写道："因为人和自然界的实在性，即人对人来说作为自然界的存在以及自然界对人来说作为人的存在，已经成为实际的、可以通过感觉直观的，所以关于某种异己的存在物、关于凌驾于自然界和人之上的存在物的问题，即包含着对自然界的和人的非实在性的承认的问题，实际上已经成为不可能的了。"②在此基础

---

① 《马克思恩格斯全集》第3卷，人民出版社，2002年版，第308页。
② 《马克思恩格斯全集》第3卷，人民出版社，2002年版，第310—311页。

上，无神论无非是对这种非实在性的否定，因此，已经不再有任何意义了；无神论是对神的否定的一种中介手段，并且通过这种否定而设定人的存在。然而，社会主义不再需要这样的中介，因为在从理论上和实践上对人和自然界以及人类劳动本身的中介作用的掌握中，它超越了作为"人的不再以宗教的扬弃为中介的积极的自我意识"①的无神论。

其次，关于历史进步的承担主体。《手稿》标志着马克思不再将哲学家视为历史进步的承担者，而是将进步看作是由现实世界中的普通人，即无产者的现实活动所推动的。正如马克思在这一时期给费尔巴哈的信中所说的，"历史正在把我们文明社会的这些'野蛮人'变成人类解放的实践因素"②。不过，像马克思这样的理论家的作用将继续作为工人阶级解放斗争的关键，因为理论是对作为历史发展的产物的一切现有的条件、关系和制度的概括，是对工人阶级革命实践的指导。

马克思在这里不再提及哲学家为了在世界上实现自己的哲学而进行的活动，而是论述了共产主义通过对由私有财产所统治的私有制的胜利，从而扬弃人的自我异化，进而强调异化推动了无产阶级进行解放自身的运动。在《手稿》中，共产主义在这里被定义为"人和自然界之间、人和人之间的矛盾的真正解决"③。作为"对被废除的私有财产的积极表达"的共产主义有其自身发展的历史，其最后一个阶段标志着对私有财产即人的自我异化的积极的扬弃，因而是通过人并且为了人而对人的本质的真正占有。也就是说，有意识的人类活动是废除私有财产、实现共产主义、推进历史进步的关键。马克思进一步指出，这种有意识的人类活动是由工人阶级来承担的任务，他们最终将会在革命理论的指引下，通过革命的实践活

---

① 《马克思恩格斯全集》第3卷，人民出版社，2002年版，第311页。
② 《马克思恩格斯全集》第47卷，人民出版社，2004年版，第74页。
③ 《马克思恩格斯全集》第3卷，人民出版社，2002年版，第297页。

动推动资本主义社会进入未来的社会。正如马克思所强调的，"要扬弃私有财产的思想，有思想上的共产主义就完全够了。而要扬弃现实的私有财产，则必须有现实的共产主义行动。历史将会带来这种共产主义行动，而我们在思想中已经认识到的那正在进行自我扬弃的运动，在现实中将经历一个极其艰难而漫长的过程。但是，我们必须把我们从一开始就意识到这一历史运动的局限性和目的，把意识到超越历史运动看作是现实的进步"①。

根据马克思的观点，工人阶级在现实的活动中推动了历史的进步，"当共产主义的手工业者联合起来的时候，他们首先把学说、宣传等等视为目的。但是，他们也同时产生一种新的需要，即交往的需要，而作为手段出现的东西则成了目的。当法国社会主义工人联合起来的时候，人们就可以看出，这一实践运动取得了何等光辉的成果。吸烟、饮酒、吃饭等等在那里已经不再是联合的手段，不再是联系的手段。交往、联合以及仍然以交往为目的的叙谈，对他们来说是充分的；人与人之间的兄弟情谊在他们那里不是空话，而是真情，并且他们那由于劳动而变得坚实的形象向我们放射出人类崇高精神之光"②。因此说，工人是新的"普遍意识"的先驱，新的"普遍意识"反映了对人的理论认识，即不仅把人作为特殊的个体，而且把人作为"理想的总体"③。而私有财产使人丧失了依靠人的肉体和精神所感知的关于世界的全部经验知识，迫使个人以所有制的形式去体验对象，从而使人处在异化状态下。"私有制使我们变得如此愚蠢而片面，以致一个对象，只有当它为我们拥有的时候，就是说，当它对我们来说作为资本而存在，或者它被我们直接占有，被我们吃、喝、穿、住等等的时候，简言之，在它被我们使用的时候，才是我们的。尽管私有制本身

---

① 《马克思恩格斯全集》第3卷，人民出版社，2002年版，第347页。
② 《马克思恩格斯全集》第3卷，人民出版社，2002年版，第348页。
③ 《马克思恩格斯全集》第3卷，人民出版社，2002年版，第301—302页。

又把占有的这一切直接实现仅仅看作生活手段，而它们作为手段为之服务的那种生活，是私有制的生活——劳动和资本化。因此，一切肉体的和精神的感觉都被这一切感觉的单纯异化即拥有的感觉所代替。"①与这个过程的矛盾性质相一致，马克思指出，"人这个存在物必须被归结为这种绝对的贫困，这样他才能够从自身产生出他的内在丰富性"②，从而表明了人类历史进步的可能性。

最后，关于历史进步的矛盾性质。《手稿》将矛盾看作是现代社会创建和发展的动力，在这个社会中，财富和苦难必然并存，其最终只能被人类试图满足自己的物种所特有的需求的这种自觉的努力所推翻，这是马克思首次提出的关于资本主义制度的粗略看法。

马克思在这里明确指出，尽管这个新制度（马克思此时还没有使用"资本主义制度"一词）受资本和矛盾的性质所支配，然而，它是一个不断发展着的制度，他自身发展过程中所产生的对抗性为人类的自由和解放提供了可能性。例如，工资是由资本家和工人之间的对抗性的斗争所决定，并且最终的胜利总是属于资本家，这是因为工人总是以产品的形式和积累的劳动的形式为资本家创造财富。在这一过程中的进步永远只能是对抗性的。正如马克思所分析的那样，即使在"财富达到自己的顶点"的繁荣时期，工人仍然继续生活在"静态的苦难"（贫困持续不变）中。此外，尽管工人的劳动是物质和文化进步的源泉，但是工人阶级始终不得不牺牲自己的一部分，以免同归于尽。尽管马克思此时还没有发现劳动价值论，但他已经认识到，在以资本家和工人之间的分工为基础的制度中，工人自己的劳动最终"作为另一人的财产而反对他自己"。与此同时，资本的增长引起了固定资本和流动资本之间的对立，这充分体现在土地所有者

---

① 《马克思恩格斯全集》第3卷，人民出版社，2002年版，第303页。
② 同①。

和资本家之间在经济上和政治上的竞争。竞争的结果使一大部分地产落入资本家手中，资本家同时成为土地所有者；同样，一部分土地所有者也成为资本家。因此，"最终的结果是资本家和土地所有者之间的差别消失，以致在居民中大体上只剩下两个阶级：工人阶级和资本家阶级"①。

根据马克思的观点，资本的胜利意味着"中世纪的俗语'没有无领主的土地'被现代俗语'金钱没有主人'所代替"②，现代制度本身是以金钱为基础的制度，资本主义制度下人们的这种贪婪的本性和金钱至上的价值观念，与私有财产的形成密切相关。马克思正是在对资本主义制度的剖析的基础上，阐释了与这一制度密切联系的人类异化的全部形式。马克思写道，"物的世界的增值同人的世界的贬值成正比"③。不仅个人的劳动所生产的对象凌驾于工人之上，成为统治他的力量，而且工人自己的活动也同他自身相异化。工人在为资本家创造财富的过程中，他不仅与他自身的劳动所创造的对象相异化，而且与他自身的生命活动，即类同人相异化，因为异化劳动把类生活变成维持个人生活的手段。"通过实践创造对象世界，改造无机界，人证明自己是有意识的类存在物，就是说是这样一种存在物，它把类看作自己的本质，或者说把自身看作类存在物。……因此，正是在改造对象世界中，人才真正地证明自己是类存在物。这种生产是人的能动的类生活。通过这种生产，自然界才表现为他的作品和他的现实。因此，劳动的对象是人的类生活的对象化：人不仅像在意识中那样在精神上使自己二重化，而且能动地、现实地使自己二重化，从而在他所创造的世界中直观自身。因此，异化劳动从人那里夺去了他的生产的对象，也就从人那里夺去了他的类生活，即他的现实的类对象性，把人对动物所具有

---

① 《马克思恩格斯全集》第3卷，人民出版社，2002年版，第260页。
② 《马克思恩格斯全集》第3卷，人民出版社，2002年版，第262页。
③ 《马克思恩格斯全集》第3卷，人民出版社，2002年版，第267页。

的优点变成缺点，因为从人那里夺走了他的无机的身体即自然界。"① 类存在在现代社会中的逐步丧失，对应着私有财产在资本主义制度中的不断增长。这表明，在人的异化过程中并没有什么神秘的东西，以人的异化为特征的资本主义制度的各种差别，例如资本和土地的差别，利润和地租的差别，这二者和工资的差别，工业和农业之间、私有的不动产和私有的动产之间的差别，仍然是历史的差别，这种差别是"资本和劳动之间的对立形成和产生的一个固定环节"②。说到底，由私有财产所统治的所有制是资本家借以全面支配工人的制度。

在这里我们看到，马克思如何在资本主义生产关系中将进步定义为对抗力量的产物。显然，如果没有这些对抗，历史既不能发展，也不能进步。在《手稿》中，马克思首次指出了在现代制度中进步的矛盾性质，这一矛盾的基础在于作为生产者的人与他所生产的对象之间的关系上，因为没有日益增加的，或者至少是"处于静态"的工人的贫困，也就没有资本主义财富的增长。作为悖论的进步的观点基于马克思早期对无产阶级的发现，即无产阶级是随着前资本主义社会的普遍解体而出现的阶级，是主张对社会制度和经济结构进行根本改变的全新的阶级。

三、推动进步的能动要素

1844年底，马克思和恩格斯共同写作了《神圣家族》一书，以批判黑格尔左派阵营中的布鲁诺·鲍威尔和其他先前的合作伙伴的著作。从马克思和恩格斯的立场来看，左派黑格尔主义放弃了他们作为革命者的所有主张，他们以"批判的批判"的形式把自我意识变成了绝对的独立的主体，认定自我意识是世界的本质，它通过批判来推动世界的发展，而他们自己

---

① 《马克思恩格斯全集》第3卷，人民出版社，2002年版，第273—274页。
② 《马克思恩格斯全集》第3卷，人民出版社，2002年版，第284页。

则是批判的化身。在马克思和恩格斯看来，"批判的批判"只不过证明了精英对广大人民群众的蔑视，在反对宗教和黑格尔右派的斗争中的这些前盟友，现在似乎是在向相反的方向转变，这些人提高哲学的地位使其超过现实的政治行动。对于马克思和恩格斯来说，转向直接的政治行动对于任何真正的进步来说至关重要。青年黑格尔派奉行的是自我意识的哲学，布鲁诺·鲍威尔一伙把自我意识变成了绝对的独立的主体，认定自我意识是世界的本质，批判是这一本质的属性，自我意识通过批判来推动世界的发展，而他们这些人是批判的化身。

1.批判鲍威尔虚假的历史观念

针对鲍威尔及其同伴的长期的论战，揭示出在马克思的智力和政治发展的关键阶段的进步观念。大部分的手稿认为，对历史的理解和有意识的人类活动的作用对于历史进步来说是必要的。作为由观察、分析和概念性知识所组成的一门学科，所有的人文科学都无法与历史相提并论。在《神圣家族》中，马克思指出，"历史不过是追求着自己目的的人的活动而已"①，正是在历史进程中，人类劳动对社会发展的作用才得以展现。历史知识不仅对于理解社会的总体发展是必要的，而且对于评价任何历史时期中思想在社会的变革中所发挥的作用也是必不可少的。只有通过有意识的人类活动，思想才被转化成物质力量。通过行动实现的思想是历史进步的驱动力。实际上，马克思一年前在《〈黑格尔法哲学批判〉导言》中就已经得出了这个结论。在这里，马克思从总体上研究了导致1789年革命的法国唯物主义的历史后写道："思想从来也不能超出旧世界秩序的范围：在任何情况下它都只能超出旧世界秩序的思想范围。思想根本不能实现什么

---

① 《马克思恩格斯全集》第2卷，人民出版社，1957年版，第118—119页。

东西。为了实现思想，就要有使用实践力量的人。"①

这些论点把马克思和恩格斯的立场同青年黑格尔派的立场区分开来。《神圣家族》的主要议题之一就是：思想不能离开人类活动而独立存在。出于这个原因，马克思对鲍威尔和其他之前的同伴进行了无情的批判。马克思认为，鲍威尔等人的观念来源于黑格尔哲学，并由黑格尔客观唯心主义哲学体系倒退到费希特的主观唯心主义，他们使意识不再是绝对精神的活动，而是"批判的批判"的承担者本身的活动。根据马克思的观点，青年黑格尔派对进步的事业构成了严重威胁，因为他们断然拒绝了作为变革的要素的实践活动。马克思和恩格斯认为，青年黑格尔派在这样做的同时，拒绝了真正的人道主义的原则。对于鲍威尔一伙人，解放不是由无产阶级的斗争所引起的，而是来自于作用于大众自身的外部力量，以一种工人无法产生的"强有力的意识"②的形式体现出来。这个外部力量对于"批判的批判"的成功是至关重要的。因此，对于鲍威尔来说，进步永远无法从群众的活动中获得。

为了证明这一点，马克思引述了鲍威尔匿名发表在德国杂志上的观点，鲍威尔的这篇文章主要是为其早期著作《论犹太人问题》而作的辩护，"到现在为止，历史上的一切伟大的活动之所以一开始就是不成功的和没有实际成效的，正是因为它们引起了群众的关怀和唤起了群众的热情。换句话说，这些活动之所以必然得到悲惨的结局，是因为作为它们的基础的思想是这样一种观念：它必须满足于对自己的表面了解，因而也就是指望博得群众的喝彩"③。通过限制人民群众理解自己行动的能力，鲍威尔保留了黑格尔关于人类进步的唯心主义观念，黑格尔将人类进步看作是

---

① 《马克思恩格斯全集》第2卷，人民出版社，1957年版，第152页。
② 《马克思恩格斯全集》第2卷，人民出版社，1957年版，第21页。
③ 《马克思恩格斯全集》第2卷，人民出版社，1957年版，第102页。

由超验的绝对理念所推动的，绝对理念的运动能够被人的意识所掌握。然而，鲍威尔超出了黑格尔的意识解释，将社会划分为两个组成部分：一是知识渊博的批评家，他们的职责和核心任务是彻底根除社会的愚昧；二是无知的群众，他们努力通过实践活动去改变世界以使其变得更加美好，但似乎结果总是以失败告终。对于鲍威尔来说，民众或者如他所说的群众，除了在他们最肤浅的解释范围内，永远无法理解思想。因此，群众只能通过外部力量的干预，才能把握超越自身的有限的理解力的思想，也就是说，群众对思想的把握并不是依靠自身的意识，而是依靠"批判的批判"的作用。对于鲍威尔来说，在群众的活动中，没有什么进步可言，因为群众无法理解历史进步本身的性质。在马克思看来，鲍威尔认为真理和历史一样，是"以太的"脱离物质群众的主体。对于进步来说也是一样。鲍威尔预言"群众对历史进步的态度将根本改变"①，因为他们最终会理解由批判的批判带给他们的知识。

马克思选择了"以前的历史"，即法国大革命作为例子，批判了鲍威尔的观点，并试图解释鲍威尔从群众的角度将革命看作失败的原因。鲍威尔认为，1789年的失败是由于群众无法理解革命的思想，尽管他们对此倾注了极大的兴趣和热情。相反，马克思坚持认为，"并不是因为革命'唤起了'群众的热情"，并不是因为它引起了群众的"关怀"才导致失败，而是由于没有在革命的"生活原则"中看到自身的需要，即自己的实际利益。马克思认为，1789年革命的"原则"同资产阶级联系在一起，而在40多年后，革命的"原则"属于无产阶级，无产阶级的使命是认识自己在争取解放的斗争中的革命原则。

对于马克思来说，事实是无产阶级不仅在数量上有所增长，而且他们通过实际斗争成为受教育者。"照批判的批判的意见，一切祸害都只在工

---

① 《马克思恩格斯全集》第2卷，人民出版社，1957年版，第102页。

人们的'思维'中。的确，英国和法国的工人组织了各种团体，在这些团体中，工人们所议论的话题不仅有他们作为工人所应有的直接需要，而且也有他们作为人所应有的各种需要。工人们组织这些团体，就表明他们非常彻底而广泛地理解从他们的合作中所产生的那种'巨大的''不可比拟的'力量。但是这些群众的共产主义的工人，例如在曼切斯特和里昂的工场中做工的人，并不认为用'纯粹的思维'即单靠一些议论就可以摆脱自己的主人和自己实际上所处的屈辱地位。他们非常痛苦地感觉到存在和思维、意识和生活之间的差别。他们知道，财产、资本、金钱、雇佣劳动以及诸如此类的东西远不是想像中的幻影，而是工人自我异化的十分实际、十分具体的产物，因此也必须用实际的和具体的方式来消灭它们，以便使人不仅能在思维中、意识中，而且也能在群众的存在中、生活中真正成其为人。"[1]在批判鲍威尔的过程中，马克思提出了无产阶级的历史任务。马克思和鲍威尔关于意识的作用及其与"进步"的关系等问题上持有不同的观点。马克思认为，他必须证明鲍威尔如何使进步问题脱离实践活动的领域，并且通过对鲍威尔的批判马克思表明，真正的进步只能来自于群众的实际行动。

黑格尔曾认为，绝对精神作为哲学是世界上唯一可以被认识的，个别哲学家只能以那种形式把握绝对精神，然后才开始"回顾既往的意识"，虽然绝对精神无意识地通过时间和历史，但是哲学家却在事实之后才上场的。对于马克思来说，黑格尔的过错在于双重的不彻底性。黑格尔将哲学视为绝对精神的定在，但却拒绝承认现实的哲学家就是绝对精神。此外，黑格尔只是在表面上把绝对精神变成历史的创造者。绝对精神本身在历史上只出现一次，然而，绝对精神只是事后才通过哲学家意识到自身这个具有创造力的精神，并且，其创造历史的能力只存在于哲学家的意识中，即

---

[1]《马克思恩格斯全集》第2卷，人民出版社，1957年版，第66页。

只发生在他的"思辨的想象"中。马克思坚持认为，鲍威尔通过宣布批判是绝对精神，以及宣布鲍威尔本人就是批评，从而取消了黑格尔的这种不彻底性。马克思写道："批判的因素被排斥于群众之外，同样，群众的因素也被排斥于批判之外。所以批判认为自己并不是通过群众体现出来，而仅仅是通过一小撮杰出人物即鲍威尔先生及其门徒体现出来的。"①

此外，鲍威尔有意识地在扮演世界精神的角色，即"一方面是群众，他们是消极的、精神空虚的、非历史的、物质的历史因素；另一方面是精神、批判、布鲁诺先生及其伙伴，他们是积极的因素，一切历史行动都是由这种因素产生的。改造社会的事业被归结为批判的批判的大脑活动"②。这些被精选出来的少数人的大脑活动与群众的消极性质之间的分歧反映了鲍威尔的进步观念，即只有"精选的少数人"才能掌握这种进步观念。批判的批判是世界上进步的唯一承担者。但是，与"进步"的奢望相反，鲍威尔一伙人经常看到持续的倒退和循环的现象，而他们将这些现象归咎于进步的"个人的对头"的历史和社会的力量，用群众来说明退步。马克思认为，他们的观点无视真正进步的现实，因为所有以前的共产主义和社会主义的作家"都从这样的观察出发：一方面，甚至安排得最顺利的出色的行动显然都没有出色的结果，并且还蜕化为平庸的事情；另一方面，精神的一切进步到现在为止都是损害群众的进步，使群众陷入每况愈下的非人境遇"③。

这些以前的思想家已经表明，人民群众是那些以进步的名义利用他们为其谋利的历史的受害者。真正的进步的矛盾性质也使这些人承认，进步观念或者是一个不能令人满意的抽象词句，或者是文明世界的一个根本缺陷。马克思将第一种观点归功于傅立叶，第二种观点归功于欧文。然

---

① 《马克思恩格斯全集》第2卷，人民出版社，1957年版，第109页。
② 同①。
③ 《马克思恩格斯全集》第2卷，人民出版社，1957年版，第106页。

而，更重要的是，马克思现在的结论是，所有这些思想家对进步的理解，都是建立在他们对当代社会的现实状况进行了无情的批判的基础之上。马克思认为，这样的共产主义批判同迄今为止仍遭到历史发展的损害的广大群众的运动相适应。马克思认为："要理解这个运动中人的高尚性，就必须知道英法两国工人对科学的向往、对知识的渴望、他们的道德力量和他们对自己发展的不倦的要求。"①对于这样的高尚性，"批判的批判"假定只有他们自己才具有。

2.马克思对旧唯物主义的超越

在与鲍威尔的论战中，马克思回到了唯物主义哲学的问题本身。马克思简述了17世纪以来的现代唯物主义的历史，将法国唯物主义的批判的历史跟法国唯物主义的世俗的群众的历史进行了对比。

马克思指出，17世纪的形而上学因为其在数学、物理学以及与它有密切联系的其他精密科学方面都有所发现，因此仍然包含了"积极的，世俗的内容"，而从18世纪初开始，实证科学脱离了形而上学，这主要归功于笛卡儿，他的怀疑论从理论上摧毁了形而上学，并且使唯物主义和健全理智的哲学成为可能。马克思将笛卡儿对于现代唯物主义的发展所作出的贡献看作是"否定神学和17世纪的形而上学"。但是，唯物主义也需要"一个肯定的、反形而上学的体系"，以便"能够把当时的生活实践归结为一个体系并从理论上加以论证"。约翰·洛克关于人类理性的起源的著作提供了这种急需的要求。然而，比洛克更重要的是弗兰西斯·培根，马克思将他视为现代唯物主义的"第一个创始人"。作为整个现代实验科学的始祖，培根认为，一切科学知识都是以经验为基础，感觉是一切知识的源泉，科学就在于用理性的研究方法去整理感性材料。但培根也是第一个限

① 《马克思恩格斯全集》第2卷，人民出版社，1957年版，第107页。

制唯物主义的思想家，他用格言形式表述出来的学说本身充满了神学的不彻底性。

马克思认为，培根的不彻底性导致了唯物主义在霍布斯的作品中变得"片面"了，因为霍布斯把培根的唯物主义系统化了。"感性失去了它的鲜明的色彩而变成了几何学家的抽象的感性。物理运动成为机械运动或数学运动的牺牲品；几何学被宣布为主要的科学。唯物主义变得敌视人了。为了在自己的领域内克服敌视人的、毫无血肉的精神，唯物主义只好抑制自己的情欲，当一个禁欲主义者。它变成理智的东西，同时以无情的彻底性来发展理智的一切结论。"[1]霍布斯曾认为，如果感觉是人类全部知识的源泉，那么概念、观点和思想就是"多少摆脱了感性形式"的现实世界的幻影。哲学只能给这些幻影冠以名称，从而引起直接来自于感觉的所知同从哲学所得到的所知之间的矛盾。这样，霍布斯成为19世纪孔德的实证主义和拒绝所有的本质上是形而上学和反科学的哲学知识的理论基础。然而，在这一点上，洛克的《文章》被证明是有价值的，因为它从所有这些幻影中暂时将唯物主义营救出来，并且重申了唯物主义哲学的感性基础。正是在洛克的感觉论的基础上，孔狄亚克表明，"经验和习惯的事情不仅是灵魂，而且是感觉，不仅是创造观念的艺术，而且是感性知觉的艺术。因此，人的全部发展都取决于教育和外部环境"[2]。

英国和法国的唯物主义最终在爱尔维修、拉美特利、霍尔巴赫和罗比耐那里相融合。正是在这些思想家的作品中，明显地体现了法国唯物主义的两重起源，即笛卡儿的物理学和英国唯物主义。一方面，笛卡儿的唯物主义成为真正的自然科学的基础；而法国唯物主义的另一派则直接导致了社会主义和共产主义。例如，爱尔维修这样的思想家认为，教育塑造了生

---

① 《马克思恩格斯全集》第2卷，人民出版社，1957年版，第164页。
② 《马克思恩格斯全集》第2卷，人民出版社，1957年版，第165页。

活条件的总体，包括在该总体中的这些思想家需要去解决人类的特殊利益和一般利益之间的矛盾。后来的共产主义者和社会主义者强调"关于人性本善和人们智力平等，关于经验、习惯、教育的万能，关于外部环境对人的影响，关于工业的重大意义，关于享乐的合理性等等"的唯物主义学说，这意味着所有这一切来自于对没有剥夺其感性的唯物主义的承认。正如马克思所说："既然人是从感性世界和感性世界中的经验中汲取自己的一切知识、感性等等，那就必须这样安排周围的世界，使人在其中能认识和领会真正合乎人性的东西，使他能认识到自己是人。既然正确理解的利益是整个道德的基础，那就必须使个别人的私人利益符合于全人类的利益。既然从唯物主义意义上来说人是不自由的，就是说，既然人不是由于有逃避某种事物的消极力量，而是由于有表现本身的真正个性的积极力量才得到自由，那就不应当惩罚个别人的犯罪行为，而应当消灭犯罪行为的反社会的根源，并使每个人都有必要的社会活动场所来显露他的重要的生命力。既然人的性格是由环境造成的，那就必须使环境成为合乎人性的环境。既然人天生就是社会的生物，那他就只有在社会中才能发展自己的真正的天性，而对于他的天性的力量的判断，也不应当以单个个人的力量为准绳，而应当以整个社会的力量为准绳。"①

马克思在《神圣家族》中对这些思想的讨论统一在他的进步观念的起源中。马克思开始将历史视为人类劳动的产物，视为人通过实践活动对自己有意识的目的的追求。鲍威尔否认群众的劳动是创造性的要素，而用精英的批判性思维取代它，认为这些精英脱离了日常生活的荒谬特性，只有他们才能知道事情的真相。在马克思看来，在这方面，鲍威尔一伙人的观点还没有达到黑格尔的尽管神秘和理想化然而却明确的观点，即人类劳动及其在创造历史的过程中的作用的观点。马克思还认为，鲍威尔已经离开

---

① 《马克思恩格斯全集》第2卷，人民出版社，1957年版，第166—167页。

了对黑格尔哲学进行批判的费尔巴哈的"人道主义和自然主义"。仅一年前，马克思称赞费尔巴哈是一位其观点代表了"真正的理论革命"的哲学家。但随着马克思批判鲍威尔将群众视为历史的消极力量的观点，表明马克思正接近他自己的唯物主义的思想。由于"群众"通过自己的劳动创造历史，并且意识到劳动是它的历史任务的基础，因此广大人民群众自身的感性活动必须作为变革的力量和未来进步的力量而得到承认。

《神圣家族》预示着马克思对社会的经验观察的持久承诺，表明了马克思把自己的"戏剧"及时地付诸行动，这部戏剧就是历史。但是，马克思是在经历了自己内心的斗争，即在抽象的辩证法和经验主义之间的抉择之后，采取了这一立场。马克思每一次在理论上的进步似乎都是受浪漫主义的冲动所驱使，这种浪漫主义力图消灭一切不利于人类解放的障碍。马克思的身上所具有的智慧和激情的特殊结合的个性，使他比同时代的任何人都更加相信，并且公开表明了历史进步的可能性，同时也促使马克思走向反映了现代社会的矛盾和对抗的性质的进步的观念。

四、实现进步的现实基础

1845年9月至12月之间，马克思和恩格斯在布鲁塞尔完成了《德意志意识形态》的写作，这部手稿从理论角度来看被视为他们"巴黎时期"的顶点。作为《神圣家族》的继续，《德意志意识形态》完成了马克思后来所宣称的他与恩格斯同德国哲学的各种意识形态的"清算"。到1845年，马克思的世界观不再是一个颠倒的世界观。他经历了将费尔巴哈的革命性方法运用在他自己的研究中，准备与恩格斯一同"把我们从前的哲学信仰清算一下"[①]。这种清算是以批判黑格尔以后的哲学的形式来实现的，尽管为了在现实中找寻理想他接受了黑格尔哲学，但是相反他却在历史中发现了

---

① 《马克思恩格斯全集》第31卷，人民出版社，1998年版，第414页。

现实。马克思持久的浪漫主义倾向仍然是他的理论和政治立场的一个重要的组成部分。他对理论斗争的渴望受他的信念所驱使，马克思坚信这种论战对于思想的澄清来说是必须的。

1.马克思唯物史观中的进步思想

《德意志意识形态》从未在马克思进步观念的视域中被讨论过。在该书的第一部分，即唯物主义历史观的制定（《费尔巴哈论》），马克思和恩格斯明确表示，所有德国唯心主义哲学家、青年黑格尔派及青年黑格尔派中组成了"真正的社会主义者"的那些成员，他们的哲学尽管存在着具体的个体差异，但是他们的哲学批判都是根据意识至上的原则，局限于对宗教观念的批判，从而颠倒了现实世界。"从施特劳斯到施蒂纳的整个德国哲学批判都局限于对宗教观念的批判。出发点是现实的宗教和真正的神学。至于什么是宗教意识，什么是宗教观念，后来下的定义各有不同。整个的进步在于：想象中占统治地位的、形而上学的、政治的、法律的、道德的以及其他观念也被归入宗教观念或神学观念的领域；还在于：政治的、法律的、道德的意识被宣布为宗教的或神学的意识，而政治的、法律的、道德的人，总而言之'一般人'，则被宣布为宗教的人。宗教的统治被当成了前提。一切占统治地位的关系逐渐地都被宣布为宗教的关系，继而转化为迷信——对法的迷信，对国家的迷信等等。到处出现的都只是教义和对教义的信仰。世界在愈来愈大的规模上被圣化了，直到最后可尊敬的圣麦克斯（完全地，彻头彻尾地）把它宣布为圣物，从而一劳永逸地把它葬送为止。"①从大卫·施特劳斯写于1837年的《耶稣的生平》一直到施蒂纳发表于1844年的《唯一者和所有物》，这些思想家无法将德国哲学与德国现实联系起来。《形态》第一章坚决谴责所有试图认为世界的变化是

---

① 《马克思恩格斯全集》第3卷，人民出版社，1960年版，第21—22页。

源于启示或人类智力发展这样的哲学立场。

《形态》宣扬一种依靠革命实践的可能性的人类进步的观点。无须逐点指出进步在每一处的含义，我们只需要考察一下马克思和恩格斯对德国哲学所进行的批判，以及隐含在这项工作中的进步的概念。在《形态》第一部分"唯物主义历史观"中，马克思和恩格斯批判了把思想看作是改变世界的首要原因的观点，同时指出，只有现实的活动才能实现这一任务。他们指出："我们开始要谈的前提并不是任意想出的，它们不是教条，而是一些只有在想像中才能加以抛开的现实的前提。这是一些现实的个人，是他们的活动和他们的物质生活条件，包括他们得到的现成的和由他们自己的活动所创造出来的物质生活条件。"①

从原始时代的生活资料的再生产，直到对应着生产方式和社会关系的不同的财产形式的出现，劳动分工通过冲突和对抗推动了全人类的发展。历史进程本身是对抗性的，其特征在人类文明社会到来之前体现为人与自然之间的斗争，之后体现在标志着前资本主义经济形态的最后阶段的城市和乡村之间的对立。在这里，尽管马克思和恩格斯将社会和历史进步的观点隐含地表述在唯物主义历史观之中，但是其要点仍然是明确的，即"思想、观念、意识的生产最初是直接与人们的物质活动，与人们的物质交往，与现实生活的语言交织在一起的。观念、思维、人们的精神交往在这里还是人们物质关系的直接产物。表现在某一民族的政治、法律、道德、宗教、形而上学等的语言中的精神生产也是这样。人们是自己的观念、思想等等的生产者，但这里所说的人们是现实的，从事活动的人们，他们受着自己的生产力的一定发展以及与这种发展相适应的交往（直到它的最遥远的形式）的制约。意识在任何时候都只能是被意识到了的存在，而人们的

---

① 《马克思恩格斯全集》第3卷，人民出版社，1960年版，第23页。

存在就是他们的实际生活过程"①。然而，德国哲学的意识形态形式颠倒了
这些关系，使他们以头足倒立的形式出现。在同意识形态的论战斗争中，
世界被看成是它真实的样子，而不是以意识决定存在的思维方式，把世界
看作是从天国降临到人间，"德国哲学从天上降到地上；和它完全相反，
这里我们是从地上升到天上"②。真正的进步是同人改变自身以及改变他
周围的环境联系在一起的。但是，除了人的真正解放以外，真正的进步的
意义是什么？作为对将人的解放归结为"自我意识"的行为的那些思想家
的回应，真正的解放的可能性仅仅在于生命过程本身，"只有在现实的世
界中并使用现实的手段才能实现真正的解放"，"'解放'是一种历史活
动，不是思想活动，'解放'是由历史的关系，是由工业状况、商业状
况、农业状况、交往状况促成的"③。

　　无论是思想还是批判都不能推动历史的发展；物质实践才是产生思
想、引起批判的根源。要想改变历史使其更加美好，需要革命的实践，这
样才能"实际地推翻这一切唯心主义谬论所由产生的现实的社会关系"④。
因此，我们能够清楚地看到，马克思和恩格斯为什么决定写《德意志意识
形态》，他们的这一渴望采取了揭露所有试图仅仅通过批判来改变世界的
理论家的形式，这些人把历史仅仅看作是与构成这些观念的基础的事实和
实际的发展过程相脱离的思想。这是1840年和1844年之间的所有德国思想
家的作品的共同特征，即"他们抱的目的是为了使某个非历史性人物及其
幻想流芳百世而编写过去的历史，根据这一目的他们根本不提真正历史的
事件，甚至不提政治对历史进程的真正历史的干预，他们的叙述不是以研
究为根据，而是以虚构和文学胡诌为根据，如像圣布鲁诺在他那已被人遗

①《马克思恩格斯全集》第3卷，人民出版社，1960年版，第29页。
②《马克思恩格斯全集》第3卷，人民出版社，1960年版，第30页。
③《马克思恩格斯全集》第3卷，人民出版社，1995年版，第74—75页。
④《马克思恩格斯全集》第3卷，人民出版社，1960年版，第43页。

忘的十八世纪任意的历史中所做的那样。这些唱高调的、爱吹嘘的思想贩子们以为他们无限地凌驾于任何民族偏见之上，其实他们比梦想德国统一的啤酒店的庸人带有更多的民族局限性"①。

2.马克思对施蒂纳的利己主义的人的批判

马克思和恩格斯关于"真正的社会主义者"的很多论述是对早些时候在《神圣家族》中提出的批判的一般性的重述。然而，在《德意志意识形态》中所不同的是用大量的篇幅批判了施蒂纳的观点。恩格斯最先向马克思推荐施蒂纳的书，并将施蒂纳描述为在柏林的青年黑格尔派的圈子中最有才华的、独特的和勤奋的成员。在概述了《唯一者及其所有物》的内容之后，恩格斯将施蒂纳的人的观点，即他的利己主义的人描述为"这种利己主义只不过是现代社会和现代人的被意识到的本质，是现代社会所能用来反对我们的最后论据，是现存的愚蠢事物范围内一切理论的顶峰。……我们不必把它丢在一旁，而是要把它当作现存的荒谬事物的最充分的表现加以利用，在我们把它颠倒过来之后，在它上面继续进行建设"②。恩格斯解释说，施蒂纳通过拒绝费尔巴哈的作为另一种哲学和宗教的构造的人的观念，从而把黑格尔之后的哲学带入了黑格尔哲学的逻辑结论中。简言之，如果要使我们的思想，尤其是要使我们的"人"成为某种真实的东西，我们就必须从经验主义和唯物主义出发；我们必须从个别物中引出普遍物，而不要从本身中或者像黑格尔那样从虚无中去引申。

在马克思看来，要拯救整个社会主义事业，就必须否定施蒂纳的人的存在。施蒂纳在批判资产阶级道德主义者和共产主义者所持有的自我牺牲的观念的基础上，提出了利己主义的思想。利己主义问题是施蒂纳在《唯

---

① 《马克思恩格斯全集》第3卷，人民出版社，1960年版，第46页
② 《马克思恩格斯全集》第47卷，人民出版社，2004年版，第329页。

一者及其所有物》第一部分"人"中的"近代人"一节中提出来的，他认为人类的历史就是一部利己主义的个人自我发现史。他认为，就像人的发展经历了从"依赖于事物世界"到"依赖于思想世界"再到"二者否定性的统一"、从儿童到青年再到成人、从"古代人"到"近代人"再到"唯一者"等阶段一样，作为近代资本主义发展产物的"利己主义"，也要经历从"通常理解的利己主义"到"自我牺牲的利己主义"再到"自我一致的利己主义"的嬗变；而这种人生观念和行为准则要通过"现实的人"来体现，这就意味着"近代人"必然要经历从"通常理解的利己主义者"到"自我牺牲的利己主义者"再到"自我一致的利己主义者"的角色转换。对于利己主义来说，"通常理解的利己主义者"和"自我牺牲的利己主义者"只能算是庸俗的、被迫的利己主义，只有到"自我一致的利己主义者"阶段，才臻达"真正的、神圣的利己主义者"。

第四节　进步观念的确立：
矛盾—对抗—实践活动的进步观念

马克思《哲学的贫困》长期以来被认为是在他的理论和政治发展的过程中的一部重要的著作。马克思本人多次公开谈到这部著作的意义，他在1859年的自传体描述中指出："我们见解中有决定意义的论点，在我的1847年出版的为反对蒲鲁东而写的著作《哲学的贫困》中第一次作了科学的、虽然只是论战性的概述。"[1]1880年，马克思写道，《哲学的贫困》包含着二十多年后的《资本论》的理论的种子，即"在该书还处于萌芽状态的东西，经过二十年的研究之后，变成了理论，在'资本论'中得到了发

---

[1] 《马克思恩格斯全集》第31卷，人民出版社，1998年版，第414页。

挥。"①，并且将这部早期著作称为《资本论》的导言。马克思在《哲学的贫困》中，对蒲鲁东进行了批判，从而展示出马克思独特的历史进步观念。可以说，《哲学的贫困》代表了马克思同起源于16世纪的培根传统的进步观念的彻底背离。培根将进步看作是抽象的、仅仅凭借理性来探究的产物的代表。马克思第一个超越了思想本身，在历史和社会发展的背景下来理解进步问题，将进步看作是矛盾性的和对抗性的，最终通过人类的实践活动才能得以实现。

一、马克思批判蒲鲁东的起因

随着《德意志意识形态》中唯物主义历史观的制定，马克思和恩格斯对左派黑格尔哲学的所有思潮，包括 "真正的社会主义者" 的思想都给予了最终的 "清算"。此时他们认为，共产主义运动的未来发展方向取决于立即采取行动。在共产主义运动的方面，马克思和恩格斯认为有必要同非共产主义的领导人进行合作，建立无产阶级政治行动所需的组织。在1846年春天，他们以布鲁塞尔委员会的名义给在整个欧洲的各工人阶级的领导人发出信件，要求他们建立本地通讯委员会。

1846年5月5日，马克思致信给蒲鲁东，邀请他作为布鲁塞尔委员会的联络人在巴黎组建一个委员会。马克思在信中强调了打破国家壁垒、准备在整个欧洲采取共同行动的重要性，并阐述了德国、法国和英国的共产主义者和社会主义者之间展开协作的必要性。马克思写道："我和我的两个朋友，即弗里德里希·恩格斯和菲力浦·日果（他们两个都在布鲁塞尔）一起同德国的共产主义者和社会主义者建立了经常性的通讯联系，借以讨论学术问题，评论流行的著作，并进行社会主义宣传（在德国，人们可以用这种办法进行社会主义宣传）。不过，我们这种通讯活动的主要目的，

---

① 《马克思恩格斯全集》第19卷，人民出版社，1963年版，第248页。

是要让德国的社会主义者同法国和英国的社会主义者建立联系，使外国人了解德国不断发展的社会主义运动，并且向德国国内的德国人报道法国和英国社会主义运动的进展情况。通过这种方式，可以发现意见分歧，交流思想，进行公正的批评。这是以文字表现的社会运动为了摆脱民族局限性而应当采取的一个步骤。而在行动的时刻，当然每个人都非常希望对外国情况了解得像本国情况一样清楚。"①然而，蒲鲁东对此的答复是：他反对建立任何新的权威。并且，他明确表示反对工人在法国或欧洲大陆的其他任何地方采取革命行动。

蒲鲁东对马克思的政治纲领的拒绝，表明他在无产阶级活动的组织和目的等相关的重大问题上与马克思所坚持的立场截然相反。蒲鲁东深信，法国工人不应该尝试通过采取任何直接的政治行动来纠正不公正。他明确拒绝参加工人的工会和罢工。蒲鲁东在他此前一年所编译的小册子中，阐述了与马克思的计划完全不同的社会重组计划。他解释说，工人将形成互助协会，这些协会将不会采取直接的政治行动去反对压迫工人阶级并使其生活变得无法忍受的外部社会和政治力量。换句话说，蒲鲁东所倡导建立的工人协会不会发动反对压迫者的阶级斗争，相反，他们将努力寻找与统治阶级之间的共同点，从而与统治阶级达成和解。蒲鲁东所缺乏的是在马克思身上始终具有的澄清理论上的立场，以便用理论去指导政治活动的坚定态度。因此，他反对政治活动，拒绝考虑"推翻这种社会现状的运动和这个革命运动"②。

蒲鲁东的思想对无产阶级运动产生了有害的影响。蒲鲁东反对直接的政治行动，他劝告工人不要通过结社和罢工的形式进行政治争斗。他认为工人阶级的组织本质上是相互支持的群体，强调安全和团结。蒲鲁东的思

---

① 《马克思恩格斯全集》第47卷，人民出版社，2004年版，第366页。
② 《马克思恩格斯全集》第47卷，人民出版社，2004年版，第449页。

想在法国和其他欧洲工人中的影响不断扩大，因为蒲鲁东本人就是工人，他与法国几个行业中的工匠，包括里昂的丝绸工人，保持着密切关系。并且，他做过多年的印刷工，在整个法国的印刷工人中拥有广泛的追随者，这些人在政治上和财政上支持着他。因此，当蒲鲁东的《贫困的哲学》发表之后，马克思迅速作出反应，对蒲鲁东解决现代社会的贫困问题的哲学的形而上学方法，以及他采用固定的公式去解释政治经济学的方式展开了猛烈的批判。

二、马克思对蒲鲁东抽象的历史观念的批判

1847年7月，马克思为答复蒲鲁东而写的论战性的著作《哲学的贫困》公开发表。马克思在1846年12月写给安年科夫的信中概述了这部著作的主要内容。在这封信里，马克思批判了蒲鲁东构建了一个新的历史形而上学，用马克思的话来说就是"幻影"，即"观念的历史"①。在创造形而上学的历史过程中，蒲鲁东将政治经济学神秘化了，甚至忽略或歪曲了古典政治经济学家的许多尽管有限但科学有效的成就。与此同时，马克思简洁地向安年科夫概括了他的历史唯物主义的理论："社会——不管其形式如何——是什么呢？是人们交互活动的产物。人们能否自由选择某一社会形式呢？决不能。在人们的生产力发展的一定状况下，就会有一定的交换[commerce]和消费形式。在生产、交换和消费发展的一定阶段上，就会有相应的社会制度，相应的家庭、等级或阶级组织，一句话，就会有相应的市民社会。有一定的市民社会，就会有不过是市民社会的正式表现的相应的政治国家。"②人出生在市民社会中，这个市民社会是由现有的生产力和社会关系构成的，人们只有在这些现有条件的基础上，才能通过他们自己

---

① 《马克思恩格斯全集》第47卷，人民出版社，2004年版，第441页。
② 《马克思恩格斯全集》第47卷，人民出版社，2004年版，第440页。

的实践活动来改造他们自身，这个过程就是全部历史。正如马克思所说：
"后来的每一代人都得到前一代人已经取得的生产力并当作原料来为自己
新的生产服务，由于这一简单的事实，就形成人们的历史中的联系，就形
成人类的历史，这个历史随着人们的生产力以及人们的社会关系的愈益发
展而愈益成为人类的历史。"①由此就必然得出一个结论："人们的社会历
史始终只是他们的个体发展的历史，而不管他们是否意识到这一点。他们
的物质关系形成他们的一切关系的基础。这种物质关系不过是他们的物质
的和个体的活动所借以实现的必然形式罢了。"②

历史的发展表明，人们在他们的"交往方式"不再适合于既得的生产
力时，就必然要改变他们继承下来的一切社会形式。改变这种"交往方
式"的行动是一个革命的历史性的转折，标志着革命力量的凝聚，从而标
志着建立一个新社会的可能性。随着新的生产力的获得，人们便会改变自
己的生产方式，因此与这一特定生产方式相联系的经济关系也必然会随之
改变。由此可见，人们借以进行生产、消费和交换的经济形式是"暂时的
和历史性的"③。

在马克思看来，尽管蒲鲁东发现了"进步是在历史中实现的"④，但
是他没能将进步的原因归结为人们的活动，因为蒲鲁东根本没能理解，更
没能证明历史的实在进程。相反，蒲鲁东拒绝历史，因为他认为个人缺乏
关于自我以及自我在社会活动中的作用的知识。蒲鲁东的历史是"在想像
的云雾中发生并高高超越于时间和空间的"，也就是说，"这是黑格尔式
的废物，这不是历史，不是世俗的历史——人类的历史，而是神圣的历

---

① 《马克思恩格斯全集》第47卷，人民出版社，2004年版，第440页。
② 《马克思恩格斯全集》第47卷，人民出版社，2004年版，第440页。
③ 《马克思恩格斯全集》第47卷，人民出版社，2004年版，第441页。
④ 《马克思恩格斯全集》第47卷，人民出版社，2004年版，第439页。

史——观念的历史"①。正是因为蒲鲁东缺乏必要的历史知识，导致他没能认识到："人们在发展其生产力时，即在生活时，也发展着一定的相互关系；这些关系的性质必然随着这些生产力的改变和发展而改变。他没有看到：经济范畴只是这些现实关系的抽象，它们仅仅在这些关系存在的时候才是真实的。这样他就陷入了资产阶级经济学家的错误之中，这些经济学家把这些经济范畴看做永恒的规律，而不是看做历史性的规律——只是适于一定的历史发展阶段、一定的生产力发展阶段的规律。所以，蒲鲁东先生不把政治经济学范畴看做实在的、暂时的、历史性的社会关系的抽象，而神秘地颠倒黑白，把实在的关系只看做这些抽象的体现。"②

三、马克思对蒲鲁东政治经济学的批判

马克思《哲学的贫困》的第一部分是以批判蒲鲁东对价值的"起源"的解释开始的。蒲鲁东以假设为满足生产者自身需要的生产的存在开始，建议个人"出让"他所不能单独生产的所有必需品给另一个人，也就是个人向各行各业中他的合作者建议建立交换关系。但是，蒲鲁东在做这样的假设的同时，并没有认识到社会中的其他人也有他们各自的需求。对此，马克思指出，蒲鲁东的批判实际上从终点开始。正如马克思所说，要求一个人出让商品给另外的人就是预先假定了劳动分工、需要和交换等整个经济结构。因此，蒲鲁东同样从一开始就预先假定了交换价值的存在。此外，交换价值的构想是受社会和历史决定的；它的确立受供给和需求因素的影响，可以由有意识的人类活动修改。在人们交往的历史过程中，他们通过限制有用的物品的生产，以保持或提高以交换价值为基础的这些物品的价格。交换价值下降时期，促使资本和劳动力的调整，以保持价格和利

---

① 《马克思恩格斯全集》第47卷，人民出版社，2004年版，第441页。
② 《马克思恩格斯全集》第47卷，人民出版社，2004年版，第444—445页。

润的平衡。马克思阐明，交换价值总是发生在某个特定的时间点上，是出卖者的市场价值和购买者的市场价值之间冲突的产物。"斗争不是发生在效用和意见之间，而是发生在出卖者所要求的交换价值和购买者所提出的交换价值之间。产品的交换价值每次都是这些互相矛盾的估价的合力。"①

另一方面，蒲鲁东以割让给另一个不能自己生产的物品的个人开始，假定同这些个人相分离的交换价值的存在，因此没有考虑到交换有其自身的历史。对于马克思来说，"交换有它自己的历史。它经过各个不同的阶段"；"曾经有这样一个时期，例如在中世纪，当时交换的只是剩余品，即生产超过消费的过剩品"；"也曾经有这样一个时期，当时不仅剩余品，而且一切产品，整个工业活动都处在商业范围之内，当时一切生产完全取决于交换。对于交换的这个第二阶段，即二次方的交换价值应该怎样说明呢？"；"最后到了这样一个时期，人们一向认为不能出让的一切东西，这时都成了交换和买卖的对象，都能出让了。这个时期，甚至像德行、爱情、信仰、知识和良心等最后也成了买卖的对象，而在以前，这些东西是只传授不交换，只赠送不出卖，只取得不收买的。这是一个普遍贿赂、普遍买卖的时期，或者用政治经济学的术语来说，是一切精神的或物质的东西都变成交换价值并到市场上去寻找最符合它的真正价值的评价的时期"②。

根据马克思的观点，蒲鲁东的政治经济学的主要缺陷是他对自由意志原则的依赖。蒲鲁东认为，现代经济中的任何矛盾都可以诉诸生产者和购买者双方的自由意志而得到解决。对于蒲鲁东而言，"正是人的自由意

---

① 《马克思恩格斯全集》第4卷，人民出版社，1958年版，第85页。
② 《马克思恩格斯全集》第4卷，人民出版社，1958年版，第79—80页。

志才引起使用价值和交换价值的对立"①，也就是说，使用价值和交换价值之间的矛盾，只是源于购买者和出卖者未能就什么样的产品对社会有最大的效用这一问题达成一致意见。由于蒲鲁东没有将生产费用和竞争因素考虑进去，从而"使抽象达到极端，把一切生产者化为一个唯一的生产者，把一切消费者化为一个唯一的消费者，然后使这两个虚构的人物互相斗争"②。而亚当·斯密、大卫·李嘉图和其他资产阶级经济学家的发现已经证明了，效用同交换价值的决定无关。与李嘉图相反，蒲鲁东不承认劳动力是将在市场上被出售和购买的商品，从而产生了超出其现有形式的额外的价值；同样，蒲鲁东也未能理解劳动与交换价值之间的关系，因而未能掌握生产过程本身。此外，蒲鲁东未能理解，交换价值并不是由生产一种东西的时间来确定的，而是由可能生产它的最低限度的时间来确定，而这种最低额又是由竞争来规定。这是决定最低工资的基础，这当然也是被蒲鲁东的分析所忽略的。马克思说，生产过程中的所有这些结构因素必然会包含在当时的阶级对抗中去。

马克思在描述和剖析生产的构成及其历史过程中揭示了蒲鲁东的错误，同时他指出，社会和历史的进步并非源自人们找到公式来弥补现实矛盾的能力，而是矛盾本身就是进步的动力，即"当文明一开始的时候，生产就开始建立在级别、等级和阶级的对抗上，最后建立在积累的劳动和直接的劳动的对抗上。没有对抗就没有进步。这是文明直到今天所遵循的规律。到目前为止，生产力就是由于这种阶级对抗的规律而发展起来的。如果硬说由于所有劳动者的一切需要都已满足，所以人们才能创造更高级的产品和从事更复杂的生产，那就是撇开阶级对抗，颠倒整个历史的发展过程"③。马克思所明确表达的是，现代生产的无政府状态，即竞争导致了供

① 《马克思恩格斯全集》第4卷，人民出版社，1958年版，第86页。
② 《马克思恩格斯全集》第4卷，人民出版社，1958年版，第87页。
③ 《马克思恩格斯全集》第4卷，人民出版社，1958年版，第104页。

给超过需求，以及财产所有者决定工人的最低工资的权利，可见，竞争既是苦难的根源，同时又是进步的原因，构建出一个苦难和进步并存的新的社会。为了纠正由现代生产和交换所导致的不公正现象，蒲鲁东试图重新建立供应和需求之间的比例性价值，以促进新的个人之间交换的建立。但是，正如马克思所阐明的那样，大规模的生产，相比早期的小规模工业，对个人交换造成了致命打击。正是经济和社会的现实导致了现代进步的矛盾性质，正如马克思所说："在现代社会中，在以个人交换为基础的工业中，生产的无政府状态是灾难丛生的根源，同时又是进步的原因。因此，二者必居其一：或者是希望在现代生产资料的条件下保持旧时的正确比例，这就意味着他既是反动者又是空想家；或者是希望一种没有无政府状态的进步，那就必须放弃个人交换来保存生产力。"①

四、马克思对蒲鲁东政治经济学的形而上学方法的批判

马克思在《哲学的贫困》中确立了以矛盾、对抗和实践为特征的充分发展了的历史进步的观念，这一观念产生于他对蒲鲁东的政治经济学的批判过程中。根据马克思的观点，蒲鲁东的政治经济学缺乏科学的和历史的基础。在揭示蒲鲁东政治经济学的形而上学的方法的过程中，马克思取代了他自己的基于"人们的现实的、世俗的历史"②的方法，将人类的历史视为是生产和再生产自己的生产力的历史。这种进步观念的基础，是马克思对黑格尔的矛盾原则的彻底改造，使其成为以阶级斗争为历史的驱动力的唯物主义辩证法。马克思认为，历史上的全部进步，特别是现代社会的进步是对抗性的，其建立在各个历史时代的阶级斗争这一现实的基础之上，是现代无产阶级通过有意识的活动去理解和解决矛盾和悖论的任务。

---

① 《马克思恩格斯全集》第4卷，人民出版社，1958年版，第109页。
② 《马克思恩格斯全集》第4卷，人民出版社，1958年版，第149页。

　　蒲鲁东不仅缺乏对现实历史发展的认识和理解，而且他也不理解，甚至从根本上背弃了黑格尔辩证法。蒲鲁东的辩证法不是像黑格尔那样将正题和反题综合在合题中，而是试图寻求调和二者之间的矛盾，也就是说，蒲鲁东的综合思想旨在通过简单地取消关系双方中各自的消极方面，从而消除矛盾，例如，垄断和竞争通过心甘情愿地寻求他们的和解的公式就可以统一。对于马克思来说，这种方法是荒谬的，对此他进行了强烈的批判："请稍稍看一下现实生活吧。在现代经济生活中，不仅可以看到竞争和垄断，而且可以看到它们的综合，这个综合并不是公式，而是运动。垄断产生竞争，竞争产生垄断。但是，这个方程式远不像资产阶级经济学家所想象的那样能消除现代状况的困难，反而会造成更困难和更混乱的状况。因此，如果改变现代经济关系赖以存在的基础，消灭现代的生产方式，那就不仅会消灭竞争、垄断以及它们的对抗，而且还会消灭它们的统一、它们的综合，亦即消灭使竞争和垄断达到真正平衡的运动。"[①]

　　在以"政治经济学的形而上学"为标题的《哲学的贫困》的第二章中，马克思提出了旨在揭示蒲鲁东错误思想的一系列说明。在这里，马克思的研究方法相当有条理，在他的方法中体现出了一种不可或缺的隐含的进步观念。马克思在对第二个说明的论述中指出，普鲁东未能理解人们不仅能够生产物品，还能够生产与生产力有着如此密切联系的社会关系。"社会关系和生产力密切相联。随着新生产力的获得，人们改变自己的生产方式，随着生产方式即保证自己生活的方式的改变，人们也就会改变自己的一切社会关系。手工磨产生的是封建主为首的社会，蒸汽磨产生的是工业资本家为首的社会。"[②]这一论述简洁地概括了马克思如何改造了黑格尔的辩证法以此来解释技术的发展及其与生产之间的关系，同时也揭示出马克思对技术进步的

---

① 《马克思恩格斯全集》第27卷，人民出版社，1972年版，第483页。
② 《马克思恩格斯全集》第4卷，人民出版社，1958年版，第144页。

性质和原因的认识。技术不是抽象的构造，它最终源于人们从事生产和再生产他们的生存方式的有意识的活动。对于马克思来说，历史发展过程是生产力增长的持续运动以及在这一运动过程中与各发展阶段相对应的社会形态的产生和瓦解，历史不过是对每一种社会形态的思想的记录。

在第四个说明中，马克思批判蒲鲁东对黑格尔辩证法的曲解。马克思认为，尽管普鲁东在他的政治经济学中运用了黑格尔的辩证法，但是他却是以最肤浅的方式运用了辩证的方法。他把辩证法简化为一种权威的道德方法，也就是确定每个经济范畴的好的方面和不好的方面，益处和害处这两个方面加在一起就构成了每个范畴所固有的矛盾。蒲鲁东要做的就是选择保存好的方面，同时消除坏的方面。马克思认为，蒲鲁东根本没能把握黑格尔哲学的本质。就奴隶制来看，什么是奴隶制好的方面？在北美的情况下，那里有直接奴隶制，必须承认奴隶制度同机器、信用等一样，是"资产阶级工业的基础"。"没有奴隶制就没有棉花；没有棉花现代工业就不可设想。"马克思认为，"奴隶制使殖民地具有价值，殖民地产生了世界贸易，世界贸易是大工业的必备条件。可见，奴隶制是一个极重要的经济范畴。没有奴隶制，北美这个进步最快的国家就会变成宗法式的国家。如果从世界地图上把北美划掉，结果看到的是一片无政府状态，现代贸易和现代文明十分衰落的情景。消灭奴隶制就等于从世界地图上抹掉美洲"①。对于马克思来说，奴隶制代表着否定旧的综合的一种新的综合的基础，奴隶制从道德上来说是可憎的，然而作为现代世界体系的一个组成部分，奴隶制所造成的压迫和苦难是即将到来的内在革命的一个否定的组成部分。因此，不在于它有好的方面或坏的方面，更重要的是它代表了现代体系的现实的进步的悖论。可见，蒲鲁东无法理解"两个矛盾方面的共存、斗争以及融合成一个新范畴，就是辩证运动的实质。谁要给自己提出

---

① 《马克思恩格斯全集》第4卷，人民出版社，1958年版，第145—146页。

消除坏的方面的任务，就是立即使辩证运动终结"①。

对于马克思来说，蒲鲁东取消了黑格尔辩证法的革命性的本质，滥用了黑格尔的辩证法。在黑格尔那里，通过辩证法的内在运动，正题和反题产生了一个新的"更高的"第三阶段的合题，而与黑格尔哲学中辩证法的内在运动不同，蒲鲁东的辩证法却在正题和反题之间保持固定，直到在某一点相互调和，也就是蒲鲁东所谓的"平衡"。对于黑格尔来说，合题是发展和冲突的内部运动的结果，从而导致发展到一个新的或更高的阶段。但是，在蒲鲁东那里，平衡来自外部和超验的原则，这个原则转化为一个持久的悖论。蒲鲁东在这里所表述的观念相比黑格尔的辩证法，更接近于康德的辩证法，因为只有凭借外部的力量才可以解决矛盾。对黑格尔的辩证法的拒绝意味着蒲鲁东同时也拒绝了黑格尔的社会和历史进步的观念，因为黑格尔关于社会和历史进步的思想是他的辩证法的产物。

在第七个即最后一个说明中，马克思讨论了封建制度。他认为，封建主义有其自身的无产阶级，即包含着资产阶级的一切萌芽的农奴等级。封建生产也拥有其矛盾性的因素。如果从它们最终将成为资产阶级，成为最终摧毁封建生产制度的统治阶级的角度来看，农奴构成了坏的方面。但是，马克思认为，正是它的坏的方面通过发动反抗统治秩序的斗争，从而使人类历史进程得以展开。从统治阶级的角度看，封建主义好的方面是庄园的领主，如果这些好的方面要消除坏的方面，即农奴制、特权和无政府状态，那么将会引起斗争的一切因素就会被摧毁，于是，资产阶级的发展"在萌芽时就会被切断"②。

然而，资产阶级的胜利通过摧毁封建制度也就取消了封建主义的好的方面和坏的方面。资产阶级拥有了他们在封建主义的统治下发展起来的生

---

① 《马克思恩格斯全集》第4卷，人民出版社，1958年版，第146页。
② 《马克思恩格斯全集》第4卷，人民出版社，1958年版，第154页。

产力，并且粉碎了一切旧的经济形式、一切与之相适应的市民关系以及作为旧日市民社会的正式表现的政治制度。因此，马克思认为，为了正确地判断封建的生产，必须把它当作以对抗为基础的生产方式来考察。"必须指出，财富怎样在这种对抗中间形成，生产力怎样和阶级对抗同时发展，这些阶级中一个代表着社会上坏的、否定的方面的阶级怎样不断地成长，直到它求得解放的物质条件最后成熟。这难道不是说，生产方式、生产力在其中发展的那些关系并不是永恒的规律，而是同人们及其生产力发展的一定水平相适应的东西，人们生产力的一切变化必然引起他们的生产关系的变化吗？由于最重要的是不使文明的果实（已经获得的生产力）被剥夺，所以必须粉碎生产力在其中产生的那些传统形式。从此以后，从前的革命阶级将成为保守阶级。"①

对于现代社会的发展来说同样如此。资产阶级在从事革命性的生产过程中创造了新的财富，在这一历史进程的内部发展着一个新的阶级，即无产阶级。这两个阶级之间所展开的斗争最初是尚未被察觉的，随后这种斗争将逐渐发展为局部的暂时的冲突。与此同时，资产阶级内部也将展开对抗性的斗争，他们的这种斗争是利益冲突的产物。因此，更为清晰的是："这种利益上的对立是由他们的资产阶级生活的经济条件产生的。资产阶级运动在其中进行的那些生产关系的性质绝不是一致的单纯的，而是两重的；在产生财富的那些关系中也产生贫困；在发展生产力的那些关系中也发展一种产生压迫的力量；只有在不断消灭资产阶级个别成员的财富和形成不断壮大的无产阶级的条件下，这些关系才能产生资产者的财富，即资产阶级的财富；这一切都一天比一天明显了。"②

最终，代表无产阶级利益的理论家，即社会主义者和共产主义者将会

---

① 《马克思恩格斯全集》第4卷，人民出版社，1958年版，第154—155页。
② 《马克思恩格斯全集》第4卷，人民出版社，1958年版，第155—156页。

提出革命性的理论用以指导无产阶级斗争。这些理论家的领导能力取决于两个相关的客观因素。首先，无产阶级必须发展到足以成为一个阶级。这只能通过参与同资产阶级的政治斗争才能实现。其次，生产力必须发展到足以使无产阶级看到解放自身和建立新社会所必需的物质条件。在这些客观条件出现以前，这些理论家不过是一些空想主义者，他们渴望作为领导者，满足被压迫阶级的需求，"想出各种各样的体系并且力求探寻一种革新的科学"。随着历史的演进以及无产阶级斗争的进一步激化，这些理论家"在自己头脑里找寻科学真理的做法便成为多余的了；他们只要注意眼前发生的事情，并且有意识地把这些事情表达出来就行了。当他们还在探寻科学和只是创立体系的时候，当他们的斗争才开始的时候，他们认为贫困不过是贫困，他们看不出它能够推翻旧社会的革命的破坏的一面。但是一旦看到这一面，这个由历史运动产生并且充分自觉地参与历史运动的科学就不再是空论，而是革命的科学了"①。马克思在这里并不是希望人们为了革命而承受苦难。他所表达的是，贫困是资本主义制度本身所固有的，压迫激起了无产阶级和资产阶级之间的社会矛盾，使无产阶级的自我意识得以形成，这必然会引起无产阶级革命。这个最后的说明非常清楚地表明：世俗历史本身是引起进步的矛盾和对抗发展的基础。

《哲学的贫困》代表了同根植于16世纪的培根传统的进步观念的彻底背离。培根可以说是将进步看作是一个抽象的，仅仅凭借理性来探究的产物的代表。在进步观念的发展史中，马克思是第一位超越了思想本身，只在历史和社会发展的背景下来理解进步的人。在这样做时，他将进步看作是充满矛盾和悖论的，最终只能在人类的实践活动的基础上才能取得。

---

① 《马克思恩格斯全集》第4卷，人民出版社，1958年版，第157—158页。

第三章 马克思历史进步观的逻辑结构

马克思的理论探索和实践活动的轨迹表明，他研究历史的目的既不在于对历史事件和历史知识进行编撰，也不在于对历史经验和历史本身的基本结构进行阐释。马克思对历史发展进程进行哲学反思始终是立足于"现实的人"的社会物质生产活动和无产阶级的革命实践活动，他研究历史的目的在于揭示资本主义社会运行过程中存在的内在的不可调和的矛盾以及导致无产阶级贫困的内在根源，从而找寻"人类历史发展之谜"和人类自由与解放的科学路径。

第一节 马克思历史进步观的基本范畴

马克思在《德意志意识形态》中系统地阐释了他对历史的理解。马克思和恩格斯在这部著作中，对黑格尔左派哲学等黑格尔以后的哲学形式以及流行于德国的"真正社会主义"把历史理解为观念的历史的观点进行了系统的批判，清算了自己此前的哲学信仰，明确阐明了历史唯物主义的基本原理，从而把理论研究的对象从宗教史和自我意识的历史拉回到社会的现实发展过程之中，实现了研究方法上的变革。

一、世俗的历史：理解历史进步的基础

根据马克思的观点，唯心主义的历史观没有从构成历史的形成和发展

的现实基础去考察历史，即使偶然看到了历史的这一现实基础，也没有将其看作是构成历史本身的要素，而不过是将其视为与历史的形成和发展过程没有任何联系的附带因素。在唯心主义者那里，现实的物质生产和生活是同历史的实际发展过程无关的非历史性的存在，而具有历史性的存在则是脱离人们的现实生产生活、超越于世俗世界之上的。因此，这种历史观"只能在历史上看到元首和国家的丰功伟绩，看到宗教的、一般理论的斗争，而且在每次描述某一历史时代的时候，它都不得不赞同这一时代的幻想"①。

马克思是从现实的人及其现实的生产活动出发去阐释历史的，也就是说，"不是从人们所说的、所想像的、所设想的东西出发，也不是从只存在于口头上所说的、思考出来的、想像出来的、设想出来的人出发，去理解真正的人。我们的出发点是从事实际活动的人，而且从他们的现实生活过程中我们还可以揭示出这一生活过程在意识形态上的反射和回声的发展"②。因此，正确的理解方式是："从直接生活的物质生产出发来考察现实的生产过程，并把与该生产方式相联系的、它所产生的交往形式，即各个不同阶段上的市民社会，理解为整个历史的基础；然后必须在国家生活的范围内描述市民社会的活动，同时从市民社会出发来阐明各种不同的理论产物和意识形式，如宗教、哲学、道德等等，并在这个基础上追溯它们产生的过程。"③这样才能全面地理解人类历史发展的整个进程，并揭示这一发展过程中各个不同方面之间的相互关系。

马克思认为，所谓的人类历史不过是人类有意识的活动的结果，"人是全部人类活动和全部人类关系的本质、基础……历史什么事情也没有

---

① 《马克思恩格斯全集》第3卷，人民出版社，1960年版，第44页。
② 《马克思恩格斯全集》第3卷，人民出版社，1960年版，第30页。
③ 《马克思恩格斯全集》第3卷，人民出版社，1960年版，第42—43页。

做，它'并不拥有任何无穷尽的丰富性'，它并'没有在任何战斗中作战'！创造这一切、拥有这一切并为这一切而斗争的，不是'历史'，而正是人，现实的、活生生的人。'历史'并不是把人当做达到自己目的的工具来利用的某种特殊的人格。历史不过是追求着自己目的的人的活动而已"①。因此，研究人类的历史，就必须"从现实的前提出发，而且一刻也离不开这种前提。它的前提是人，但不是某种处在幻想的与世隔绝、离群索居状态的人，而是处在一定条件下进行的、现实的、可以通过经验观察到的发展过程中的人。只要描绘出这个能动的生活过程，历史就不再像那些本身还是抽象的经验论者所认为的那样，是一些僵死事实的搜集，也不再像唯心主义者所认为的那样，是想像的主体的想像的活动"②。于是，马克思就此超越了思辨的形而上学的理解方式，从而能够从总体上理解和把握人类的历史进程。

马克思对历史的总体性理解体现在他对人类历史的四重规定之中，或者说是"原初的历史关系的四个要素、四个方面"。首先，马克思确定了人类历史存在和发展的第一个前提，即物质资料的生产活动。他认为，人们"为了生活，首先就需要衣、食、住以及其他东西。因此第一个历史活动就是生产满足这些需要的资料，即生产物质生活本身。同时这也是人们仅仅为了能够生活就必须每日每时都要进行的（现在也和几千年前一样）一种历史活动，即一切历史的一种基本条件"③。其次，在物质资料的生产活动基础上产生的一个事实就是需要的满足。马克思指出，"已经得到满足的第一个需要本身、满足需要的活动和已经获得的为满足需要用的工具又引起新的需要。这种新的需要的产生是第一个历史活动"④。再次，人类为

①《马克思恩格斯全集》第2卷，人民出版社，1957年版，第118—119页。
②《马克思恩格斯全集》第3卷，人民出版社，1960年版，第30页。
③《马克思恩格斯全集》第3卷，人民出版社，1960年版，第31—32页。
④《马克思恩格斯全集》第3卷，人民出版社，1960年版，第32页。

了超越有限的个体生命而进行的生命的生产。马克思将此表述为："一开始就纳入历史发展过程的第三种关系就是：每日都在重新生产自己生活的人们开始生产另外一些人，即增殖。这就是夫妻之间的关系，父母和子女之间的关系，也就是家庭。"①最后，人们在生产生活过程中所结成的人与人之间的社会关系。根据马克思的观点，"人们之间是具有物质联系的。这种联系是由需要和生产方式决定的，它的历史和人的历史一样长久；这种联系不断采取新的形式，因而就呈现出'历史'"②。

可见，马克思始终是联系工业和交换的历史来探讨和研究人类的历史。根据马克思的观点，在人们的生产活动过程中，由于物质劳动和精神劳动的分离而导致了社会分工的产生，因此社会分工本身就已经包含了内在的矛盾性，这必然会导致生产资料私有制的产生。马克思将社会分工和生产资料私有制看作是相同的表达方式，两者之间的区别仅在于一个是就社会生产活动而言，另一个是就社会生产活动的产品而言。由此，马克思进一步从分工出发，通过揭示现实社会存在的内在矛盾，以历史发展的视角考察了所有制的演变过程，从而阐明了"在现实的世界中并使用现实的手段才能实现真正的解放"的人类解放的科学路径。

二、现实的个人：历史进步的承担主体

马克思曾说过"进步这个概念决不能在通常的抽象意义上去理解"③，这样的理解方式所提供的进步观念是和构成这些观念的基础事实和实际发展过程相脱离的，最终的理论结果也只是把所考察的时代或者描绘成一个真正完善的历史时代的预备阶段，或者直接将其视为完善的历史时代的最

---

① 《马克思恩格斯全集》第3卷，人民出版社，1960年版，第32页。
② 《马克思恩格斯全集》第3卷，人民出版社，1960年版，第34页。
③ 《马克思恩格斯全集》第30卷，人民出版社，1995年版，第51页。

终实现。与其相反，马克思是从现实的前提出发去理解历史进步问题的，这个前提"并不是任意想出的，它们不是教条，而是一些只有在想像中才能加以抛开的现实的前提"①。这个前提就是"现实的个人"，这一思想的提出，是马克思唯物史观第一个伟大的发现，为马克思的历史进步理论找到了逻辑起点和现实主体。

马克思通过对德国古典哲学的批判以及对政治经济学的批判提出了"现实的个人"的概念。首先，马克思通过对德国古典哲学的批判，确立了"现实的个人"的观念。马克思曾经指出，对于黑格尔来说，他的伟大之处就在于"把人的自我产生看作一个过程，把对象化看作非对象化，看作外化和这种外化的扬弃；可见，他抓住了劳动的本质，把对象性的人、现实的因而是真正的人理解为他自己的劳动的结果"②。但是，对于黑格尔来说，"理性是世界的主宰"，而人不过是理性实现自己目的的工具，并不具有现实的独立性，是"抽象的精神的人"。所以，在黑格尔的理论中，"对象性本身被认为是人的异化了的、同人的本质即自我意识不相适应的关系。因此，重新占有在异化规定内作为异己的东西产生的人的对象性本质，不仅具有扬弃异化的意义，而且具有扬弃对象性的意义，就是说，因此，人被看成非对象性的、唯灵论的存在物"③。可见，人在黑格尔那里不过是无人身的理性，并不具有现实的本质，并没有现实的内容。正如黑格尔所说，理性"就是实体，也就是无限的权力。它自己底无限的素质，做着它所创始的一切自然的和精神生活的基础，还有那无限的形式推动着这种'内容'"④。

费尔巴哈从作为自然的产物的人的观点出发，批判了黑格尔的思想。

---

① 《马克思恩格斯全集》第3卷，人民出版社，1960年版，第23页。
② 《马克思恩格斯全集》第3卷，人民出版社，2002年版，第320页。
③ 《马克思恩格斯全集》第3卷，人民出版社，2002年版，第321页。
④ [德]黑格尔：《历史哲学》，上海书店出版社，2001年版，第9页。

费尔巴哈认为，人是现实感性的实体，是具有感觉和抽象思维能力的实体，但是在黑格尔那里却把原本是第二性的东西当作是第一性的东西。因此，费尔巴哈明确宣称自己的新哲学以"人和自然为唯一的最高对象"①，从而把被黑格尔颠倒了的自然和思维的关系再次颠倒了过来。马克思在《神圣家族》中曾对费尔巴哈的观点给予了高度评价，然而马克思在《德意志意识形态》的写作中对费尔巴哈的"类"和"人"的认识发生了根本的转变。马克思认为，费尔巴哈采取了单纯的直观方式来看待人，而一旦接触到真正的具体的人，他就"不得不求助于'最高的直观'和观念上的'类的平等化'，这就是说，正是在共产主义的唯物主义者看到改造工业和社会结构的必要性和条件的地方，他却重新陷入唯心主义"②。总之，费尔巴哈所理解的人不过是远离社会关系的感性存在物，是"一般人"，而不是"现实的人"。

其次，马克思对费尔巴哈的批判。在《关于费尔巴哈的提纲》中，马克思指出，"费尔巴哈把宗教的本质归结于人的本质。但是，人的本质并不是单个人所固有的抽象物，实际上，它是一切社会关系的总和。费尔巴哈不是对这种现实的本质进行批判，所以他不得不：（1）撇开历史的进程，孤立地观察宗教感情，并假定出一种抽象的——孤立的——人类个体；（2）所以，他只能把人的本质理解为'类'，理解为一种内在的、无声的、把许多个人纯粹自然地联系起来的共同性"③。在此基础上，马克思揭示出费尔巴哈哲学的本质，即"费尔巴哈没有看到，'宗教感情'本身是社会的产物，而他所分析的抽象的个人，实际上是属于一定的社会形式的"④。在费尔巴哈那里，作为出发点的"现实的人"不过是就形式上来讲

---

① 《西方哲学原著选读》(下册)，商务印书馆，1982年版，第489页。
② 《马克思恩格斯文集》第1卷，人民出版社，2009年版，第530页。
③ 《马克思恩格斯全集》第3卷，人民出版社，1960年版，第5页。
④ 同③。

的，实质上这个人始终是宗教哲学中所确立的抽象的人。费尔巴哈并没有联系周围的世界以及现实的存在去谈论人，他所论述的人并不是在现实的历史中行动着的人，而是抽象的实际上是属于某种特定的社会存在形式的人。正如恩格斯所评论的那样，"作为一个哲学家，也停留在半路上，他下半截是唯物主义者，上半截是唯心主义者"①。

再次，马克思通过对政治经济学的批判，从具体的历史发展的角度去理解人的现实的存在过程。根据马克思的观点，资产阶级政治经济学的理论基础是异化的人，因为"国民经济学把社会交往的异化形式作为本质的和最初的形式、作为同人的本性相适应的形式确定下来了。国民经济学——同现实的运动一样——以作为私有者同私有者的关系的人同人的关系为出发点"②。马克思进一步指出，"国民经济学从私有财产的事实出发。它没有给我们说明这个事实。它把私有财产在现实中所经历的物质过程，放进一般的、抽象的公式，然后把这些公式当作规律。它不理解这些规律，就是说，它没有指明这些规律是怎样从私有财产的本质中产生出来的。国民经济学没有向我们说明劳动和资本分离以及资本和土地分离的原因"。③马克思批判了国民经济学在理论上的矛盾性质，对人的异化形式做了具体的规定。正是在对国民经济学的批判中，马克思深化了对人的认识，即："不论是生产本身中人的活动的交换，还是人的产品的交换，其意义都相当于类活动和类精神——它们的真实的、有意识的、真正的存在是社会的活动和社会的享受。因为人的本质是人的真正的社会联系，所以人在积极实现自己本质的过程中创造、生产人的社会联系、社会本质，而社会本质不是一种同单个人相对立的抽象的一般的力量，而是每一个单个

---

① 《马克思恩格斯全集》第21卷，人民出版社，1965年版，第335页。
② 《马克思恩格斯全集》第42卷，人民出版社，1979年版，第25页。
③ 《马克思恩格斯全集》第3卷，人民出版社，2002年版，第266页。

人的本质，是他自己的活动，他自己的生活，他自己的享受，他自己的财富。因此，上面提到的真正的社会联系并不是由反思产生的，它是由于有了个人的需要和利己主义才出现的，也就是个人在积极实现其存在时的直接产物。"①

通过对德国古典哲学的批判和对政治经济学的批判，马克思开始在一定的社会关系和一定的生产方式中来理解人、把握人，从而确立了"现实的个人"的观念。马克思在《德意志意识形态》中指出，"这里所说的个人不是他们自己或别人想象中的那种个人，而是现实中的个人，也就是说，这些个人是从事活动的，进行物质生产的，因而是在一定的物质的、不受他们任意支配的界限、前提和条件下活动着的……这里所说的人们是现实的、从事活动的人们，他们受自己的生产力和与之相适应的交往的一定发展——直到交往的最遥远的形态——所制约。意识在任何时候都只能是被意识到了的存在，而人们的存在就是他们的现实生活过程"②。可见，对"现实的人"的理解和把握是历史唯物主义的前提和基础，同时也是马克思历史进步观的核心概念。从"现实的人"出发也就是从"现存的现实关系出发"去理解历史的进步过程。

三、自觉的活动：历史进步的推动力量

"实践活动"概念在马克思的进步理论中有着独特的内涵，它既不同于康德的"实践理性"由外向内的活动，也不同于黑格尔的作为"绝对精神"的一个环节的自我意识的外化和对自身的复归的活动，马克思的"实践活动"概念同他对"历史"的理解以及他的"现实的人"的概念是分不开的，这是"现实的人"在历史中所进行的实际行动。

---

① 《马克思恩格斯全集》第42卷，人民出版社，1979年版，第24页。
② 《马克思恩格斯文集》第1卷，人民出版社，2009年版，第524—525页。

　　实践性是马克思的历史进步观的根本特征，其最初体现在他的博士论文中，此时的实践指的就是哲学批判。马克思早在中学时代就已经确立了为人类幸福和自身的完美去选择未来职业的远大人生理想，这预示了他此后的理论旨趣，即关注人类的现实生活，尤其是关注无产阶级的贫困与苦难生活的现状，探索人类自由与解放的现实道路。马克思的博士论文是马克思超越康德和费希特哲学，试图解决"应有"和"现有"、理想和现实的矛盾的理论成果。马克思的探讨是从自我意识的自由开始的，尽管此时马克思对于自由的理解仍未超越唯心主义的理论范畴，但是自由当时在马克思那里也已经超越了自我的精神活动，这是一种"定在中的自由"。在马克思那里，自由的获得是一种由内而外的活动，是"自我意识"去"把握世界"和"改造世界"，实现"世界哲学化"和"哲学世界化"的过程。也就是说，自我意识只有通过实践的力量面向世俗的世界才能完成认识世界和改造世界的任务，从而实现自由，正如马克思所说，"在自身中变得自由的理论精神成为实践力量，作为意志走出阿门塞斯冥国，面向那存在于理论精神之外的尘世的现实"①。在这里，马克思所说的实践指的是"哲学的实践"，他所阐释的实践的力量还不是现实的物质力量，而是理论批判的力量，还只是"批判的武器"，而不是"武器的批判"。尽管此时马克思还认为"哲学的实践本身是理论的"②，但是他对"世界化的哲学"和"哲学的世界化"的强调已经表明了他所关注的实践活动并不是哲学问题本身，而是对现实社会中所存在的问题的探讨。

　　从《莱茵报》时期开始，马克思遇到了使他苦恼的物质利益问题，这使马克思更加关注现实的社会政治问题，从哲学批判开始走向政治批判，马克思的实践概念也从哲学的实践开始走向社会实践。马克思当时遇到的

---

① 《马克思恩格斯全集》第1卷，人民出版社，1995年版，第75页。
② 同①。

第一个现实问题就是出版自由的问题，马克思将其看作是政治自由的前提，认为出版自由不应该仅是少数人的特权。马克思开始意识到，人们的自由是受物质利益制约的，普鲁士苦难民众的不幸不仅在于没能在政治上享有平等的权利，更是在于他们在物质利益上受到的严重剥夺，经济上的不平等使得他们在政治上获得的解放毫无实际意义。为此，马克思开始深入研究黑格尔哲学并对其国家哲学进行批判，这也是他不久之后系统研究政治经济学的最初动因。尽管马克思当时已经将政治国家看作是虚幻的共同体，但此时他还是相信自由理性的国家的存在。尽管马克思当时已经看到了等级矛盾和阶级差别，但此时他还没能从物质生产和分工出发去揭示这些问题。另外，在这一时期，马克思已经认识到政治解放只是使市民社会的利己主义精神获得解放，并不能使人们摆脱政治共同体的统治，这就需要将政治解放转变为人类解放，彻底废除私人所有制，恢复人的类本质。在马克思的理论中，"批判的武器当然不能代替武器的批判，物质力量只能用物质力量来摧毁"①。并且，此时他已经找到了人类解放的主体以及实践的物质力量，即无产阶级。这标志着马克思的实践概念已经前进了一大步，实践不再是自我意识的观念活动，不再是抽象的"哲学的世界化"和"世界的哲学化"，它是改造世界的外部物质力量及其现实活动。实践活动的承担主体也不再是单纯依靠哲学的"头脑"，而是必须通过无产阶级这一现实的"心脏"才能发挥作用。

从1844年开始，马克思从对资本主义副本的批判转入到对资本主义原本的批判，也即从政治批判进入到政治经济学批判，他的实践概念在这一过程中开始走向成熟。马克思通过对黑格尔思想的批判以及对政治经济学的研究，在《1844年经济学哲学手稿》中将实践概括为"自由的有意识的活动"。马克思此时的实践概念是在接受费尔巴哈的革命性方法的前提下

---

① 《马克思恩格斯全集》第3卷，人民出版社，2002年版，第207页。

确立起来的，是以"从感性出发确定东西"的原则为指导的，他不再像黑格尔那样将劳动看作是自我意识的设定物，而是将实践看作是对象性的客观的物质活动。对此马克思进行了详细的阐述："当现实的、肉体的、站在坚实的呈圆形的地球上呼出和吸入一切自然力的人通过自己的外化把自己现实的、对象性的本质力量设定为异己的对象时，设定并不是主体；它是对象性的本质力量的主体性，因此这些本质力量的活动也必须是对象性的活动。对象性的存在物进行对象性活动，如果它的本质规定中不包含对象性的东西，它就不进行对象性活动。它所以只创造或设定对象，因为它是被对象设定的，因为它本来就是自然界。因此，并不是它在设定这一行动中从自己的'纯粹的活动'转而创造对象，而是它的对象性的产物仅仅证实了它的对象性活动，证实了它的活动是对象性的自然存在物的活动。"①由此可以看出，马克思此时所说的实践活动已经不是理论上的批判活动，这是一种能够生产出自己的生存条件的物质活动，这种实践活动促使人类成为自己的历史的创造者。

　　尽管马克思接受了费尔巴哈的从感性的人出发以及颠倒黑格尔的观念与具体现实之间的关系的革命性方法，但是马克思在《手稿》中所阐释的对人的生存和发展具有重大意义的劳动实践还没有完全摆脱抽象的性质，随着他在与恩格斯合著的《神圣家族》中对历史的深入理解，实践概念的含义得到进一步完善。马克思认为，"创造这一切、拥有这一切并为这一切而斗争的，不是'历史'，而正是人，现实的、活生生的人。'历史'并不是把人当做达到自己目的的工具来利用的某种特殊的人格。历史不过是追求着自己目的的人的活动而已"②。显然，马克思在这里所论述的实践就是现实的人在尘世中所从事的物质生产活动。在《关于费尔巴哈的提

---

① 《马克思恩格斯全集》第3卷，人民出版社，2002年版，第324页。
② 《马克思恩格斯全集》第2卷，人民出版社，1957年版，第118—119页。

纲》中，马克思进一步将实践概念理解为"人的感性的活动"，但此时马克思所阐释的人的感性的活动与费尔巴哈从直观的个体或超验的类的角度所理解的人的活动有着本质上的区别。根据马克思的观点，"从前的一切唯物主义——包括费尔巴哈的唯物主义——的主要缺点是：对事物、现实、感性，只是从客体的或者直观的形式去理解，而不是把它们当作人的感性活动，当作实践去理解，不是从主观方面去理解。所以，结果竟是这样，和唯物主义相反，能动的方面却被唯心主义发展了，但只是抽象地发展了，因为唯心主义当然是不知道真正现实的、感性的活动的"①。

正是由于《德意志意识形态》中"现实的人"的概念的引入，实践的概念才得以最终确立。马克思在这里所阐释的实践活动是"现实的人"的感性的活动，即物质生产活动和人们之间的交往活动。正是人与人之间所进行的物质生产活动才把人同动物区分开来，因此马克思说："一当人们自己开始生产他们所必需的生活资料的时候（这一步是由它们的肉体组织所决定的），他们就开始把自己和动物区别开来。"②在马克思那里，现实的人的实践活动是产生其他一切社会关系的基础，是"以一定的方式进行生产活动的一定的个人，发生一定的社会关系和政治关系"③，在物质生产实践的基础上人类史得以形成。并且，马克思在这里将实践概念应用到对历史进步的现实道路的具体分析之中，从而将共产主义看作是一个现实的实践生成过程，即"共产主义对我们说来不是应当确立的状况，不是现实应当与之相适应的理想。我们所称为共产主义的是那种消灭现存状况的现实的运动"④。因此说，人类历史进步的过程就是"现实的人"在历史中从事实践活动的过程。

---

① 《马克思恩格斯全集》第3卷，人民出版社，1960年版，第3页。
② 《马克思恩格斯全集》第3卷，人民出版社，1960年版，第24页。
③ 《马克思恩格斯全集》第3卷，人民出版社，1960年版，第28—29页。
④ 《马克思恩格斯全集》第3卷，人民出版社，1960年版，第40页。

第二节　马克思历史进步观的动力系统

马克思强调对历史进步的过程要进行具体的分析，他反对任何从抽象的观点出发去理解、解释历史进步的问题。马克思揭示出，历史的发展和进步的过程就是"现实的人"在历史中从事实践活动的过程，正是在人类有意识的生产和交往实践中，真正的人类历史才成为可能，人类的社会进化才不断地表现为历史进步的过程。马克思对历史进步的动力问题的理解同他对历史进步过程的理解是一致的，历史进步的动力不可能来自于某种外在于人或超人的力量，而只能来自于人自身，也即来自于人自身的本质的存在方式——实践活动。马克思从现实的人及其实践活动出发，对推动历史进步的由各种力量交织组成的"动力系统"进行了详细的阐释。

一、历史进步的最初动因：人类需要的满足

马克思是从现实的人及其实践活动出发去理解历史进步过程的，即人类进行实践活动的最初动因是为了满足自身基本的生存需要。在《德意志意识形态》中，马克思在阐述人类历史的四个要素过程中强调，"第二个事实是，已经得到满足的第一个需要本身、满足需要的活动和已经获得的为满足需要用的工具又引起新的需要。这种新的需要的产生是第一个历史活动"。[①]可见，马克思在此将需要看作是社会生产的前提，是生产的观念上的内在动机，因此人的需要及其满足在这里构成了推动历史进步的最初动因。正是通过对人们的需要以及为满足这些需要而进行的劳动和交往活动的分析，马克思全面地阐释了人类历史进步的内在机制。

马克思指出，"人的需要即人的本性"呈现出多方面的特征：一是天

---

① 《马克思恩格斯全集》第3卷，人民出版社，1960年版，第32页。

然必然性①，即"人们为了能够'创造历史'，必须能够生活"；二是客观多样性，即"在现实世界中，个人有许多需要"②；三是历史超越性，即"不是纯粹的自然需要，而是历史上随着一定的文化水平而发生变化的自然需要"③。在马克思看来，人最初的需要与动物的需要没有什么本质的区别，即"他们首先是要吃、喝等等，也就是说，并不'处在'某一种关系中，而是积极地活动，通过活动来取得一定的外界物，从而满足自己的需要"④。然而，人以其需要的无限性和广泛性最终将自己与动物区别开来，即"动物的生产是片面的，而人的生产是全面的；动物只是在直接的肉体需要的支配下生产，而人甚至不受肉体需要的影响也进行生产，并且只有不受这种需要的影响才进行真正的生产；动物只生产自身，而人再生产整个自然界；动物的产品直接属于它的肉体，而人则自由地面对自己的产品。动物只是按照它所属的那个种的尺度和需要来构造，而人懂得按照任何一个种的尺度来进行生产，并且懂得处处都把内在的尺度运用于对象；因此，人也按照美的规律来构造"⑤。正是因为人与动物的需要层次不同，因此人在满足自身需要的同时不仅与动物区别开来，而且还能够不断改变着整个世界，推动历史不断地向前发展。

人为了满足最初的生存需要必然要进行物质生产活动，而为了使这一实践活动得以延续下去就必须要进行人自身的生产。根据马克思的观点，生命的生产表现为双重的关系，即自然关系和社会关系。这种双重的关系是在人的两种基本的活动方式，即劳动和交往中得以展示出来的。劳动作为人的生产活动首先指的是人与自然之间的关系。人作为自然的存在物，

① 《马克思恩格斯全集》第3卷，人民出版社，1960年版，第31页。
② 《马克思恩格斯全集》第3卷，人民出版社，1960年版，第326页。
③ 《马克思恩格斯全集》第47卷，人民出版社，1979年版，第52页。
④ 《马克思恩格斯全集》第19卷，人民出版社，1963年版，第405页。
⑤ 《马克思恩格斯全集》第3卷，人民出版社，2002年版，第273—274页。

为了满足自己的生存需要，与动物一样必须从自然界中获取自己生存所必需的生活资料。在这一过程中，自身的自然也受到改造，即"劳动首先是人和自然之间的过程，是人以自身的活动来引起、调整和控制人和自然之间的物质变换过程。人自身作为一种自然力与自然物质相对立。为了在对自身生活有用的形式上占有自然物质，人就使他身上的自然——臂和腿、头和手运动起来。当他通过这种运动作用于他身外的自然并改变自然时，也就同时改变他自身的自然。他使自身中沉睡着的潜力发挥出来，并且使这种力的活动受他自己控制"①。因此说，劳动在提供人类生存所必需的生活资料的同时，不仅同外在的自然发生关系，而且也同内在的自然发生关系，使自身的能力不断得到发展和提高。

人作为类存在物，其改造自然的活动和生产自身的活动并不是孤立进行的，而是在与他人交往过程中共同进行的，正如马克思所说："人对自身的任何关系，只有通过人对他人的关系才得到实现和表现。"②个人在劳动中与他人所结成的这种关系就是交往关系，这种关系"起初本是自主活动的条件，后来却变成了它的桎梏，它们在整个历史发展过程中构成一个有联系的交往形式的序列，交往形式的联系就在于：已成为桎梏的旧的交往形式被适应于比较发达的生产力，因而也适应于更进步的个人自主活动类型的新的交往形式所代替；新的交往形式又会变成桎梏并为别的交往形式所代替。由于这些条件在历史发展的每一阶段上都是与同一时期的生产力的发展相适应的，所以它们的历史同时也是发展着的、为各个新的一代所承受下来的生产力的历史，从而也是个人本身力量发展的历史"③。由此马克思得出结论：交往作为人类历史活动的一个方面，与物质生产活动共

①《马克思恩格斯全集》第23卷，人民出版社，2001年版，第201—202页。
②《马克思恩格斯全集》第3卷，人民出版社，2002年版，第275页。
③《马克思恩格斯全集》第3卷，人民出版社，1960年版，第81页。

同推动着人类历史的发展和进步过程的不断展开。

劳动和交往作为人类最基本的实践活动方式推动着人类历史的不断进步，然而由于分工的出现，劳动和交往这一"现实的人"的同一实践活动的两个方面发生了分裂，表现为异化的形式：一方面，劳动这种确证人的本质力量的活动转变为异化劳动的形式，反过来成为统治劳动者自身的客观力量；另一方面，人与人之间的交往关系则异化为一种压迫关系，成为人们必须服从的社会阶级关系。在揭示其产生的根源时，马克思提供了解决问题的新路径，即"我们把私有财产的起源问题变为外化劳动对人类发展进程的关系问题，就已经为解决这一任务得到了许多东西。因为人们谈到私有财产时，认为他们谈的是人之外的东西。而人们谈到劳动时，则认为是直接谈到人本身。问题的这种新的提法本身就已包含问题的解决"①。马克思进一步指出，共产主义的实现是这种异化的积极的自我扬弃，其是在消灭私有财产基础上的劳动和交往的真正的统一。

二、历史进步的基本动力：社会内在矛盾的运动

尽管马克思通过对人的需要及其由此展开的劳动和交往活动的分析，揭示了人类历史进步的内在机制，但是正如马克思在《〈政治经济学批判〉导言》中所强调的那样："进步这个概念决不能在通常的抽象意义上去理解。"②因此，必须深入到现实的物质生产过程中，通过具体分析每一历史时代自身发展所具有的特征，才能对这一问题加以解决。马克思首先选取了资本主义社会作为分析对象，正是通过对资本主义社会的发展进程的研究，马克思揭示了资本主义借以产生、形成和发展的动力，即社会基本矛盾运动。

---

① 《马克思恩格斯全集》第3卷，人民出版社，2002年版，第279页。
② 《马克思恩格斯全集》第30卷，人民出版社，1995年版，第51页。

从传统意义上来说，人们一般把马克思在《〈政治经济学批判〉序言》中对生产力、生产关系、经济基础和上层建筑等范畴之间的关系及其矛盾运动的论述，视为他对人类历史发展过程的动力系统的经典表述。马克思指出，"人们在自己生活的社会生产中发生一定的、必然的、不以他们的意志为转移的关系，即同他们的物质生产力的一定发展阶段相适合的生产关系。这些生产关系的总和构成社会的经济结构，即有法律的和政治的上层建筑竖立其上并有一定的社会意识形式与之相适应的现实基础。物质生活的生产方式制约着整个社会生活、政治生活和精神生活的过程。不是人们的意识决定人们的存在，相反，是人们的社会存在决定人们的意识。社会的物质生产力发展到一定阶段，便同它们一直在其中运动的现存生产关系或财产关系(这只是生产关系的法律用语)发生矛盾。于是这些关系便由生产力的发展形式变成生产力的桎梏。那时社会革命的时代就到来了。随着经济基础的变更，全部庞大的上层建筑也或慢或快地发生变革……无论哪一个社会形态，在它所能容纳的全部生产力发挥出来以前，是决不会灭亡的；而新的更高的生产关系，在它的物质存在条件在旧社会的胎胞里成熟以前，是决不会出现的。所以人类始终只提出自己能够解决的任务，因为只要仔细考察就可以发现，任务本身，只有在解决它的物质条件已经存在或者至少是在生成过程中的时候，才会产生。大体说来，亚细亚的、古代的、封建的和现代资产阶级的生产方式可以看做是经济的社会形态演进的几个时代。资产阶级的生产关系是社会生产过程的最后一个对抗形式，这里所说的对抗，不是指个人的对抗，而是指从个人的社会生活条件中生长出来的对抗；但是，在资产阶级社会的胎胞里发展的生产力，同时又创造着解决这种对抗的物质条件。因此，人类社会的史前时期就以这种社会形态而告终"。[1]而实际上，马克思在这里以及之后在《资

---

[1] 《马克思恩格斯全集》第31卷，人民出版社，1998年版，第412—413页。

本论》及其手稿中所进行的分析，并没有试图对人类社会的历史作一般性的解释，而是运用其历史进步的内在机制理论对资本主义社会进行深刻剖析，从而揭示出人类历史在异化状态下的运行发展规律。

人们之所以将《〈政治经济学批判〉序言》中的论述看作是马克思对人类历史发展进程的总结，主要是因为马克思在这里曾经作出这样的表述，即"我所得到的、并且一经得到就用于指导我的研究工作的总的结果，可以简要地表述如下，……"①。但是，问题是马克思在此之前曾经写过《〈政治经济学批判〉导言》，对此马克思是这样解释的，即"我把已经起草好的一篇总的导言压下了，因为仔细想来，我觉得预先说出正要证明的结论总是有妨害的，读者如果真想跟着我走，就要下定决心，从个别上升到一般"②。在《序言》中，马克思所说的"总的结果"并不能完全等同于他"要证明的结论"。马克思在这里所说的"总的结果"实际上是在考察资本主义社会的产生和发展的基础上得出的结论，因此，他所概括的只是资本主义社会发展的历史过程，而不是整个人类社会发展的历史过程。正如马克思在作为《政治经济学批判》续篇的《资本论》中所指出的那样，他所要研究的是"资本主义生产方式以及和它相适应的生产关系和交换关系"③，他的最终目的就是要"揭示现代社会的经济运动规律"④。马克思在《〈政治经济学批判〉导言》中通过对资本主义政治经济学家的批判也表达了这一观点，即"一切生产阶段所共有的，被思维当作一般规定而确定下来的规定，是存在的，但是所谓一切生产的一般条件，不过是这些抽象要素，用这些要素不可能理解任何一个现实的历史的生产阶

① 《马克思恩格斯全集》第31卷，人民出版社，1998年版，第412页。
② 《马克思恩格斯全集》第31卷，人民出版社，1998年版，第411页。
③ 《马克思恩格斯全集》第23卷，人民出版社，1972年版，第8页。
④ 《马克思恩格斯全集》第23卷，人民出版社，1972年版，第11页。

段"①。从而，马克思表明，任何企图把资本主义社会所特有的发展规律看作是适用一切历史时代的一般的发展规律的做法都是错误的，必须从生活于具体历史阶段的"现实的人"及其实践活动出发，才能对人类历史的进步过程作出真正的解释。

马克思在《导言》中批判了资产阶级经济学家把孤立的个人作为研究的出发点，把特殊的资本主义生产说成是一般的永恒不变的生产的错误观点。马克思开宗明义地指出了政治经济学研究的出发点是"物质生产"，即物质资料的生产。物质资料的生产是社会经济生活的决定性领域，是人类社会存在的前提和发展的基础。人类生存所需要的衣、食、住、行等最基本的生活资料，只有通过物质资料的生产才能获得。物质资料的生产是人类所特有的生产实践活动，是人们在一定的社会生产关系中进行的生产，即"一定社会性质的生产"②。这就明确指出了生产的社会性，因为一旦离开了社会，离开了一定的社会关系，个人就无法生存，当然也就无法生产。马克思强调，政治经济学研究的生产是"一定社会发展阶段上的生产"③，也就是一定的社会生产关系。对于这一研究对象可以采取两种方式进行研究，一种是对人类历史发展的各个阶段上的生产一一加以研究；另一种是对某一特定历史时代中的生产加以研究，马克思所要进行的就是这一类型的研究，即"现代资产阶级生产——这种生产事实上是我们研究的本题"④。也就是说，马克思政治经济学研究的主题，就是对资本主义生产关系进行解剖，从而揭示出资本主义生产关系从产生到发展再到灭亡的客观规律性。

与马克思确立的政治经济学的研究对象不同，资产阶级经济学家们则

---

① 《马克思恩格斯全集》第30卷，人民出版社，1995年版，第29页。
② 《马克思恩格斯全集》第30卷，人民出版社，1995年版，第22页。
③ 《马克思恩格斯全集》第30卷，人民出版社，1995年版，第26页。
④ 同③。

超越了一切历史发展阶段，把适用于一切社会的"生产一般"作为政治经济学的研究对象。资产阶级经济学家们用"生产一般"抹煞了社会生产的本质差别，把社会生产描绘为脱离社会形态的、超出历史阶段的自然规律，实质上不过是为了证明资本主义社会的永恒发展。根据马克思的理论，不同历史时期的生产是在一定的社会生产关系中进行的，用"生产一般"这个抽象的要素无法对具体的、现实的历史阶段上的生产进行解释。马克思详细阐释了生产过程中的四个环节，即生产、分配、交换、消费以及它们之间的辩证关系。人们在生产过程中所进行的生产、分配、交换和消费活动实际上就是"现实的人"的劳动和交往过程在现代社会中的具体展开。正是通过对资本主义社会的现实的生产过程的深刻剖析，马克思揭示出生产力和生产关系、经济基础和上层建筑的矛盾运动的规律，从而确立了以社会基本矛盾为核心去解释历史进步的动力问题的哲学方法。

第三节　马克思历史进步观的价值旨归

马克思的历史进步理论有其基本的现实指向，那就是唤醒无产阶级的阶级意识和革命斗志，推翻资本主义社会及其所建立的国家制度。马克思在其理论的发展过程中，不断展开的针对黑格尔、费尔巴哈以及青年黑格尔派的哲学批判，针对亚当·斯密、大卫·李嘉图、蒲鲁东等的政治经济学批判，针对各种社会主义学说的批判，目的就是为了深入到"观念"和"物"的背后去揭示人的现实存在状态以及人与人之间所结成的真实关系，进而从现实的人的实践活动出发为人的解放开辟道路。可以说，人的自由与解放是马克思历史进步理论的必然的逻辑结论。

一、解放维度在马克思进步理论中的彰显

人的自由与解放是马克思毕生为之奋斗的崇高理想。恩格斯在《在马

克思墓前的讲话》中对马克思作出了如下的评价，"马克思首先是一个革命家。以某种方式参加推翻资本主义社会及其所建立的国家制度的事业，参加赖有他才第一次意识到本身地位和要求，意识到本身解放条件的现代无产阶级的解放事业，——这实际上就是他毕生的使命。"①并且，在《共产主义原理》一文中，他把马克思和他共同创立的共产主义学说界定为"关于无产阶级解放的条件的学说"②。这一思想不仅是恩格斯对马克思学说的科学定位，而且也构成了马克思历史进步观的出发点、目的和归宿，渗透在马克思的全部思想体系之中。

马克思早在其中学毕业论文《青年在选择职业时的考虑》中，就把个人职业的选择同全人类的幸福紧密联系在一起，他写道："如果我们选择了最能为人类而工作的职业，那么，重担就不能把我们压倒，因为这是为大家作出的牺牲；那时我们所享受的就不是可怜的、有限的、自私的乐趣，我们的幸福将属于千百万人，我们的事业将悄然无声地存在下去，但是它会永远发挥作用，而面对我们的骨灰，高尚的人们将洒下热泪。"③在马克思的博士论文中，他通过对伊壁鸠鲁和德漠克利特的自然哲学进行比较，高扬以自我意识为特征的主体性哲学，并将其作为人类获得自由和解放的现实途径。尽管此时马克思还局限于青年黑格尔派的"理论批判"，但是他已经开始将哲学视为"干预生活本身"和"改变世界"的活动。可以说，博士论文是马克思关于人类解放哲学的最初形态。在《莱茵报》时期，马克思遇到了令他苦恼的物质利益问题，从而激起了他对黑格尔哲学的批判，这主要体现在他的《黑格尔法哲学批判》中。在《论犹太人问题》中，马克思分析了政治解放的意义及其局限性，提出了政治解放本身

① 《马克思恩格斯全集》第19卷，人民出版社，1963年版，第375页。
② 《马克思恩格斯全集》第4卷，人民出版社，1958年版，第357页。
③ 《马克思恩格斯全集》第1卷，人民出版社，1995年版，第459—460页。

并不就是人的解放，只有当人们在获得形式上的政治权利的同时又拥有实现相应权利的物质条件时，才是真正意义上的"人类解放"的思想。正如马克思所说："只有当现实的个人把抽象的公民复归于自身，并且作为个人，在自己的经验生活、自己的个体劳动、自己的个体关系中间，成为类存在物的时候，只有当人认识到自身'固有的力量'是社会力量，并把这种力量组织起来因而不再把社会力量以政治力量的形式同自身分离的时候，只有到了那个时候，人的解放才能完成。"①在《〈黑格尔法哲学批判〉导言》中，马克思明确把实现人的解放的历史使命赋予无产阶级。马克思认为，德国人的解放就是人的解放，其解放的可能性在于"形成一个若不从其他一切社会领域解放出来从而解放其他一切社会领域就不能解放自己的领域，总之，形成这样一个领域，它表明人的完全丧失，并因而只有通过人的完全回复才能回复自己本身。社会解体的这个结果，就是无产阶级这个特殊等级"②。至此，马克思"人的解放"的思想已经初步确立起来。

此后，在《1844年经济学哲学手稿》中，马克思通过考察人的本质和异化劳动问题去探索人的解放问题，从而确立起把人从资产阶级制度的奴役下解放出来的现实目标。马克思一方面对人的"类的特性"，即"自由自觉的活动"进行了阐释；另一方面论述了工人生存的异化现状以及他们的"类本质"的丧失。在此基础上，马克思系统论述了自己的共产主义思想，也就是关于人类解放思想的基本内涵。在马克思看来，"共产主义是私有财产即人的自我异化的积极的扬弃，因而是通过人并且为了人而对人的本质的真正占有；因此，它是人向自身、向社会的即合乎人性的人的复归，这种复归是完全的、自觉的和在以往发展的全部财富的范围内生成

---

① 《马克思恩格斯选集》第3卷，人民出版社，2002年版，第189页。
② 《马克思恩格斯选集》第3卷，人民出版社，2002年版，第213页。

的。这种共产主义，作为完成了的自然主义=人道主义，而作为完成了的人道主义=自然主义，它是人和自然界之间、人和人之间的矛盾的真正解决，是存在和本质、对象化和自我确证、自由和必然、个体和类之间的斗争的真正解决"①。马克思在这里关于人的解放的思想带有浓厚的人本主义色彩，仍然是在抽象的意义上谈论"人的完全丧失"以及"人的完全回复"。随着马克思思想的发展，我们看到，在《神圣家族》中，马克思开始把人的解放问题同无产阶级的具体的生活条件联系起来，从这种生活条件的"必然性"角度去阐释无产阶级"自己解放自己"的历史任务。

在《关于费尔巴哈的提纲》中，马克思的思想发生了重大的飞跃，他开始自觉地清除费尔巴哈人本主义历史观的影响，这表现在他把"类活动"改造为"人的感性活动"即"实践"，并把"实践"作为核心范畴引入了自己的哲学。马克思在《提纲》中对旧哲学的批判实际上是在为自己的人的解放思想寻求更加坚实的理论出发点。而后《德意志意识形态》的发表标志着马克思人的解放思想的正式形成。马克思在这里"清算"了自己以往的哲学信仰，找到了人的解放思想的现实出发点以及现实的解放道路。马克思批判了费尔巴哈立足于感性直观去理解人与世界的关系，从而将全部历史还原为自然史，这必然会导致他无法理解人类历史的生成性，无法理解人类历史是"工业和社会状况的产物，是历史的产物，是世世代代活动的结果"。因此，在费尔巴哈看来，人的自由和解放由于对象性活动的缺失而并不具有现实性，对人的类本质的复归道路也不过是一种主观意愿的道德呼唤而已。相对于费尔巴哈，表面上观点迥异的青年黑格尔派无论怎样变换解释历史的概念框架，实质上他们都没能超脱出黑格尔哲学的"思想支配现实世界"的核心理念。对于青年黑格尔派而言，人的自由与解放仅仅存在于思想领域，整个人类历史不过就是寻求解放思想的历史

---

① 《马克思恩格斯选集》第3卷，人民出版社，2002年版，第297页。

发展过程。

马克思深刻地指出，现存世界的变革并不仅仅在于在观念中对它进行批判，问题的关键在于探寻现存世界分裂的真正原因，确立扬弃分裂的现实前提和现实道路。由此出发，马克思揭示出人的解放的现实前提——现实的个人，并将其理论具体化为从事物质生产活动的个人在实践活动中不断寻求生存状况的改变，不断追求人的自由全面发展的历史过程。马克思指出，他的出发点是从事实践活动的人，这样的个人"怎样表现自己的生活，他们自己也就怎样。因此，他们是什么样的，这同他们的生产是一致的——既和他们生产什么一致，又和他们怎样生产一致。因而，个人是什么样的，这取决于他们进行生产的物质条件"①。在此基础上，马克思指出，解放不是一种思想活动，而是一种历史活动。并且，只有在现实的世界中并使用现实的手段才能实现真正的人的解放。

二、马克思的"人的解放"的深刻内涵

从历史进步的角度看，人的解放始终是马克思历史进步理论的价值诉求和逻辑归宿，为此马克思不断对制造了"意识形态"的各种学说进行批判，试图"在批判旧世界中发现新世界"。随着马克思认识的不断深化，他不再把解放诉诸理论的批判，而是从现实的人及其实践活动出发探索人类解放的现实途径，将解放看作是"一种历史活动，不是思想活动"，并最终将解放的历史使命赋予无产阶级，从而揭示了人的解放的深刻内涵。

马克思所要实现的是人的全面解放，这首先指的就是人的劳动能力的解放。根据马克思的观点，人的解放是随着实践活动的展开而不断向前推进的历史过程，而这一过程是"由历史的关系，是由工业状况、商业状况、农业状况、交往状况促成的"，因此"只有在现实的世界中并使用现

---

① 《马克思恩格斯选集》第3卷，人民出版社，1960年版，第24页。

实的手段才能实现真正的解放"①。在现实的解放过程中，人的劳动能力的解放以及由此而带来的生产力的高度发展是解放所需要的实际前提和物质基础，正如马克思所说："没有蒸汽机和珍妮走锭精纺机就不能消灭奴隶制；没有改良的农业就不能消灭农奴制；当人们还不能使自己的吃喝住穿在质和量方面得到充分保证的时候，人们就根本不能获得解放。"②劳动能力也就是劳动力，是指"人的身体即活的人体中存在的、每当人生产某种使用价值时就运用的体力和智力的总和"③。在马克思看来，正是体力和智力的分离导致了分工的出现，而劳动分工是生产力、社会状况和意识三者之间矛盾的产物，这必然会导致异化劳动的产生，即"只要私人利益和公共利益之间还有分裂，也就是说，只要分工还不是出于自愿，而是自发的，那末人本身的活动对人说来就成为一种异己的、与他对立的力量"④。要想消灭这种分工和异化，就需要那些受分工制约的个人能够驾驭自身的劳动能力，同时能将在他们共同的实践活动中所产生的异己的社会力量转变为他们自身的联合力量。

人的解放还在于社会关系的解放。获得全面丰富的社会关系是人的解放的本质内涵，正如马克思所说："任何解放都是使人的世界和人的关系回归于人自身。"⑤马克思在《费尔巴哈提纲》中将人的本质概括为"一切社会关系的总和"⑥。在《1844年经济学哲学手稿》中，他强调指出，"人的本质是人的真正的社会联系，所以人在积极实现自己本质的过程中创造、生产人的社会联系、社会本质，而社会本质不是一种同单个人相对立的抽象的一般力量，而是每一个单个人的本质，是他自己的活动，他自

---

① 《马克思恩格斯选集》第1卷，人民出版社，1995年版，第74页。
② 同①。
③ 《马克思恩格斯全集》第23卷，人民出版社，1972年版，第190页。
④ 《马克思恩格斯全集》第3卷，人民出版社，1960年版，第37页。
⑤ 《马克思恩格斯全集》第3卷，人民出版社，2002年版，第189页。
⑥ 《马克思恩格斯全集》第3卷，人民出版社，1960年版，第5页。

己的生活，他自己的享受，他自己的财富"①。因此，"真正的社会联系并不是由反思产生的，它是由于有了个人的需要和利己主义才出现的，也就是个人在积极实现其存在时的直接产物。有没有这种社会联系，是不以人为转移的；但是，只要人不承认自己是人，因而不按照人的样子来组织世界，这种社会联系就以异化的形式出现"②。在以私人占有和旧式分工体系为主导的现代社会形态下，社会关系作为一种外在的异己的力量与人相对立，人们不得不从属甚至屈服于这种人压迫人的社会关系。所以，马克思认为，个人的解放，"只有到了外部世界对个人才能的实际发展所起的推动作用为个人本身所驾驭的时候，才不再是理想、职责等等"③。也就是说，只有扬弃私有制和分工才能使社会关系得以正常发展，个人才有可能全面占有和控制社会关系，个人的解放也因此才有可能成为现实。

人的解放第三方面的内容是人的个性的解放。马克思曾在《共产党宣言》中阐述了人的个性的丧失，他认为在资产阶级社会里，活动着的人不具有独立性和个性，而资本却具有独立性和个性。可见，在现代社会的异化状态下，包括工人和资本家在内的所有的人都丧失了自由的独立的个性，因为工人的个性被资本家所压抑，而资本家的个性被资本所控制，同时资本又以货币的形式控制工人和资本家。正如马克思所说，"仅仅按照这个规定，货币就已是个性的普遍颠倒：它把个性变成它们的对立物，赋予个性以与它们的特性相矛盾的特性"④。因此，要想获得人的个性的解放就必须从资本对人的普遍统治中解放出来，从物对人的普遍统治中解放出来。马克思在《1857—1858年经济学手稿》中对此作出了经典的表述，即"人的依赖关系(起初完全是自然发生的)，是最初的社会形态，在这种形式

---

① 《马克思恩格斯全集》第42卷，人民出版社，1979年版，第24页。
② 《马克思恩格斯全集》第42卷，人民出版社，1979年版，第24—25页。
③ 《马克思恩格斯全集》第3卷，人民出版社，1960年版，第330页。
④ 《马克思恩格斯全集》第3卷，人民出版社，2002年版，第364页。

下，人的生产能力只是在狭小的范围内和孤立的地点上发展着。以物的依赖性为基础的人的独立性，是第二大形态，在这种形式下，才形成普遍的社会物质变换、全面的关系、多方面的需求以及全面的能力的体系。建立在个人全面发展和他们共同的、社会的生产能力成为从属于他们的社会财富这一基础上的自由个性，是第三个阶段"①。马克思对人的自由个性的形成过程的描述同时也就是他从历史进步角度对人的解放过程的准确把握，从而也说明了人的自由与解放始终是马克思历史进步理论的价值旨归和必然的逻辑结论。

三、人的解放作为历史进步的评价标准

马克思从来没有在通常的抽象意义上去理解历史进步的问题，在他那里，任何时代的历史进步总是同该时代的具体的历史条件和社会现实联系在一起的。正是从这些从事生产实践活动的人出发，通过分析他们之间的劳动和交往关系，马克思详细分析了社会和历史发展的内在矛盾及其演化趋势，明确指出了历史的进步是一个充满矛盾的对抗过程。正如他所说："我们的一切发现和进步，似乎结果是使物质力量具有理智生命，而人的生命则化为愚钝的物质力量。现代工业、科学与现代贫困、衰颓之间的这种对抗，我们时代的生产力与社会关系之间的这种对抗，是显而易见的、不可避免的和无庸争辩的事实。"②马克思在理论上和现实活动中的一切努力都是为了消除历史发展过程中的这种矛盾和对抗，重建人在自然界、社会关系以及自我意识中的关系，从而实现人的劳动能力、生产关系和个性的真正解放。可见，人的解放是马克思的历史进步理论的价值诉求，也是他衡量历史进步的重要标准。

---

① 《马克思恩格斯全集》第30卷，人民出版社，1995年版，第107—108页。
② 《马克思恩格斯全集》第12卷，人民出版社，1962年版，第4页。

马克思认为，历史的进步过程就是人的实践活动的展开过程，在人们的现实的社会生产活动中，必然会产生"一定的、必然的、不以他们的意志为转移的关系，即同他们的物质生产力的一定发展阶段相适合的生产关系"①。人们的生产关系和建立在这种经济关系之上的政治法律制度和意识形态具有客观性，所以人类社会的历史发展类似"自然历史过程"，呈现出一定的客观规律性。这表现在"社会的物质生产力发展到一定阶段，便同它们一直在其中运动的现存生产关系或财产关系（这只是生产关系的法律用语）发生矛盾。于是这些关系便由生产力的发展形式变成生产力的桎梏。那时社会革命的时代就到来了。随着经济基础的变更，全部庞大的上层建筑也或慢或快地发生变革"②。马克思同时指出，要从物质生活的矛盾中寻找判断这样一个变革时代的根据，也就是说，要从社会生产力和生产关系之间的现存冲突中去解释，因为"无论哪一个社会形态，在它所能容纳的全部生产力发挥出来以前，是决不会灭亡的；而新的更高的生产关系，在它的物质存在条件在旧社会的胎胞里成熟以前，是决不会出现的"③。由此可见，生产力的不断发展与物质财富的不断增长对历史进步的判定来说是必要的。

生产力的发展使人摆脱了自然力的盲目控制而成为自然的主人，然而在一定意义上来说，这在资本主义社会已经实现。马克思在肯定生产力的发展提供了历史进步所必需的物质基础的同时，更加关注的是处于资本主义生产方式之中的作为劳动者的社会地位。因此，尽管资本主义创造了飞速发展的生产力，但是，马克思依旧将批判的矛头指向资本主义。对此，美国学者莫里斯·迈斯纳评论说："马克思谴责资本主义制度并不是因为

---

① 《马克思恩格斯全集》第31卷，人民出版社，1998年版，第412页。
② 《马克思恩格斯全集》第31卷，人民出版社，1998年版，第412—413页。
③ 《马克思恩格斯全集》第31卷，人民出版社，1998年版，第413页。

资本主义没有'解放生产力',而是因为资本主义没有解放生产者,因为资本主义确实用新的更加不人道的制度奴役生产者。"①尽管马克思详细阐释了生产方式的矛盾运动对于历史进步的推动作用,但是马克思论述的最终目的是想从中导引出推翻资本主义的现实的物质力量,借助这种力量,历史的进步才能够得到实现。由此可见,马克思的历史进步理论是真正追求人的自由和解放的理论,人的解放程度是评判历史进步的最终标准。

---

① [美]莫里斯·迈斯纳:《重新思考马克思主义对资本主义的批判》,载《全球化时代的"马克思主义"》,中央编译出版社,1998年版,第202页。

第四章　马克思历史进步观争论的主要问题

马克思本人既没有以历史进步问题为主题的独立的著作，而且也没有明确地专门性地讨论过进步问题，这就导致：一方面，马克思的进步理论被撰写进步观念发展史的学者们所忽视，这些人的著作都不太关注马克思的历史进步思想；另一方面，这样的状况也引起了针对马克思的历史进步观念的长久的争论。因此，对这些论争的深入考察是十分必要的，只有这样才能进一步澄清和阐释马克思的历史进步思想。

第一节　马克思在进步观念史研究中的地位

由于16世纪后期以来欧洲思想界关于进步问题的思想、观点和论述汗牛充栋，这就使得如何评价马克思在进步观念史中所处的地位问题成为一个根深蒂固的复杂的问题。另外，马克思本人并没有专门的著作系统地去阐述进步问题，他所有的关于这一问题的论述都分散于他的各个时期的不同的著作之中，这无形中就为评价马克思的进步思想带来了更大的困难。

一、进步观念史学家对马克思进步理论的忽视

几乎所有关于进步观念史方面的著作都不太关注马克思关于进步问题的思想，因为在他们那里，所有关于进步问题的论述都将进步视为一个抽象概念。根据他们的观点，进步是自思想启蒙运动以来才产生的一个现代

观念，特别是自从19世纪后期以来，西方的进步观念通常都被等同于理性主义、科学技术的发展、民族主义和资本主义。对他们来说，进步是由连续的越来越接近现代性的智力所引起的一种关于历史发展的观念，也就是说，一切进步最终都是人类心灵的产物。进步在于人类具有趋向"完美"的可能性，而这种完美的可能性更多的是与心灵的进步相关，而不是与制定世俗问题的具体的社会或政治的解决方案相关。因此他们关于进步问题的解决方案依靠的是理性和科学知识的力量，而很少与人的具体的实践活动相关联。而马克思在其长达40多年的理论和政治活动中始终反对任何旨在用抽象的、包罗万象的一般概念去论述进步问题的理论体系，马克思认为这种进步观念所概述的只是"人类智力的进步"，这种试图预测未来以及解释过去的一般的进步理论既没有经验基础，也没有辩证基础。因此，马克思的进步理论通常被撰写进步观念发展史的学者们所忽视。

在论述进步观念发展史方面最著名的学者莫过于约翰·伯瑞了，他的《进步的观念》一书自1920年问世以来就成为此后研究相关主题的著作的基础和起点，大多数研究这一主题的学者在自己的著作中都引用了伯瑞的论述和推断。但是，即使在这样一部详尽论述进步的起源、发展、确立及其普及的著作中，涉及马克思的进步思想的论述也仅仅只有两处，而且都不是作为专题，而是在评述其他人的进步观念时顺便提及的。其一，伯瑞提出马克思的政治理论创造了一个限制人类进步的封闭体系。伯瑞指出，现代的进步观念与两种根本对立的政治理论相对应，因而分成两种截然不同的类型。一种类型包括"建设性的理想主义者和社会主义者"①，这些人认为社会机构应该对现代社会的"堕落和苦难"负有完全的责任，因此，要改变现代社会的这种状况首要的就是改变管理机构和相关法律。伯瑞把全部社会主义者都列入这一类型，其以圣西门和欧文等感伤主义者开始，

---

① [英]约翰·伯瑞：《进步的观念》，上海三联书店，2005年版，第234页。

在马克思那里达到顶点，并认为正是这些人把社会主义"从云端拉了下来，从而使它成为一种实际的政治力量"①。根据伯瑞的观点，社会主义者和建设性的理想主义者持有一种共同的观点，那就是将人类的发展视为一个有限的历史过程，这一发展过程是一个受限制的封闭的系统，其发展的期限是可知的，并且最终是可以实现的。伯瑞将马克思和孔德都归入这种类型，他认为对于二人来说，国家是首要的占主导地位的，而个人相对来说是无足轻重的。其二，伯瑞指出马克思把空想社会主义的崇高理想付诸实际的政治运动，即"感伤的社会主义者的进步观念，已经被马克思和恩格斯所创立的科学社会主义的寒风吹走"②。而伯瑞本人是不赞同马克思所倡导的政治运动的，因为根据他的观点，在这个将理想付诸实践的过程中，人类自身的进步实际上是受到了限制的。

同伯瑞一样，莫里斯·金斯伯格在他的著作《进步的观念：一种评价》一书中也几乎没有提及马克思关于进步的思想③。沃加·沃伦讨论了第二国际马克思主义者以及列宁的进步观念，但是他没有分析这些人的观点与马克思的进步观念的异同，也没有分析这些人的观点与马克思和恩格斯所采取的共同立场之间的异同④。范·多伦着重阐释了黑格尔的进步观念对马克思所产生的影响，但是他也没有更多地阐释马克思本人的进步观念⑤。自从17世纪以来，在对进步观念的更加专门化的研究中，桑普森的著作较多地涉及了马克思的进步思想。他将"革命的马克思主义"和"自由的进

---

① [英]约翰·伯瑞：《进步的观念》，上海三联书店，2005年版，第234页。
② [英]约翰·伯瑞：《进步的观念》，上海三联书店，2005年版，第322页。
③ Ginsberg, Morris.*The Idea of Progress: A Revaluation.* Westport, Conn.: Greenwood Press, 1989.
④ W. Warren Wagar. *Good Tidings: The Belief in Progress from Darwin to Marcuse.* Bloomington: Indiana University Press, 1972.
⑤ Van Doren, Charles. *The Idea of Progress.* New York: Praeger, 1967.

步主义"①，联系起来作为启蒙运动时期进步观念的产物。桑普森认为，约翰·穆勒和马克思持有相同的进步观点，并且他们的进步观念都建立在科学的方法基础之上，也就是说，所有的社会问题通过客观的调查和理性的分析都可以解决。通过对马克思复杂的进步观点进行概括，桑普森还得出结论，隐含在马克思主义政治思想中的"一个事实"是进步的必然性，这是"如此根深蒂固以至于它很少受到质疑"②。

二、马克思主义理论家对马克思进步理论的阐释

纵观分散在马克思40多年所写的涉及社会和历史的进步问题的著作及其通信，可以看出马克思确实从来没有试图以任何系统的方式来阐述进步问题。列宁对此问题首先提出了自己的看法，他认为尽管马克思没有撰写针对进步问题的专门著作，但是，马克思就这一问题所持有的观点同19世纪那些著名理论家的观点相比，实际上已经大大前进了一步。19世纪绝大多数的理论家或者本身就是实证主义者或者深受孔德的社会学的影响，他们所关注的主要是寻找科学的原则或规律，并以此为基础对他们的可以解释全部历史发展的普遍的进步理论进行阐释。马克思与这些人不同，"他抛弃了所有这些关于一般社会和一般进步的议论，而对一种社会（资本主义社会）和一种进步（资本主义进步）作了科学的分析"③。也就是说，马克思只是在一个单一的社会经济形态，即资本主义的社会经济形态中界定和理解进步的性质及其在向现代世界的转变中所发挥的历史性的和革命性的作用。正是从这个角度出发，列宁坚持认为，马克思在当时就已经敏锐

---

① Sampson, R.V. *Progress in the Age of Reason: The Seventeenth Century to the Present Day.* Cambridge, Mass: Harvard University Press, 1956, p.193.

② Sampson, R.V. *Progress in the Age of Reason: The Seventeenth Century to the Present Day.* Cambridge, Mass: Harvard University Press, 1956, p.222.

③《列宁选集》第1卷，人民出版社，1995年版，第13页。

地预见到了从资本主义社会向社会主义社会转变的一般路径。

马克思没有明确地专门性地论述进步问题，这更有利于其他的马克思主义者构想不同的观点，而不必担心与马克思的观点发生冲突。这其中最显著的就是恩格斯，他在马克思逝世后的12年间一直致力于在整个欧洲的社会主义运动中传播马克思的思想遗产。但是，在恩格斯的著作中，明显可以看出他与马克思在关于辩证法和唯物主义问题上所存在的观念上的差异。例如，恩格斯在《路德维希·费尔巴哈和德国古典哲学的终结》中，对马克思批判黑格尔的哲学和辩证法思想的简要复述实际上附加了更多的超出马克思本人的观点，他把宇宙的终极原因和基本过程的观点归结在马克思身上。在恩格斯那里，辩证法被归结为"关于外部世界和人类思维的运动的一般规律的科学"[1]，这是一个无止境的由低级上升到高级的不间断的发展过程。与此相对应，历史进程在恩格斯那里就被表述为"受内在的一般规律支配"[2]的发展过程，因此，"在这里也完全像在自然领域里一样，应该发现现实的联系，从而清除这种臆造的人为的联系；这一任务，归根到底，就是要发现那些作为支配规律在人类社会的历史上为自己开辟道路的一般运动规律"[3]。专门研究马克思和恩格斯思想的著名学者特雷尔·卡弗在谈论马克思和恩格斯的关系时指出，马克思在《资本论》第一卷中，非常清楚地将他的辩证法描绘为"现存事物状态"的解体过程，比如，资本主义社会。可见，马克思对辩证法的运用远比恩格斯要有限得多。卡弗进一步指出，"恩格斯关于历史进步的观念（下面仍将提到）与社会达尔文主义者信奉的进化论是类似的，然而这不是来自达尔文自身，

---

① 《马克思恩格斯全集》第21卷，人民出版社，1965年版，第337页。
② 《马克思恩格斯全集》第21卷，人民出版社，1965年版，第341页。
③ 《马克思恩格斯全集》第21卷，人民出版社，1965年版，第340—341页。

当然也不是来自马克思"①。马克思所关注的仅仅是现代资产阶级社会，而不是进化的超历史的构建，他对把进步问题与任何一般规律或者历史规律联系起来的历史进步观从来不感兴趣。"而在这样的历史哲学中，所有的阶段组成（在某种意义上说）进步的阶梯，由此导向一个永远美好的甚至完美的结局。"②可以看出，恩格斯倾向于简化马克思复杂的进步观念，因为他力图使马克思的思想更加通俗易懂，以便于更多的追随者能够理解、掌握。然而，当这些已经被简化了的马克思的思想被越来越多地运用到否定辩证法和拒绝革命斗争，转而朝向推行改革和妥协运动的时候，连续几代修正马克思主义进一步混淆了马克思本人的进步观念。

马克思的进步观念被第二国际的马克思主义者转变成渐进的历史观念，其特征是将能够观察到的生产力的扩张看作是历史自身发展的动力。正如阿列克斯·卡利尼科斯所说，马克思所描绘的作为冲突和斗争的结果而呈现出来的"螺旋式"的进步过程"被拉直成一条无限延伸到未来的直线"。与此同时，随着以卢卡奇、柯尔施、葛兰西以及法兰克福学派的"批判"理论家们为代表的西方马克思主义的兴起，针对马克思的社会和历史进步的思想的观点分歧更是日益严重。另外，一些马克思主义史学家认为，马克思根本就不关注与他同时代的那些人所提出的关于进步问题的看法，也可以说，马克思根本就不关注进步问题。因此，他们认为马克思在这一问题上不会提出什么重要的观点。

三、对马克思进步理论进行更广泛研究的可能性

尽管马克思或曰"真正"的马克思似乎已经被进步史学家从他们的集

---

① [美]特雷尔·卡弗：《马克思与恩格斯：学术思想关系》，中国人民大学出版社，2008年版，第125页。
② [美]特雷尔·卡弗：《马克思与恩格斯：学术思想关系》，中国人民大学出版社，2008年版，第128页。

体叙事中驱逐出去，但是，一些对马克思感兴趣的历史学家、社会学家和马克思主义理论学家已经对马克思的进步观点进行了清理和分析。尽管这些人所提出的观点也多是简短的或零碎的，但是他们的研究表明了对马克思的进步观念进行更加广泛的研究的可能性。

1973年，乔治·利希海姆在对马克思主义的研究中阐释了马克思将社会进步视为具体历史发展的产物的观点，他指出：对于马克思来说，历史发展过程中的内在矛盾是历史进步的动力。①马歇尔·伯曼在他对现代性的研究中，将马克思矛盾和对抗的进步观点看作是现代世界本身的一种反映。伯曼将现代性定义为一种将全人类统一到一起的境遇，并指出"这是一个含有悖论的统一，一个不统一的统一"②。同时，他还将现代经验描述为所有人都能在其中找到自己的"一个不断崩溃与更新、斗争与冲突、模棱两可与痛苦的大漩涡"③。现代性在伯曼那里"也就是成为一个世界的一部分，在这个世界中，用马克思的话来说，'一切坚固的东西都烟消云散了'"④。通过这样的界定，马克思在伯曼那里就成了现代经验的核心人物。在伯曼看来，马克思一直试图去理解这个他致力于去改变的世界，因此他对在这一过程中马克思所表达出来的进步观念以及马克思对不断变化着的世界的看法等问题，都提出了深刻而富有启发性的见解。

1983年，社会学家博托莫尔针对马克思的进步观念提出了自己的看法，他认为"进步的概念在马克思的著作中虽然没有充分地表述，但显然却是马克思历史理论的基础"⑤。博托莫尔引用了《政治经济学批判大纲》

---

① Lichtheim. George, *Marxism: A Historical and Critical Study.* London: Praeger, 1973.
② [美]马歇尔·伯曼：《一切坚固的东西都烟消云散了：现代性体验》，商务印书馆，2003年版，第15页。
③ 同②。
④ 同②。
⑤ [英]汤姆·博托莫尔：《马克思主义思想辞典》，河南人民出版社，1994年版，第484页。

以及马克思写于1859年的《〈政治经济学批判〉序言》中的论述，以此阐明马克思的进步观念包含两个方面的基本内容。第一，马克思的进步观念涉及文化的进步，马克思将其作为最广泛意义上的人的解放的主要标志，也即"人的内在本质的这种充分发挥"①。对于马克思来说，文化的进步最终取决于"人对自然力——既是通常所谓的'自然'力，又是人本身的自然力——统治的充分发展"②，也就是说取决于生产能力的发展，而在现代则主要取决于科学的进步。第二，马克思所论述的历史和社会的进步是断续的、不协调的，在一定程度上是突发的由一种社会形式跳到另一种社会形式的进程，这种进步主要是通过阶级斗争实现的。从第二个方面可以看出来，马克思的进步观念同孔德和斯宾塞等将进步看作是渐进的、持续的和完整的过程的进化论理论家的观点有着明确的区别。③在这里，博托莫尔指出了马克思的历史进步观的两个重要特征：其一，马克思的社会和历史进步的观点必然同历史本身有着密切的联系，也就是说，在马克思那里，社会的进步由与其相关的特定的历史时期所规定。其二，马克思的文化进步的观点由人类漫长的与自然力量进行斗争的历史所规定。正是由于人类同自然力进行斗争的历史展示出显著的持续进化的过程，因此一些学者将马克思归入与孔德和斯宾塞的进化论的进步观的类别中。然而，博托莫尔似乎忽略了一个事实，那就是人类同自然的斗争不仅显示了文化的进步，同时这也是人类历史发展过程中的生产本身的经济和技术进步的问题。

　　1964年，埃里克·霍布斯鲍姆在其介绍马克思的《政治经济学批判大纲》中的"前资本主义的各种经济形态"时，对马克思的进步观念进行了更加深刻而又全面的分析。霍布斯鲍姆指出，马克思论述这一部分内容的

---

① 《马克思恩格斯全集》第46卷（上），人民出版社，1979年版，第486页。
② 同①。
③ 《马克思恩格斯全集》第46卷（上），人民出版社，1979年版，第484—485页。

目的就是"以其最一般的形式去阐述历史的主旨",而"这一主旨就是进步"①。根据霍布斯鲍姆的观点,马克思在这里对推动整个社会变革的一般机制进行了高度抽象的分析,这包括:社会关系如何同生产力发展的特定阶段相适应,以及正如马克思表述的那样,"社会革命的时代"如何带来了生产关系到生产力的调整。但是,霍布斯鲍姆强调,马克思并不是严格地按照时间顺序来解释这一社会变革的一般机制。《〈政治经济学批判〉序言》仅仅包括一个简洁的未经证实的(排列),即"大体说来,亚细亚的、古代的、封建的和现代资产阶级的生产方式可以看做是经济的社会形态演进的几个时代"②。同时,马克思也指出了,社会生产过程的最后一个生产关系模式就是最后一个"对抗"形式。霍布斯鲍姆在《介绍》中更多的是对《序言》中的历史分期问题的分析,他认为《序言》是对之前马克思和恩格斯在《德意志意识形态》和《共产党宣言》中所作出的努力的超越,因为马克思在《序言》中增加了"亚细亚"或"东方社会"的生产模式,这一模式是马克思在19世纪50年代的研究过程中发现的。

尽管如此,霍布斯鲍姆坚持认为,对于马克思来说,重要的不是按照时间顺序来排列特定的生产模式,而是力图在其最一般的形式上制定具体的历史内容,这才是马克思所规定的进步概念。对于霍布斯鲍姆来说,"无论是对于那些否定历史进步的人来说,还是对于那些依据马克思不成熟时期的著作从而把马克思的思想仅仅看作是一种关乎人类解放的道德需求的人来说,他们都不能在《序言》中找到任何证据来支持自己的观点。对于马克思来说,进步能够被客观地解释,同时进步也能为人们指明应该做些什么。马克思主义对实现全人类的自由发展的信念,并不依赖于马克

① Eric J. Hobsbawm. Pre-Capitalist Economic Formations. London: lawrence and wishart,1965.
② 《马克思恩格斯全集》第31卷,人民出版社,1998年版,第413页。

思对此的希望，而是基于马克思对于历史发展最终会导致人的自由发展这一分析的正确性"①。在1964年尚且缺乏对这个问题的讨论，因此，霍布斯鲍姆对马克思关于前资本主义的各种经济形态的发展问题的分析为当代马克思主义史学作出了极其宝贵的贡献，同时也因此给马克思进步思想的讨论带来了较大的困难，最终引起了对马克思的进步观念的论争。

根据霍布斯鲍姆的论述，一方面，生产力在整个人类历史进程中不断发展的观点，是人类为了实现对自然的控制而与其进行不懈的斗争过程中所引起的；另一方面，即使承认马克思并不是在任何严格的时间顺序的意义上来考虑分期问题，人们仍然可以从亚细亚到资本主义的发展过程中明显觉察到人类历史的进步。于是，由霍布斯鲍姆的观点所引起的论争就集中在马克思的进步观念能否被规定为一个进化的单线的过程，以及马克思的进步观念是超历史的价值观念的产物还是作为在各种历史力量之间的冲突和对抗的产物。

1978年，G.A.科恩的著作《卡尔·马克思的历史理论：一种辩护》出版，这部著作使针对马克思的进步观所争论的问题变得更加复杂。科恩认为，在马克思的理论中，推动历史和社会发展的首要动力不是阶级斗争，而是一种技术决定论，或者是来自于生产力的首要解释性。科恩引用马克思的话来阐明他的观点："历史的进步主要不是在自我意识中，因为这种进步只是随着人对其环境不断增长的控制而变化的。获得这种控制的企图，刺激并遮掩了他对他自身的洞见。他的自我想象依赖于这种企图，而不是这种企图依赖于他的自我想象。精神中的斗争被人与自然环境之间的斗争——一种在人们之间和人们内部的对抗中再生产自身的劳动的战争所取代。"②

---

① Eric J. Hobsbawm. Pre-Capitalist Economic Formations. London: lawrence and wishart,1965,pp12-13.
② [英]G.A.科恩：《卡尔·马克思的历史理论：一种辩护》，高等教育出版社，2008年版，第37页。

通过关注生产力这一客观因素以及反对阶级斗争、意识和无产阶级行动等主观因素，科恩力图保持马克思主义世界观的完整性和生命力。这种对历史唯物主义的技术决定论的解释在20世纪80年代激起了更多的关于马克思文本中进步的含义问题的讨论。一般来说，争论主要集中在两个方面：（1）马克思的进步观念是否具有一个可评价的维度，或者说，马克思的进步观念既有道德维度又有事实维度；（2）马克思是否有意识或者无意识地坚持一种单线的、技术决定论的，因此也是目的论的进步观念。

第二节　马克思历史进步观和道德解释原则

关于马克思的历史进步观和道德解释原则问题的争论出现在20世纪80年代，其争论的核心是马克思的进步观念是否具有一个道德维度，也就是争论马克思的进步观念是否具有一个与自我价值的实现和正义问题相联系的超历史的价值标准。同对单线性和普遍性的历史进步观念的争论一样，20世纪80年代中期的政治氛围促进了这些问题的讨论，当时由于越来越多的右翼分子和从马克思主义阵营中撤离的后现代主义者的共同作用下，产生了批判马克思主义理论的新自由主义，他们将自由主义关于道德和超历史的或普遍的道德价值观引入到同马克思主义的论战中，否定马克思主义理论作为全部社会变革的基础。

总体来看，围绕这一问题的讨论可以分为两种观点。一种观点认为，马克思宣称提出了一个对社会的科学解释，其主旨是理解社会、分析统治社会的规律，而不是对社会做道德评判或提出一个社会应向何处去的理想概念。根据这种观点，马克思将道德观念和道德理想看作是一种社会和历史现象，它是一种意识形态在特定社会条件中的产物和反映，因此，无论是解释资本主义或是在其社会主义理想中，马克思主义都拒绝诉诸任何道德原则。

英国学者肖恩·塞耶斯试图为马克思的与道德相对的作为事实的历史观念而辩护。塞耶斯在《马克思主义与人性》中表达了这样的观点，即"马克思发展进步概念中的任何一种都是'中性的'，等同于'下一个将是什么'；在这样一种情形中，它是一种并不具有任何可评估意义的'空虚的道德观念'"①。根据塞耶斯的观点，马克思的历史理论指出了从一个时代到下一个时代的不断变化的需求，这些变化反映了历史发展本身的过程，这也意味着人性的不断变化。塞耶斯反对那种认为马克思的历史理论中包含着普遍的和超历史的正义标准的观点。他认为，马克思并没有将历史看作是一种连续的不间断的发展过程，历史的发展可能出现停滞和倒退。马克思的历史理论的目的就是要描绘和解释这种发展模式，至于后来的发展阶段是否是"更高级的"，是否构成了"进步的"发展趋势，这依赖于这种发展模式的内容以及紧随其后的发展阶段的状况。在马克思那里，历史进步的根本标准是生产力的发展，他把资本主义所创造的生产力的巨大发展视为进步的方面和文明的方面。并且，马克思认为社会主义只能存在于这种经济基础之上，因为社会主义并不是一种原始的状态，而是一种超越资本主义的更发达的历史发展阶段。但是，马克思并不是仅仅将经济的发展作为衡量历史进步的标准，而是强调了人性的发展和人类本质力量的发展，将人类潜能的现实化，即自我发展和自我实现看作是衡量历史进步的最高标准。马克思通常是在异化以及克服异化的视域下讨论这一问题的，资本主义的生产关系之所以受到批评就是因为这种生产关系包含异化。但是，异化在马克思那里不是一种纯粹的否定性和批判性的概念，而是人性自我发展过程中的一个阶段，相对于它的前一个阶段来说是必然的、进步的。马克思批判资本主义制度阻碍了人类本质力量的发挥，他的根本方法是历史的和相对的，而不是超越历史的和绝对的。塞耶斯同意马

①　[英]肖恩·塞耶斯：《马克思主义与人性》，东方出版社，2008年版，第170页。

克思的观点，即传统社会在历史的发展过程中也具有积极的和建构性的意义，例如尽管古希腊和罗马的奴隶制度带来了苦难，但是它同时也使第一次大规模的农业和工业之间的劳动分工成为可能。但是，在马克思的理论中却不是用"超历史的""普遍的"道德原则去衡量人类历史的进步过程的，并不存在唯一的普遍的社会发展模式，一切公正原则、道德原则都是一种社会历史现象。

杰弗里·沃格尔在发表于1996年的《历史的悲剧》中讨论了马克思著作中的进步观念。对于沃格尔来说，马克思的历史理论体现了自启蒙运动以来西方文化中的两种基本价值观之间的悖论，即人权的必要性和对社会进步的信仰。据沃格尔的观点，马克思的著作强调人类的进步是一个痛苦的充满冲突的历史进程，历史发展过程中的这种悲惨的结果是不可避免的。在马克思看来，历史的悲剧是发生在人类创建和重建他们的存在方式时所发生的苦难和屠杀，尽管马克思对"屠杀无辜者"的行为表示出强烈的反感，但是他同时也明确地指出了这种奴隶生产模式是古希腊和罗马的生产力发展所不可分割的一部分。[1]对沃格尔来说，这是从马克思的辩证历史观念来看的进步的真正本质，对这一问题的回答将马克思的历史进步观念同仅仅看到了古代奴隶制在道德上的邪恶的自由主义历史学家的观点区分开来。沃格尔认为，马克思在欧洲早期资本主义发展时期的著作中也看到了同样的原则。马克思在《资本论》第一卷最后一节《所谓原始积累》中写到，英国资本主义"每个毛孔都滴着血和肮脏的东西"，它导致农民被残酷地驱逐出他们传统的赖以为生的土地。马克思分析了英国的殖民统治对印度所造成的致命的影响，其引发了摧毁传统的印度社会及其机构和相应的世界观的社会革命。沃格尔认为，尽管存在种种悲剧性的后果，但

---

① Jeffrey Vogel. *The Tragedy of History. New Left Review*, I/220 (November—December) 1996, pp.36—61.

是马克思仍将这样的或者类似的发展视为资本主义世界市场体系的逐步演进阶段。

　　艾伦·伍德在《马克思的非道德主义》《马克思主义的正义批判》《卡尔·马克思》等多部作品中都强调，马克思本人明确反对那种认为他的理论需要诉诸道德和正义原则的观点。伍德认为，尽管马克思批判资本家的剥削使雇佣工人异化、非人化，但是她认为这和资本主义是否正当、是否公正丝毫没有关系。对马克思来说，"一项经济交易或经济制度公正与否取决于它与占统治地位的生产方式的关系。一项经济交易如果与生产方式相协调，那它就是公正的；如果相矛盾，那它就是不公正的"①。伍德指出，在马克思那里，正义和道德被看作是意识形态概念，马克思对其做了社会和历史的解释，因此这些概念不具有普遍有效性，不能构成超历史的绝对标准。

　　另一种观点认为，马克思显然没有将自己局限于描述和解释资本主义社会以及预测资本主义社会的未来进程，他的著述中充满着或明或暗的道德评判原则。马克思谴责资本主义，倡导社会主义，形成了一种在资本主义向共产主义转换过程中将逐渐实现的"超历史的"和"普遍的"道德解释原则。

　　美国学者乔恩·埃尔斯特在《理解马克思》一书中指出了马克思的思想中包含着道德判断。埃尔斯特认为，马克思在《资本论》中关于剥削的理论和《哥达纲领批判》中关于共产主义的理论都体现了正义的原则和道德判断。根据埃尔斯特的观点，马克思对正义的批判有着特定的理论背景，那就是马克思出于自己的超历史的理想主义情怀而对共产主义的坚持与追求。马克思在《德意志意识形态》中曾指出，"共产主义对我们说来

---

① Allen W. Wood. *The Marxian Critique of Justice. Philosophy and Public Affairs*, Vol.1,No.3,Spring 1972, p.248.

不是应当确立的状况，不是现实应当与之相适应的理想。我们所称为共产主义的是那种消灭现存状况的现实的运动"①。这是一种对康德哲学的纯粹的"应有"表示怀疑的黑格尔式的表达方式，即"理想对实现共产主义来说是多余的，因为这一过程是受一种不以人的意志为转移的客观必然性支配的"②。但是马克思同时也表达了不同的态度，在马克思的理论中，"所有的社会主义宗派的创始人都属于那样一个时期，那时工人阶级自己一方面还没有在资本主义社会本身的发展进程中得到足够的锻炼并被充分地组织起来，以便作为历史动力登上世界舞台；另一方面，他们取得解放的物质条件在旧世界本身内部也还没有充分成熟起来。工人阶级的贫困状态是存在着的，但是他们开展自己的运动的条件尚未具备。各乌托邦宗派的创始人虽然在批判现存社会时明确地描述了社会运动的目的——废除雇佣劳动制度及其一切实行阶级统治的经济条件，但是他们既不能在社会本身中找到改造它的物质条件，也不能在工人阶级身上找到运动的有组织的力量和对运动的认识。他们企图用新社会的幻想图景和方案来弥补运动所缺乏的历史条件，并且认为宣传这些空想的图景和方案是真正的救世之道。从工人阶级运动成为现实运动的时刻起，各种幻想的乌托邦消逝了，——这不是因为工人阶级放弃了这些乌托邦主义者所追求的目的，而是因为他们找到了实现这一目的的现实手段，——但是起来代替乌托邦的，是对运动的历史条件的真正洞见以及工人阶级的战斗组织的日益积聚力量。但是，乌托邦主义者宣布的运动的两个最后目的，也是巴黎革命和国际所宣布的最后目的。只是手段不同了，运动的现实条件也不再掩没在乌托邦寓言的云雾之中了"③。埃尔斯特认为，马克思在表述过程中使用的是"认识"一

---

① 《马克思恩格斯全集》第3卷，人民出版社，1960年版，第40页。
② [美]乔恩·埃尔斯特：《理解马克思》，中国人民大学出版社，2008年版，第207页。
③ 《马克思恩格斯全集》第17卷，人民出版社，1963年版，第603—604页。

词，而没有使用"相信"这样的主观性语词，这就充分表明了马克思的态度，即不公平是资本主义的一个事实，并且对这一事实的认识是废除资本主义这一动机的十分合理的组成部分。埃尔斯特指出，马克思曾将共产主义视为"将实现在前阶段或前资本主义社会中发现的共同体和资本主义所发展的极端个人主义的一种综合"①。而实质上，马克思所做的是在价值判断中找寻一种可行的承诺。

　　美国学者德布拉·萨茨在《马克思主义、唯物主义和历史进步》一文中认为，在马克思的历史理论中蕴含着一种道德解释机制。他指出，"马克思相信存在着一种社会趋于道德和物质进步的趋势。马克思历史唯物论的要点，在于提供了一种与导致这种趋势有关的机制理论"②。因此他强调，必须把道德因素引入解释社会发展的实际过程中来。萨茨强调，正确地认识马克思文本中的这一解释机制，才能使人们更加坚信马克思主义关于共产主义优越于资本主义的判断是有理论基础的，没有这样一种解释，马克思对人类社会历史进程的许多解释都会失效。理查德·诺曼在《什么是马克思主义中活的东西和死的东西》一文中认为，道德原则构成了马克思主义社会理论赖以建立的基础，因此"只有把道德观当作一项重要的具体的内容来看待时，马克思主义的社会理论才具有可理解性"③。安德鲁·莱文和杰弗里·雷曼大体上也持有这种观点。此外，凯·尼尔森在《理解马克思主义的反道德主义》中认为，在马克思的思想中存在一种道德观念，他对资本主义的批判正是基于这种道德评价。④G.A.科恩和诺

---

① [美]乔恩·埃尔斯特：《理解马克思》，中国人民大学出版社，2008年版，第219—220页。
② [美]德布拉·萨茨：《马克思主义、唯物主义和历史进步》，载[加]罗伯特·韦尔，凯尔森：《分析马克思主义新论》，中国人民大学出版社，2002年版，第309页。
③ [美]理查德·诺曼：《什么是马克思主义中活的东西和死的东西》，载[加]罗伯特·韦尔，凯尔森：《分析马克思主义新论》，中国人民大学出版社，2002年版，第258页。
④ Kay Nielsen. *Understanding of Marxist Anti-moralism. Philosophy forum,* 1987(1), pp.1—22.

曼·格拉斯也认为，马克思主义包含了"独立和先验的正义标准"，马克思主义就是建立在这样的原则之上的。

可见，上述学者们试图在二分框架下解释这些因素。马克思的社会理论和道德价值被描绘成他思想中截然不同而其逻辑上互相独立的两个方面。一方面，社会理论被描绘成价值无涉的社会学。这种价值无涉的社会学如果应用于道德中去，就会导致纯粹的相对主义。马克思的社会理论被还原成"反道德主义"或道德怀疑论的形式，其结果是拒绝任何价值，把任何价值都看作是"意识形态的幻想"。另一方面，马克思的社会主义被解释成一种伦理观。这种伦理观不管马克思本人说过什么相反的话，也不管它与其他社会理论有多么根本的不同，都在一套诸如公正和自我实现的绝对道德原则基础上对资本主义进行谴责。

第三节　马克思历史进步观对线性进步观的超越

对马克思主义的最严肃和最经常的批判之一是马克思主义赞成直线式的进步观念。根据这样一种历史理论，人类社会注定要经过一条单一的、不可变更的历史发展阶段，即从原始社会经由奴隶社会、封建社会过渡到资本主义社会，而资本主义社会由于自身存在的、无法克服的矛盾必然要被社会主义社会所取代。与此同时，在对历史发展的这一线性描述中，一个潜在的终极目的便被偷运进来，即共产主义社会作为"自由人的联合体"，是人类历史的真正开端。绝大多数马克思主义批评家坚持认为，马克思主义是以历史单线进步观为理论基础的，如果没有单线发展的历史进步观，马克思主义根本就不可能存在。他们认为，鉴于单线进步观在解释"世界历史"进程所展示出的各种模式时的"无力"，足以证明马克思关于历史进步观念的错误，据此可以推论出：社会主义必然性的原理同样是错误的。

令人惊讶的是，不仅马克思主义批判者认为马克思主义理论对单线进步观的严重依赖，许多马克思主义者也确信：如果放弃"共产主义是历史发展普遍模式顶点"这一历史进步观念，社会主义事业必然会遭到削弱。确实，各种马克思主义者以及马克思主义政党曾经认为，历史唯物主义是与启蒙运动历史进步观念相联系的历史观，进步和发展是它的基本范畴，它的首要功能就是指导无产阶级朝向共产主义的方向而斗争。根据这种观点，马克思主义需要一种根植于生产方式矛盾运动的普遍模式的历史线性进步观作为其理论的基础和解释框架。因为在这种历史观中有这样一种信念，即资本主义的必然出现会为有着同样必然性的社会主义准备基础。

这样一来，马克思的进步观念在很大程度上就被"生产力系统的永恒增长"这一信念简单地置换了。那么，马克思主义是否真的需要一种单线进步观作为其理论基础和解释框架，否定历史单线进步观是否真的就意味着社会主义事业必然就走向失败？要回答这个问题，首先需要对线性进步观和马克思的进步观分别进行考察。

一、线性进步观的含义及其发展阶段

线性历史进步观是一种解释历史的方法，它在人类历史的过去、现在和未来之间建构起一种直线式的连续性，这一连续性将无限延伸至未来的某个先定的目标，这意味着终极性的完成、历史意义彻底地自我实现。按照这种观念，历史被看作是从既定的起点到预定的终点的永恒的、直线性运动过程。

线性进步观源自欧洲中世纪。在此之前，历史循环论和历史退步论影响深远，长期处于主导地位。基督教思想中线性时间观念的引入，第一次打破了历史发展中的循环论。奥古斯丁在《上帝之城》中指出，上帝创造了两个世界，一个是人们生活于其中的"世俗之城"；另一个是永恒的"上帝之城"，它开始于"世俗之城"的毁灭，这时，人们便开始接受

"末日审判"。"世俗之城"的变化没有意义，每一事件的发生都是上帝意志的体现，每一变化都是为了趋向永恒的"上帝之城"。历史从不会停滞或循环，因为历史的变化伴随着时间的移动，而时间的移动只能是朝着一个方向上的不间断的前进过程。于是，奥古斯丁把历史的进步与最终的目的联系起来。这样，基督教将历史视为人类永恒的寻求救赎的历史的同时，也为历史指明了前进的方向，从而奠定了线性进步观的基石。

文艺复兴时期，法英等国文艺界"古今优劣论争"推进了线性进步观的发展。方特奈尔的"知识进步观"以一种隐含的方式断言了进步的确定性，他宣称，古代人如果和现代人调换位置，他们也能实现现代人的发现和进步；而这就等于说科学进步和知识增长具有依赖于特定的个体的特性。方特奈尔的"知识的无限进步"这一判定所基于的原则排除了退步观。正如波拉德所言，这一时期"关于历史持续进步的观念……开始具有科学的一致性，并受到公众的普遍注意"①。

启蒙运动时期，人类社会无限进步、线性发展的观念进一步得到发展。首先是伏尔泰试图用理性来解释人类历史的进步过程，他将人类历史看作是一部理性与迷信的斗争史。他认为，进步是人类智慧的提高以及由此而来的征服自然能力的增强和物质生活的改善，并且乐观地断言，理性之光正在照亮宗教笼罩的黑暗世界，人类社会的发展曾将是、也将继续是不间断的进步过程。之后，经过杜尔哥和孔多塞对进步观的进一步阐释，历史进步的观念成为那个时代的最强音。英国史学家艾瑞克·霍布斯鲍姆对此作了精彩而恰当的表述："启蒙运动的捍卫者坚信，人类历史是上升的，而不是下降的，也不是水平式波浪起伏的。他们能够观察到人类的科学知识和对自然的技术控制日益增进。他们相信人类社会和个人发展都同

---

① Sidney Pollard. *The Idea of Progress:History and Society*. New York: Basic Books, 1968: 26.

样能够运用理性而臻于至善，而且这样的发展注定会由历史完成。"①

19世纪进化论的创立并被广泛接受，使线性进步观彻底取代了循环观的支配地位。尽管进步观念在欧洲已经是一个为人们所熟知的观念，然而直到1859年达尔文《物种起源》的出版，永恒的、直线的进步观念才真正作为一个确定无疑的观念被人们所接受。正如伯瑞所记述的那样，"以太阳为中心的天文学颠覆了人类在宇宙空间中的特权地位，以人类自身的成就恢复了其原先的地位，这有助于那一观念与存在一个忙碌的上帝的观念相抗争。当时，人类在自己星球的范围内遭受到再一次的地位下降。人类作为一种专为主宰地球而被创造出来的理性存在所享有的光环和荣耀被进化剥夺，因为进化追溯了人类的卑微血统。这再一次的地位下降是确立进步观的支配地位的决定性因素"②。

二、线性进步观的根本特征

1.潜在的终极目的

从逻辑上讲，线性历史进步观念必然会有一个终极性的目标潜存于历史发展的过程之中，根据这个最终目标来判别进步的可能性。线性历史进步观所设定的最终目标并不是内在于历史发展过程之中，而是悬设于历史之上，历史便是这种先定目的的实现过程。历史按照这个预定的目的促使人类不间断地朝向这一方向前行，这一过程将无限延伸至未来的某个确定的点，这意味着终极性的完成，意味着历史意义的彻底的自我实现。这个先定的、超历史的目标是作为识别进步的终极尺度而存在的。每一个进

---

① [英]艾瑞克·霍布斯鲍姆：《革命的年代》，国际文化出版公司，2006年版，第293页。
② [英]约翰·伯瑞：《进步的观念》，上海三联书店，2005年版，第235页。

步的确证、每一个存在的描述都必须凭借这一最终的衡量标准。由此，线性进步观念把全部人类历史描述为不断趋近这一最终目标的过程，并把这一过程描绘为客观的、必然的、不以人的意志为转移的确定性，将"规律性"置于历史发展的过程之中。过去、现在和将来都已经按照计划被规划好，不会出现任何的偶然和断裂。

2.超验的历史主体

线性历史进步观必然诉诸一个超历史的主体概念。表面看来，线性历史进步观通过最终目标的设定，赋予了人类及其活动以现实的意义。实质上，这一终极目的并不是和某个具体的时代相联系的，而是超越于一切时代的，因此，这种意义的赋予是以对主体价值的取消为代价的。在人类的历史进步过程中，主体只是作为工具、手段而存在，而不是目的本身。历史有它自身的行程和计划，任何个人和具体事件都要服从于历史本身的发展过程，并充当历史发展自身、实现自身目的的工具。在历史目的的统摄下，社会发展不断由低级到高级，由野蛮到文明，最终达到至善尽美的终极状态。这实质上是把基督教的救赎的末世转换为历史的目的的结果，即"人的生存又仅仅是作为完成上帝目的的一种手段，因为上帝创造了人，只不过是为了假手人生来实现他自己的目的而已"①。

3.同质的发展过程

线性历史进步观念从同质历史时间概念得到辩护，从而把历史的进步看作是朝向先定目标的同质的发展过程。线性进步观念为人类历史的发展预设了终极的目标，将历史视为为实现这一特定目标的过程，目标本身既是历史发展的推动力，也是历史存在的根据，更是衡量历史进步与否的终

---

① [英]柯林伍德：《历史的观念》，商务印书馆，2009年版，第53页。

极尺度。在这一朝向理想目标的永恒的前进过程中，历史进程的各个阶段相对于预定的终极目的来说，是无差别的、同质的存在。因为，如果不是如此，将无法断言历史发展的这一阶段必定比另一历史发展阶段进步，更能体现出历史自身的意义。柯林伍德对此解释说，"对于基督教来说，上帝面前人人平等，所有的人和所有的民族都包罗在上帝目的的规划之中，因此，历史过程在任何地方和一切时间都属于同样的性质"①。

三、马克思进步观之线性误读

西方许多马克思主义学者都赞同这样一种说法，即进化论是19世纪杰出的"科学意识形态"，是科研计划和社会理论之间交流的平台。由此，他们认为19世纪的人不可能不是进化论者，除非再次提出一个替代性的科学理论。正是在这样的思想观念之下，他们用进化论的思维模式去解读马克思的理论，将马克思的历史进步观归结为社会进化论式的线性进步观。

法国马克思主义理论研究者艾蒂安·巴利巴尔就持这种观点。他认为，马克思的进化图表的特殊对象是被认作由自身"生产方式"所决定的"社会结构"的历史。在马克思的理论中，存在一条连续的生产关系的进步线，即亚细亚的、奴隶制的、封建的或领主制的、资本主义的、共产主义的生产关系，这条演进线按照一种内在标准，即社会化程度将全部社会归类，并为各种具体社会结构的继承提供了一条可理解的原则。巴利巴尔强调，马克思的这一观点来自于黑格尔及其历史上其他哲学家排列世界历史各个时代的方式，除"唯物主义颠覆"之外，别无其他改变。进而，他得出结论：马克思所描述的这条进步线是单向的，具有强烈的目的论性质。

与巴利巴尔持有同样观点的还有分析马克思主义的代表乔恩·埃尔斯

---

① [英]柯林伍德：《历史的观念》，商务印书馆，2009年版，第56页。

特。埃尔斯特把马克思的进步观归结为"目的论的和机械论的",并认为这种进步观不仅对资本主义机器生产和工厂制度的非人道现象无动于衷,而且还为资本主义制度辩护。埃尔斯特论证说,在马克思的理论中设置了一个虚假主体,即人,通过人设定了历史发展过程终将实现的目的。埃尔斯特认为,"从方法论的个人主义看来,这样的人不可能……"①尽管历史有可能产生出一个人们能够掌握自己发展命运的共产主义社会,但也不排除这是一种先验的或纯粹观念性理想的可能。即使真的如此,"人们也不可能假定人的发展可以达到那样一种水平,好像它已经是事实了一样"②。

尽管肖恩·塞耶斯认为,在马克思的历史理论中,社会主义并不是被描绘成一种理想,而是被描绘成现实存在的历史力量可以预见到的结果,但他仍然坚信马克思的历史理论严重依赖于线性进步观念。塞耶斯强调,在马克思的理论中,历史的发展是不断进步的各种发展阶段之间的连续性过程。马克思对资本主义的评判,是"从更高社会经济形态的观点出发的"。根据马克思的观点,历史发展被划分成若干不同的阶段或生产方式。每一个阶段,作为更高级和更发达的历史形式在前一阶段的基础上诞生。因此每一阶段在历史发展过程中都是必不可少的。每一阶段最初都是历史的进步,相对于它所处的时代和它所取代的社会条件来说都具有历史的合理性。然而,正是由于同样的原因,没有任何一个阶段是稳定的、终极的。每一阶段都只是暂时的社会形式,最后都注定要灭亡,要被更高级、更发达的阶段所取代。封建社会被资本主义所取代,而后者最终也要让位给社会主义。由此,他认为马克思所描述的进步过程是一条同质性的发展道路。

---

① [英]乔恩·埃尔斯特:《理解马克思》,中国人民大学出版社,2008年版,第116页。
② 同①。

四、马克思进步观对线性进步观的超越

马克思的进步观是否真的如西方某些学者所认为的那样是一种线性的历史进步观？通过考察马克思的相关文本可以看出，马克思的进步观并不具有线性进步观的特征，马克思的进步观是对线性进步观的超越。

1.资本主义的批判与历史进步的非目的性

马克思关于历史进步的观点并非是建立在认为"共产主义是历史发展普遍模式顶点"这一目的论的预设基础之上的。相反，马克思对于新的社会形态的揭示是建立在"对现存的一切进行无情的批判"的基础之上的。早在1843年9月，马克思在克罗伊茨纳赫致阿尔诺德·卢格的信中就已经初步表达了这一思想原则，即"我们不想教条地预期未来，而只是想通过批判旧世界发现新世界"①。正是通过对资本主义社会的批判，马克思指明了未来社会发展的方向。

马克思对于资本主义社会的批判是一个不断具体化、现实化的过程。在这一过程中，马克思逐步从宗教哲学批判走向政治批判，又从政治批判走向经济批判。马克思认识到资本主义私有制及其内在矛盾是资本主义社会异化现象产生的首要的、最为深刻的经济根源和社会根源。因此，马克思并不是像他同时代的经济学家那样仅仅研究在资本主义前提下生产如何进行，而是对资本主义生产方式作起源上的研究。通过对资本主义生产方式的运行进行彻底的考察，马克思揭示出资本主义社会内在的矛盾性和潜在的社会危机，进而阐明了向新社会迈进的根据和条件。

马克思指出，资本主义生产方式是以"交换价值作为整个生产制度的

---

① 《马克思恩格斯全集》第47卷，人民出版社，2004年版，第64页。

客观基础"①的生产方式，"在这种生产方式下，生产过程从属于资本，或者说，这种生产方式以资本和雇佣劳动的关系为基础，而且这种关系是起决定作用的、占支配地位的生产方式"②。资本主义生产方式的基本特征就是G-A，即货币资本转化为生产资本。而货币资本要在社会范围内执行这一职能，"就得先有一定的历史过程，把原来的生产资料和劳动力的结合分开。由于这些过程，不占有生产资料的人民大众，劳动者，和占有生产资料的非劳动者互相对立"③。资本主义生产把绝大多数直接生产者变为雇佣工人，即劳动力的所有者和它的生产资料相分离，"资本主义生产一经确立，就会在它的发展中不仅使这种分离再生产出来，而其使之以越来越大的规模扩大，以至成为普遍占统治地位的社会状态"④。这表明资本主义生产方式不具有普遍性，并非是所有的民族和国家必然要经历的阶段，是特定的历史阶段特定的、历史的产物。

马克思揭示了资本主义生产方式私人占有的基本本质，这一本质和资本主义生产的社会化之间的矛盾是不可调和的。这一基本矛盾必将引发资本主义社会中其他矛盾的激化，这就使不占有生产资料、仅靠出卖自己的劳动力为生的雇佣工人阶级奋起反抗非人的剥削制度。到了那个时候，资本主义生产方式就走到了它自身历史的尽头，正如马克思所描述的那样，"资本的垄断成了与这种垄断一起并在这种垄断之下繁盛起来的生产方式的桎梏。生产资料的集中和劳动的社会化，达到了同它们的资本主义外壳不能相容的地步。这个外壳就要炸毁了。资本主义私有制的丧钟就要响了。剥夺者就要被剥夺了。"⑤可以看出，在马克思的理论中，人类历史的

---

① 《马克思恩格斯全集》第30卷，人民出版社，1998年版，第203页。
② 《马克思恩格斯全集》第32卷，人民出版社，1998年版，第153—154页。
③ 《马克思恩格斯全集》第45卷，人民出版社，2003年版，第40页。
④ 同③。
⑤ 《马克思恩格斯全集》第44卷，人民出版社，2001年版，第874页。

发展可以由社会自身发展的内在矛盾予以说明，并不需要借助于目的论的悬设来说明历史进步的必然性。

2.历史主体的在场与历史进步的合目的性

马克思的进步观关注的是"现实的人"及其活动过程，马克思坚决反对把精神或者自我意识看作是历史发展的主体，并强烈批判了这种用"自我意识"，即"精神"代替现实的个体的人的做法。马克思深刻地指出，"黑格尔历史观的前提是抽象的或绝对的精神，这种精神正在以下面这种方式发展着：人类仅仅是这种精神的有意识或无意识的承担者……人类的历史变成了抽象的东西的历史，因而对现实的人来说，也就是变成了人类的彼岸精神的历史。"①马克思强调，"历史什么事情也没有做，它'并不拥有任何无穷尽的丰富性'，它并'没有在任何战斗中作战'！创造这一切、拥有这一切并为这一切而斗争的，不是'历史'，而正是人，现实的、活生生的人。'历史'并不是把人当作达到自己目的的工具来利用的某种特殊的人格。历史不过是追求着自己目的的人的活动而已"②。

更确切地说，"历史不外是各个世代的依次交替。每一代都利用以前各代遗留下来的材料、资金和生产力；由于这个缘故，每一代一方面在完全改变了的条件下继续从事先辈的活动，另一方面又通过完全改变了的活动来变更旧的条件。然而，事情被思辨地颠倒成这样：好像后一个时期历史乃是前一个时期历史的目的……历史便有其特殊的目的并成为某个与'其他人物并列的人物'（如像'自我意识''批判''唯一者'等等）。其实，以往历史的'使命''目的''萌芽''观念'等词所表明的东西，无非是从后来历史中得出的抽象，无非是从先前历史对后来历史

---

① 《马克思恩格斯全集》第2卷，人民出版社，1957年版，第108页。
② 《马克思恩格斯全集》第2卷，人民出版社，1957年版，第118—119页。

发生的积极影响中得出的抽象"①。马克思指出，正是"现实的人"才是历史主体，正是这些现实的个人"是他们的活动和他们的物质生活条件，包括他们得到的现成的和由他们自己的活动所创造出来的物质生活条件。"②

可见，推动历史不断向前发展的不是"无人身的理性"，也不是某种神秘的力量，"环境的改变和人的活动或自我改变的一致，只能被看作是并合理地理解为革命的实践"③。这里的关键之处在于，历史不是精神自我发展和展示的过程，而是人类的实践活动过程。历史发展过程中所体现出来的目的性其实质是由于人类将自身的意志注入实践过程中，从而在生产方式的矛盾运动中展示出了主体向度，生产方式的矛盾运动过程同时也就是现实的个人的价值活动的展开过程。从根本上说，生产力、生产关系绝不是独立于人的实践活动的纯粹的客观物质过程，生产方式的矛盾运动内在于人的实践活动中，在推动历史发展的过程中体现出合目的性。

3.确认异质性发展与历史进步的非直线性

马克思晚年对于以俄国为代表的东方社会之异质性的确认，否定了线性历史进步观所指认的历史朝着既定目标的单线的发展。在线性历史进步观那里，不同国家、不同民族、不同地域的"进步"过程不存在异质性，它们发展路径的差别仅仅是同质性发展过程中所展示出的不同的发展阶段的差别。也就是说，他们认为，不同的国家和民族将会经历一条共同的发展道路，并最终在共同的某一点相聚，差别只在于发展进程的快与慢。马克思晚年"东方社会"的研究回应了这种单线性的历史进步观，创见性地指出人类历史的发展不限于西欧各国的那种"历史必然性"过程。

---

① 《马克思恩格斯选集》第3卷，人民出版社，1960年版，第51页。
② 《马克思恩格斯选集》第3卷，人民出版社，1960年版，第23页。
③ 《马克思恩格斯选集》第3卷，人民出版社，1960年版，第7页。

1877年10月，《祖国纪事》杂志第10期登载了俄国民粹主义者尼·康·米海洛夫斯基的一篇"时评"：《卡尔·马克思在尤·茹柯夫斯基先生的法庭上》。这篇文章认为，《资本论》中的描述表明，马克思不赞成"俄国人为他们的祖国寻找一条不同于西欧已经走过而且正在走着的发展道路"的看法。马克思在给《祖国纪事》杂志编辑部的信中对米海洛夫斯基的看法给予了答复，批评了那种"把我关于西欧资本主义起源的历史概述彻底变成一般发展道路的历史哲学理论"的做法。马克思明确指出："他一定要把我关于西欧资本主义起源的历史概述彻底变成一般发展道路的历史哲学理论，一切民族，不管它们所处的历史环境如何，都注定要走这条道路，——以便最后都达到在保证社会劳动生产力极高度发展的同时又保证每个生产者个人最全面地发展的这样一种经济形态……他这样做，会给我过多的荣誉，同时也会给我过多的侮辱。"①这表明，马克思坚决反对把某种历史发展过程中的道路概括为历史进步的普世法则，并将任何国家的发展都纳入这一同质化的过程。

马克思于1881年在给维·伊·查苏利奇的复信第三稿中指出，人们用来反对俄国公社的最有力的证据是：随着社会的进步，土地公有制将让位给私有制，这已经是被西方社会的起源所证明了的事实。因此人们推论出，这种情况不可能在俄国一个国家内免于同样的遭遇。马克思紧接着指出，这一推论是以欧洲的经验为根据的，但对于东方社会来说，情况并不是如此。"至于比如说东印度，那么，大概除了亨·梅恩爵士及其同流人物之外，谁都知道，那里的土地公有制是由于英国的野蛮行为才被消灭的，这种行为不是使当地人民前进，而是使他们后退。"②进而，马克思得出结论："并不是所有的原始公社都是按照同一形式建立起来的。相反，

---

① 《马克思恩格斯全集》第25卷，人民出版社，2001年版，第145页。
② 《马克思恩格斯全集》第25卷，人民出版社，2001年版，第476页。

从整体上看，它们是一系列社会组织，这些组织的类型、生存的年代彼此都不相同，标志着依次进化的各个阶段。"①这充分体现了晚年马克思对东方社会与欧洲社会发展模式的异质性的肯定。

可见，马克思从来没有把人类历史看作是单向的、直线性的发展过程。马克思的历史进步观把人类实践活动中"物的因素"与"人的因素"内在地结合在一起，将人类历史发展的一般规律与具体模式辩证地统一起来，描述出人类历史复杂的进步过程。正是在这些方面，马克思同线性进步论者严格地区别开来，与此同时，马克思的进步观也从整体上超越了线性历史进步观。

---

① 《马克思恩格斯全集》第25卷，人民出版社，2001年版，第476页。

下 编

·当代中国的改革与发展之路·

马克思从"现实的人"出发去解释人类历史的进步过程。在对现存社会及其历史发展进程的考察中，马克思从生产力和生产关系之间的矛盾运动展开阶级分析，深入到"观念"和"物"的背后去揭示人的现实存在状态以及人与人之间所结成的真实关系，进而揭示出资本主义的内在矛盾和危机，论证了资本主义向社会主义过渡的历史必然性。但是，马克思没能预见到像中国这样贫穷落后的小农大国在现代化进程中却能够赶超发达资本主义国家。

中国崛起是20世纪以来最重大也最出乎理论家意料的历史事件，是自英国工业革命以来人类历史发展过程中最为壮观、影响最为广泛的全球性历史事件。1978年是中国改革开放的元年，从1978年至今短短40多年的时间里，中国各个方面都发生了前所未有的改变。纵观40多年来令世界为之震惊的中国发展的规模和速度，以下三个基本事实是不可否认的：其一，中国经济规模在1978年只有世界的0.8%、美国的3%，现在中国GDP的经济规模增长超过80倍，而同期美国的GDP总额仅增长了7倍多，目前中国对全球经济增长的贡献率达到39%；其二，中国是全世界唯一拥有联合国产业分类中全部工业门类的国家，并且中国具有独立完整的教育、科技、金融和国防体系，目前中国在世界上的综合国力仅次于美国并仍处于上升趋势；其三，中国人口占世界总人口的22%，是全欧洲50个发达国家人口总和的2倍，而中国的人均资源占有量却处于世界平均水平以下。

基于以上事实，如何解释中国的崛起以及中国发展所创造的奇迹，就成为摆在当代理论学家面前的重大挑战。正如19世纪必须要了解英国、20世纪必须要了解美国一样，21世纪整个世界必然要了解并读懂中国。

第五章　中国经济增长的奇迹
及其延续的逻辑

党的十一届三中全会的召开奏响了改革开放的新篇章。以这次会议为标志，党和国家进入了以改革开放和社会主义现代化建设为主要任务的历史新时期，逐步开辟出一条中国特色的社会主义建设之路。这场新的伟大革命，经历了从农村到城市，从对内搞活到对外开放的波澜壮阔的历史进程。

第一节　改革开放的启动和探索

一、包产到户拉开农村改革的序幕

中国的改革是从农村开始率先取得突破的，并在全国逐渐推开。农村改革最重要的举措是推行了家庭联产承包责任制，这是中国农民的伟大创举，是农村经济体制改革的产物。

1.家庭联产承包责任制的推行

安徽省和四川省是中国农村改革的先行者，对全国起了示范和推动作用。1977年6月，万里出任中共安徽省委第一书记。他上任后不久，便作出重点抓好农村和农业工作的决定。在他的指示下，安徽省农委起草了《关于当前农村经济政策几个问题的规定》，这是粉碎"四人帮"以后，全国第一份有关农业生产责任制方面的突破性文件，为后来安徽省农民自发搞"包产到户"壮了胆。在安徽省委制定《规定》不久，中共四川省委也制定了《关于目前农村经济政策几个主要问题的规定》，肯定了四川农村不少地方已经实行的"定额到组，评工到人"的办法。四川省成为全国农村改革的又一个发源地。

1978年夏秋之交，安徽省发生了百年不遇的特大旱灾，这对本已十分贫困的安徽农村来说，无异于雪上加霜。全省绝大多数河川干涸，致使6000多万亩农田几乎颗粒无收。由于秋收无望，大批灾民离家乞讨，秋种成了严重问题。面对如此情景，1978年9月1日，安徽省委召开紧急会议，作出了"借地度荒"的决定，即将凡是集体无法耕种的土地，借给社员耕种；鼓励多开荒，谁种谁收，国家不征统购粮，不分配统购任务。这是一项大胆的决策，极大地调动了广大农民生产自救的积极性与主动性，超额完成了秋种计划，全省共增加秋种面积1000万亩。当时，"借地度荒"只是一种迫于无奈才试行的办法，但正是在"借地"的过程中，安徽省一些地方的基层干部和农民，采取了包产到组、到户，包干到组、到户的做法，突破了旧体制的限制，拉开了农村改革的序幕。

1978年冬的一天夜里，安徽省凤阳县梨园公社小岗生产队18户21个农民冒着极大的风险，在一份保证书上按下了手印，决定分田到户。他们连夜抓阄儿分牲畜、农具并丈量土地，将全村517亩土地按人口承包到户；10头耕牛统一作价后，每两户包一头；国家派给小岗村的农副产品交售任务、偿还贷款的任务，公社大队提取公共积累和各类人员补助的钱粮数，都按人头分包到户，完成包干任务后，剩余多少全归个人所有。

1979年底，小岗生产队大获丰收，全队全年粮食总产量达12万多斤，是前一年粮食产量的4倍。一年的粮食总产量相当于1966年至1970年五年粮食产量的总和。这个自农业合作化以来从未向国家交过一斤粮食的"吃粮靠返销，生活靠救济，生产靠贷款"的"三靠队"，1979年"包干到户"

第一年就向国家交粮32500公斤，油料10000公斤，第一次偿还国家贷款800元，第一次留储备粮500多公斤，留公积金150多元。小岗一年大变样，产生了极大的示范效应，周围许多地方的农民纷纷自行效仿。但与此同时，也引起了激烈的争论。

1979年3月15日，《人民日报》在头版头条位置发表了一封题为《"三级所有，队为基础"应当稳定》的读者来信，认为"轻易从'队为基础'退回去，搞分田到组、包产到组是脱离群众，不得人心"。《人民日报》还在编者按中写道：不能从"队为基础"退回去，已经出现的包产到组和分田到组的地方，必须坚决纠正。这一反对的声音并不是一个孤立的现象，而是反映了当时许多人的思想倾向。

正当"包产到户"遇到重重阻力的关键时刻，邓小平等党和国家领导人明确表态予以支持。1980年4月，邓小平指出，像贵州、云南、甘肃、内蒙古等省份生产落后、经济困难的农村，应当实行包产到户。1980年5月31日，邓小平对安徽的包产到户给予肯定，认为"农村政策放宽以后，一些适宜搞包产到户的地方搞了包产到户，效果很好，变化很快。安徽肥西县绝大多数生产队搞了包产到户，增产幅度很大。'凤阳花鼓'中唱的那个凤阳县，绝大多数生产队搞了大包干，也是一年翻身，改变面貌。有的同志担心，这样搞会不会影响集体经济。我看这种担心是不必要的"。邓小平在关键时刻的态度，对于消除人们的恐惧心理，打破僵化观念，推动包产到户的稳固和发展，起到了重大作用。

根据邓小平谈话的精神，党中央于1980年9月召开了各省市自治区第一书记座谈会，讨论加强和完善农业生产责任制问题。会后，中共中央印发了《关于进一步加强和完善农业生产责任制的几个问题》的纪要，对"包产到户"作了肯定，首次明确提出用"包产到户"的办法来解决中国农村的贫困问题。这个文件对农村改革起到了很大的推动作用，打破了多年来形成的包产到户等于分田单干、等于资本主义的僵化观念，是中国共产党在政策上的一次重大突破。

1981年10月4日至21日，中央召开了改革后第一次全国农村工作会议，讨论起草放宽农业政策的文件。1982年1月1日，中共中央转批了《全国农村工作会议纪要》，这是中国共产党历史上第一个农村工作文件，也是进一步推动农村改革的一个重要文件。《纪要》不但肯定了"双包"制，而且还进一步指出，包干到户基本上是分户经营、自负盈亏，但是，它建立在土地公有制基础上，由集体统一管理和使用土地、大型农机具和水利设施，接受国家的计划指导，有一定的公共提留，在统一规划下进行农业基本建设。因此，它不同于合作化以前的小私有的个体经济，而是社会主义农业经济的组成部分。这个文件的下发表明，中央对"包产到户"问题的认识进一步深化，第一次明确了"包产到户"的社会主义性质，突破了传统的"三级所有、队为基础"的体制框框。

1983年1月，第二个中央1号文件《当前农村经济政策的若干问题》下发，第一次把"双包"为主的各种农业生产责任制，统称为"家庭联产承包责任制"，并将其视为"我国农民的伟大创造"，认为这种分散经营和统一经营相结合的经营方式具有广泛的适应性，要求在全国农村全面推行。

之后，家庭联产承包责任制迅速在全国推广开来，并不断得到完善。到1984年底，全国569万个生产队，99%以上实行了家庭联产承包责任制，逐步建立起以市场为导向的农村经济体制和基层社会管理体制。使农民获得了较大的生产自主权、产品销售权和收入分配权，极大地调动了农民的生产积极性，迅速解放了长期被压抑的农村生产力，使我国的农业生产摆脱了长期停滞的困境，农村第一步改革初步胜利完成。

2.乡镇企业异军突起

1985年1月，中共中央、国务院下发了《关于进一步活跃农村经济的十项政策》的文件，取消了30年来农副产品统购派购的制度。文件指出，打破集体经济中的"大锅饭"以后，农村的工作重点是，进一步改革农业管理体制，改革农产品统购派购制度，在国家计划指导下，扩大市场调节，使农业生产适应市场需要，促进农业产业结构的合理化，进一步把农村经济搞活。这一文件的出台，标志着我国农村开始进入了以改革农产品统购派购制度、调整农村产业结构、促进农村商品经济的发展为主要内容的第二个发展阶段。

如果说农村改革的第一阶段最令人瞩目的成果是家庭联产承包责任制的普遍推行，那么，第二阶段的农村改革最令人瞩目的成果便是乡镇企业的异军突起。邓小平说："农村改革中，我们完全没有预料到的最大的收获，就是乡镇企业发展起来了，突然冒出搞多种行业，搞商品经济，搞各种小型企业，异军突起。"乡镇企业的迅速崛起，带来了农村生产力的又一次迅猛发展。

乡镇企业是在原社队企业的基础上发展起来的。乡镇企业最初叫作社办工业，到了人民公社初期叫作公社工业，20世纪60年代起叫作社队企业。1983年，随着农村改革的推进，中央决定取消人民公社，建立乡镇政府。随着"政社合一"体制的解体，有些部门要求把社办集体企业分解给各个部门。在这样的情况下，必须对社队企业的名称和内容作出明确界定。

1984年初，农牧渔业部、农委和经委召开全国社队企业会议，讨论如何向中央报告"社队企业"的问题。1984年2月，万里等同志赴山东调研，座谈时大家一致同意将"社队企业"更名为"乡镇企业"。1984年3月1日，中共中央、国务院以4号文件名义转发了农牧渔业部《关于开创社队企业新局面的报告》。文件同意将"社队企业"更名为"乡镇企业"，明确界定了乡镇企业包括社（乡）队（村）创办的企业、部分社员联营的合作企业、其他形式的合作工业和个体企业。并且指出，乡镇企业是多种经营的重要组成部分，是农业生产的重要支柱，是广大农民群众走向共同富裕的重要途径，是国家财政收入新的重要来源，是国营企业的重要补充。中共中央、国务院4号文件下发后，乡镇企业的发展势如破竹，一时间，乡镇办、村办、联户办和个体办的乡镇企业遍布农、工、商、建、运、服等各行业，其发展速度超过了整个国民经济发展的平均速度，连续几年保持高速增长的势头。

1985年，中央明确提出要积极发展多种经营方式、调整农村产业结构，这为乡镇企业的发展创造了前所未有的政策保证。几年间，乡镇办、村办、联户办、个体办的农村小企业呈现出迅猛发展的势头。同时，乡镇、村级集体办的较大企业也呈现出勃勃生机。到1987年，全国乡镇企业的从业人数达到8805万人，总产值高达4764.26亿元，占农村社会总产值的50.43%，第一次超过了农业总产值。这为转移农村剩余劳动力，促进国民经济的发展和现代化建设开辟了一条新路。

家庭联产承包责任制的普遍推行和乡镇企业的异军突起促进了农村经济的发展，共同带动了中国农村经济的腾飞，扭转了农业生产的长期被动局面。农村改革的成功和成就，为中国进一步改革开放提供了重要的借鉴作用，同时也更加坚定了全党和全国人民对改革开放的信心和勇气。

二、企业扩权推动城市改革的展开

农村改革的巨大成功，催促着城市改革加快进程，逐步建立起一种新型的、充满活力的、可以调动各方面积极性的经济体制。城市经济体制改革的关键是增强企业的活力，使企业成为自主经营、自负盈亏的经济实体。因此，从企业扩权开始，吹响了城市经济体制改革的号角。

1.企业扩大自主权

1978年，党的十一届三中全会在总结我国以往经济建设的经验教训的基础上，明确提出了对企业管理放权的意见。会议认为："现在我国经济管理体制的一个严重缺点是权力过于集中，应该有领导地大胆下放，让地方和工农业企业在国家统一计划的指导下有更多的经营管理自主权；应该着手大力精简各级经济行政机构，把它们的大部分职权转交给企业性的专业公司或联合公司。"由此，城市经济体制改革就从扩大企业自主权开始，逐步地开展起来。

1978年10月，四川省最早进行了扩大企业自主权的试点工作。四川省委、省政府决定把宁江机床厂、重庆钢铁公司、成都无缝钢管厂、四川省化工厂、新都县氮肥厂、南充丝绸厂作为进行"扩大企业自主权"的试点。对这些企业逐户核定利润指标，允许它们在完成当年增产增收的指标后提留少量利润，作为企业基金，并允许给职工发放少量奖金。1979年2月12日，四川省在总结这些试点企业改革经验的基础上，制定了《关于扩大企业权利，加快生产建设步伐的试点意见》，对试点工作作出了具体规定。《意见》指出，给予企业利润提留权、扩大再生产权、灵活使用奖金权等各项权利，把企业的责、权、利结合起来，统筹国家、集体、个人三者之间的利益，以调动企业和广大职工的生产积极性和主动性。

继四川省企业扩权试点之后，1979年5月，国家经济委员会、财政部等6个部委又作出在北京、天津、上海3个城市选取首都钢铁公司、天津自行车厂、上海柴油机厂等8家大中型国营企业进行扩大自主权试点的决定，给予试点企业充分的生产计划权、资金使用权、产品销售权、利润分配权、人事任免权等部分权利。

自主权的扩大充分调动了企业和职工的生产积极性，使试点企业的整体发展状况和生产利润明显高于非试点企业。因此，许多地方开始效仿进行试点的企业，陆续展开不同内容的扩权试点工作。为了对各地扩权试点企业加强指导，1979年7月13日，国务院发出《关于扩大国营工业企业经营管理自主权的若干规定》《关于国营企业实行利润留成的规定》《关于开征国营工业企业固定资金税的暂行规定》《关于提高国营工业企业固定资产折旧率和改进折旧费使用办法的规定》《关于国营工业企业实行流动资金全额信贷的暂行规定》5个文件。

国务院文件下发后，以减税、让利、扩权为核心的扩大企业自主权的试点工作很快在全国范围内展开，并取得了良好效果。到1980年6月，全国试点企业发展到6600个，约占全国预算内工业企业总数的16%，产值的60%，利润的70%。放权让利打开了计划经济体制的缺口，使企业开始成为独立的经营主体，初步改变了企业不了解市场需要，不考虑产品销路，不关心盈亏，只按国家指令性计划进行生产的状况，使企业和职工的生产积极性不断增强，利润大幅度增加。

为了进一步把扩大企业自主权的试点工作引向深入，1980年，国务院批转了国家经委《关于扩大企业自主权试点工作情况和今后意见的报告》，对试点工作提出六点实施意见。1981年5月20日，国家经委、国务院体改委等十个单位联合印发了《贯彻落实国务院有关文件，巩固提高扩权工作的具体实施暂行办法》，进一步明确了企业的经营自主权，有力地推动了改革的顺利进行。从此，扩大企业自主权的工作在国营工业企业中全面推开，开启了城市经济体制改革的大门。

2.城市综合配套改革

以扩大企业自主权为核心的工业企业改制给传统的经济体制造成了一定的冲击，取得了显著成效。但单项改革并不能完全改变传统体制的固有弊端，为了建立起充满生机的城市经济体制，以增强企业活力为中心环节的城市综合配套改革试点应运而生。

1981年10月，湖北省沙市被批准为全国第一个综合改革的试点城市。主要在推进企业改组联合，建立科技发展基金，组织科研、生产、经济联合体，改革科技管理体制，推行劳动合同制，改革用工制度以及财税、银行、城建体制和中等教育结构等方面进行改革。从此拉开了第一轮城市综合改革试点的帷幕。

随着改革形势的发展，中共中央、国务院把城市改革的目标逐渐从中小城市推向大城市。1983年2月，重庆被率先确定为大城市综合改革的试点城市。中共中央、国务院批准，对重庆市实行计划单列，给重庆市"以相当于省的经济管理权力，由市直接承担完成国家计划和上缴财政任务的责任"。中央批文指出，这是中共中央、国务院对当前我国正在进行的各项改革工作的一项重要决策。认真搞好这个改革试点，对于进一步搞活和开放我国西南的经济、探索军工生产和民用生产相结合的新路子，以及如何组织好以大中城市为中心的经济区，都有重要的意义。同年4月1日，中共中央、国务院又批准永川地区与重庆市合并，实行市领导县的管理体制。

1984年5月至7月，中共中央、国务院又相继批准武汉、沈阳、大连、哈尔滨、广州、西安为改革试点城市，享受计划单列的特殊政策。1984年，我国城市经济体制改革在理论上、实践上都取得了突破性进展，综合改革试点城市已经发展到58个。1986年至1987年，青岛、宁波被批准为综合改革试点城市。与此同时，各省、自治区纷纷在本地区选择城市进行综合改革试点。截至1987年底，全国试点城市共计72个。

各试点城市紧紧围绕增强企业活力这个中心环节，通过实行经济责任制、调整产业结构、企业改组联合、改革商品流通体制等措施，进行了不同层次的综合配套改革。同时，还对试点城市进行区域经济规划，实行市领导县和对外开放等多方面的试验和探索。这些城市在改革后，经济发展步伐普遍加快，各项综合指标同时高增长，为经济体制改革在城市的全面展开奠定了良好的基础。

3.城市经济体制改革的全面展开

随着企业扩大自主权和城市综合配套改革的进行，我国国民经济跃上了新台阶。但是，在小范围内进行的改革试点已经不能满足城市经济发展趋势的迫切要求。因此，加快以城市为重点的整个经济体制改革的步伐成为社会主义现代化建设事业发展的必然趋势。

1984年10月20日，中国共产党第十二届三中全会在北京召开，全会在分析现代化建设所面临的新形势，总结十一届三中全会以来城乡经济体制改革经验的基础上，一致通过了《中共中央关于经济体制改革的决定》。《决定》系统地阐发了经济体制改革中的一系列重大的理论问题和实践问题，规划了经济体制全面改革的蓝图和基本政策。《决定》指出，商品经济的充分发展，是社会主义经济发展的不可逾越的阶段，是实现我国经济现代化的必要条件，进而明确提出了社会主义经济是在"公有制基础上的有计划的商品经济"的论断，突破了把计划经济同商品经济相对立的传统观念，表明了改革的市场取向，为经济体制的全面改革奠定了理论基础，指明了进一步发展的方向。

中共十二届三中全会的召开以及纲领性文件《中共中央关于经济体制改革的决定》的通过，标志着中国从此进入了以城市为重点的经济体制全面改革的新阶段。随后，经济体制改革的重点逐步由农村转入城市，各项改革措施陆续出台，各行各业都投入到改革大潮之中，改革开放全面展开。

第一，进一步扩大企业自主权，改革企业经营方式。增强企业活力是整个经济体制改革的中心环节，围绕这一中心环节，借鉴农村改革把生产资料所有权和经营管理权适当分离的经验，国家进一步采取多种措施扩大企业自主权，改革企业经营方式。

1984年5月，国务院发布了关于扩大企业自主权的10条规定。1985年9月，国务院颁布了《关于增强大中型国营企业活力若干问题的暂行规定》，提出了扩大企业自主权的14条措施，为进一步搞活企业创造了条件。1988年4月，七届全国人大一次会议通过并颁布了《中华人民共和国全民所有制工业企业法》，以法律的形式肯定了企业的自主权。从1987年开始，企业改革从单纯的简政放权向健全和完善企业经营机制方面过渡。这一时期，在扩大企业自主权的基础上，在国有大中型企业中广泛推行承包经营责任制，在一些小型国营企业中采取租赁经营责任制的经营方式。此外，与扩权和完善企业经营机制相配套，在企业领导制度和劳动用工制度与分配制度等方面也相应进行了改革。

第二，开展股份制改革试点。企业扩权、承包制和租赁制的推行，使企业在一定时期享有了相对独立的经营权，但这并没有触及产权问题，并没有使企业真正成为自主经营、自负盈亏的商品生产者。面对这种情况，有人提出在公有制经济内部开展股份制试点的大胆构想。

1984年7月25日，全国第一家股份有限公司——北京天桥百货股份有限公司宣告成立，从此拉开了企业股份制改造的大幕。1984年11月，上海飞乐音响公司开始试行股份制，向本厂职工和社会公开发行股票。1985年10月，深圳经济特区证券公司正式成立，专门从事股票的发行、转让及管理工作。随后，沈阳、上海、北京、广州等地也先后成立了证券交易所。1986年7月，国务院决定重新组建交通银行，标志着股份制开始引入金融业。1987年出现由国家、企业和私人三方合股的区域性股份制商业银行——深圳发展银行，这是中国首家挂牌买卖股票的金融机构。股份制的试行，不仅为提高企业经济效益提供了内在动力，而且有利于吸收社会闲散资金、稳定经营、分散风险，进一步促进经济发展都起到了重要作用。

第三，进行所有制结构的改革。在企业改革顺利进行的同时，中共中央积极采取多种措施，在全国展开所有制结构的改革，逐渐形成了以公有制为主体、多种经济成分共同发展的所有制结构。

1985年11月，国务院发展研究中心召开专题会议，讨论生产资料所有制结构改革问题。会议明确指出，所有制结构改革的方向是在发挥全民所有制经济主导作用的前提下，寻求新的更加适合社会主义"有计划的商品经济"发展要求的所有制结构。在党中央的这一政策方针的指导和推动下，全国逐渐形成了以公有制为主体、多种经济成分共同发展的所有制结构。1987年10月，中国共产党第十三次代表大会把在公有制为主体的前提下继续发展多种所有制经济作为深化改革的任务之一。随着党的政策的不断放宽，个体经济和私营企业得到大力发展，其生产经营活动，填补了大企业生产经营上的空白，丰富了市场，活跃了经济。

第四，进行价格改革，培育社会主义市场体系。发展社会主义有计划的商品经济，必须培育完善的社会主义市场体系。为此，中共中央、国务院着手改革价格体系，以建立统一的社会主义市场运行机制。

1984年5月，国务院下发了《关于进一步扩大国营工业企业自主权的暂行规定》。指出，在产品价格方面，工业生产资料属于企业自销的和完成国家计划后的超产部分，一般在不高于或低于20%幅度内，企业有权自定价格，或由供需双方在规定幅度内协商定价。属于生活资料和农业生产资料，要执行国家规定的价格，但企业可用计划自销产品与外单位进行协作。1985年1月，国家规定取消了原定的不高于国家定价20%的限制，改为可以按照稍微低于市场价格定价。从此，出现了同种产品计划内部分实行国家统一定价和计划外部分实行市场调节价的双轨制价格。这是我国由计划经济向有计划的商品经济转轨过程中的过渡性价格形态，对于我国经济的发展和社会主义市场经济的发育起到了积极的促进作用。

在进行价格改革的同时，国家还对商业体制和物资流通体制进行改革，努力发展横向经济联合，促进物资的横向流通，开拓金融、技术、劳务和房地产市场，使市场机制在国民经济运行中显示出重要作用。

第五，建立宏观经济调节体系。为了进一步发展商品经济、培育社会主义市场体系，国家开始尝试建立以间接调控为主的宏观经济调节体系，在计划体制、物资体制、投资体制、财政体制、金融体制等方面进行了不同程度的改革。

计划体制和物资体制方面的改革主要是针对原有体制的管得过多、过死，忽视市场调节作用的弊端，缩小指令性计划，扩大指导性计划，适当下放计划管理的权限；投资体制改革集中在下放投资项目审批权限，简化审批手续；财政体制改革主要是实行"划分税种、核定收支、分级包干"的管理体制；金融体制改革的目标是建立以中央银行为主体、多种金融机构相配合的新型金融体系。通过对宏观经济管理体制的改革，我国的管理体制逐渐从直接控制为主向间接控制为主转变。

城市经济体制改革全方位、多领域地向纵深的展开，不断触动着长期僵化的计划经济的主体部分，充分显示出市场机制的重要作用，为国民经济发展注入了新的生机和活力，为在我国建立社会主义市场经济作出了充分的准备。

三、经济特区引领对外开放的步伐

十一届三中全会作出了对外开放的决策之后，中国迈出了对外开放的步伐。中国的对外开放从创办经济特区开始，逐步形成了多层次、全方位的对外开放格局。

1.创办经济特区

1978年春，国务院先后组织了两批人员分赴西方国家和我国的港澳地区进行考察，吸取国内外的发展经验，以推动我国的现代化建设。港澳经济考察组回到北京后向中央提交了一份《港澳经济考察报告》，建议我国借鉴港澳的发展经验，充分利用发达国家的先进设备和技术。并且提出，把靠近港澳的广东宝安、珠海划为出口基地，力争经过三五年的努力，逐步将其建设成具有相当水平的对外生产基地、加工基地和吸引港澳客人的游览区。同年6月3日，中共中央、国务院的主要领导人听取了考察组的汇报并且批准了他们的建议。这次汇报座谈会，推动了广东省委开放宝安、珠海的步伐。

1979年1月6日，广东省委和交通部联名呈报国务院，正式建议在蛇口建立工业区。1月31日，中共中央、国务院批准了广东省和交通部的报告，决定在蛇口创办出口工业区。这是一个历史性的突破，标志着广东在中国对外开放的大路上迈出了第一步。

1979年1月23日，广东又坚定地迈出了对外开放的第二步：试办出口基地。广东省委、省政府经国务院批准，将宝安县改为深圳市、珠海县改为珠海市，在两地试办出口基地，充分发挥自己的优势，发展对外经济贸易。

1979年4月5日至28日，中共中央政治局中央工作会议在北京召开。4月8日，广东省负责人在向中央领导同志作汇报时，建议中央允许在毗邻港澳的深圳市、珠海市和重要侨乡汕头市开办出口加工贸易区，实行特殊政策和灵活措施，加快对外开放和经济发展。中央领导同志很重视这个建议，当天即安排广东负责同志直接向邓小平作汇报。邓小平对广东省的规划表示赞成和支持，他说："你们上午那个汇报不错嘛，在你们广东划出一块地方来，也搞一个特区，怎么样？"对于"出口加工贸易区"这个名称，邓小平深思熟虑地说："还是叫特区好，陕甘宁开始就叫特区嘛！"在谈到解决配套建设资金时，邓小平说："中央没有钱，可以给些政策，你们自己去搞。杀出一条条血路来！"这是邓小平第一次正式提出创办经济特区的主张。

中央工作会议后，当时主管这方面工作的中央书记处书记、国务院副总理谷牧率领工作组赴广东、福建，同两省的负责同志共同商讨兴办特区的具体问题。与此同时，广东、福建两省分别进行了方案制订工作，1979年7月15日，中共中央、国务院批转广东省委、福建省委制定的《关于在对外经济活动中实行特殊政策和灵活措施的两个报告》，决定在广东、福建两省的对外经济活动中实行特殊政策和灵活措施，给予两省更多的自主权，使之充分利用优越条件，抓紧当前有利的国际形势，先走一步，把经济尽快搞上去。同时，正式批准在广东的深圳、珠海、汕头和福建的厦门各划出部分区域试办"出口特区"，并指出，先在深圳、珠海两市试办出口特区，待取得经验后，再考虑在汕头、厦门设置特区。

1980年3月24日至30日，受中共中央、国务院委托，谷牧在广州召开广东、福建两省会议。会议首先肯定了两省在贯彻对外开放方针、试办出口特区等工作中所取得的初步成果，然后讨论了解决当前问题的措施。会议指出，根据目前两省的财力和物力，广东应首先集中力量把深圳特区建设好，其次是珠海；汕头、厦门两个特区可先进行规划，做好准备，逐步实施。此外，这次会议还采纳了与会者的建议，将"出口特区"改名为"经济特区"。1980年5月16日，中共中央转发了《广东、福建两省会议纪要》，在批示中表示认可和正式确认了"经济特区"这个名称。并且进一步指出，经济特区的管理，在坚持四项基本原则和不损害主权的条件下，可以采取与内地不同的管理体制和政策。

1980年8月26日，全国人民代表大会常务委员会第十五次会议批准了国务院提请复议的《中华人民共和国广东省经济特区条例》，审议批准建立深圳、珠海、汕头、厦门四个经济特区。这标志着中国经济特区的正式诞生。

1981年5月27日至6月14日，中共中央、国务院在北京召开广东、福建两省和经济特区工作会议。在总结两年来特区工作的基础上，会议统一了对经济特区的重要性和正确性的认识，并为特区制定了一整套政策措施。同年7月19日，党中央和国务院批复、下发了《广东、福建两省的经济特区工作会议纪要》，这为深圳、珠海、汕头、厦门四个特区的全面建设统一了思想，提供了指导原则。在此基础上，逐步形成了特区管理的整套特殊政策和灵活措施。

经过认真酝酿和准备，1980年下半年，深圳、珠海两个经济特区相继开始动工建设。厦门、汕头两个经济特区的建设也于1981年下半年开始动工。至此，四个经济特区的建设全面展开。

2.开放沿海港口城市

中央正式批准建立经济特区以后，特区发展速度迅猛，建设成就举世瞩目，为我国进一步扩大对外开放提供了坚定的信念和宝贵的经验。然而，在经济特区的建设过程中却一直交织着争议、质疑和反对的声音。有人担心：国门一旦打开，资本主义的东西就会像洪水猛兽一样涌进来。有人质问：特区会不会成为新的"租界"和"殖民地"？甚至有人认为，特区除了那面飘扬的国旗是社会主义的、是红色的之外，其他的一切都是资本主义的、都是白色的。这些批评、怀疑和指责到1982年春逐渐汇聚成了一股洪流，给特区建设带来前所未有的阻力，特区发展步履维艰。

面对重重阻力和困难，从1980年起，党中央、国务院每年都召开专门会议，研究和解决特区建设过程中出现的问题，并制定相应的方针政策，以促进经济特区快速、健康地发展。同时，为了更好地领导和协调特区工作，中央还专门成立了国务院特区领导小组和国务院特区办公室。

1984年1月24日至2月15日，邓小平先后视察了深圳、珠海、厦门三个特区，参观了特区的发展成果，翻阅了特区的材料，听取了相关负责人的汇报。在视察期间，邓小平对特区的建设和取得的成就给予了充分的肯定，并分别为三个特区题词："深圳的发展和经验证明，我们建立经济特区的政策是正确的"；"珠海经济特区好"；"把经济特区办得更快更好些"。邓小平的这次视察具有重要的历史意义，邓小平对特区的建设成就和发展方向的充分肯定以及对特区的题词，是对改革开放成果的历史性概括，是对有关特区问题的争论所做的权威性的总结，极大地鼓舞了建设者们的信心，表明了进一步扩大对外开放的历史必然性。

1984年2月24日，邓小平视察后回到北京，立即找中央几位负责同志谈话，商讨办好经济特区和增加沿海开放城市的问题。邓小平说："我们建立经济特区，实行开放政策，有个指导思想要明确，就是不是收，而是放。"进而，邓小平又指出了特区的重要作用，"特区是个窗口，是技术的窗口、管理的窗口、知识的窗口，也是对外政策的窗口。从特区可以引进技术，获得知识，学到管理，管理也是知识。特区成为开放的基地，不仅在经济方面、培养人才方面使我们得到好处，而且会扩大我国的对外影响。"他又进一步提出："除现在的特区之外，可以考虑再开放几个港口城市，如大连、青岛。这些地方不叫特区，但可以实行特区的某些政策。我们还要开发海南岛，如果能把海南岛的经济迅速发展起来，那就是很大的胜利。" 这次谈话表明，邓小平正酝酿着把经济特区的政策推向整个沿海地区，进一步扩大对外开放的格局。

1984年3月26日至4月6日，中共中央书记处和国务院召开沿海部分城市工作座谈会，贯彻落实邓小平的谈话精神。同年5月4日，中共中央、国务院批转了《沿海部分城市座谈会纪要》，正式确定开放大连、秦皇岛、天津、烟台、青岛、连云港、南通、上海、宁波、温州、福州、广州、湛江、北海14个沿海港口城市。《纪要》还指出，开放沿海城市，一是给前来投资和提供先进技术的外商以优惠待遇，以利于更好地利用外资和引进技术；二是扩大沿海港口城市的自主权，让它们有充分的动力去开展对外经济活动。同时，中央还决定，允许在上述具备条件的城市建立经济技术开发区，集中兴办三资企业，引进急需的先进技术。

3.对外开放格局的初步形成

在建立4个经济特区、开放14个沿海城市的基础上，中共中央、国务院开始考虑进一步扩展沿海开放地区。

1985年1月，国务院召开了长江三角洲、珠江三角洲和闽南厦漳泉三角地区座谈会。会议一致认为，沿海地区的开放应分为两步走：第一步，先开放长江三角洲、珠江三角洲和闽南厦漳泉三角地区；第二步，将辽东半岛、胶东半岛开辟为沿海经济开放区，按出口贸易的需要发展加工工业，按加工的需要发展农业和其他原材料的生产，以加速沿海经济的发展，从而带动内地经济开发。1985年2月，中共中央、国务院批转了《长江、珠江三角洲和闽南厦漳泉三角地区座谈会纪要》，并且指出，进一步开放沿海地区的经济，是我国实施对内搞活经济、对外开放战略的又一重大步骤。

之后，开辟沿海经济开放区的工作陆续展开。长江三角洲经济开放区11个市，采取发展外向型工业，走"出口创汇、引进提高、再扩大出口"的路子，经济得到快速发展。珠江三角洲经济开放区利用其邻近港澳国际市场的地理优势，大办"三资"企业，采取来料加工、来样加工、来件装配和补偿贸易的模式，打开了港澳市场，拓宽了销售渠道。闽南厦漳泉经济开放区利用侨乡的优势，以出口为导向，逐步走向国际市场。辽东半岛和胶东半岛经济开放区积极开展与外商的合作项目，大力发展出口创汇产品，逐步打开国际市场。

1986年8月，经中共中央、国务院批准，从1987年起，海南行政区在国家计划中单列户头，赋予海南行政区相当省一级的经济管理权限。1988年4月13日，七届人大一次会议作出设立海南省的决定，并正式决定在海南省办经济特区。从此，中国面积最大的经济特区正式诞生，这也标志着中国的对外开放又迈上了一个新的台阶。

至此，以创办经济特区为标志的对外开放，由南向北初步形成了"经济特区——沿海开放城市——沿海经济开放区"这样一个多形式、多层次、全方位的对外开放格局。

第二节　开创改革开放的新局面

一、南方谈话推进改革开放进程

20世纪80年代末90年代初，当改革开放经历了十年的光辉历程，取得了举世瞩目的成就时，历史又到了这样一个决定中国前途和命运的紧要关头。此时此刻，中国的改革开放之路怎么走？需要给予明确的回答。邓小平这位中国改革开放的总设计师对此进行了深入的思考，他以视察南方改革开放前沿城市这一独具匠心的方式，给中国的改革开放指明了方向。

1.动荡的国内国际局势

1984年以后，伴随着改革的深入和经济体制的转轨，社会需求过旺、工业发展速度过快、信贷和货币投放过多、物价涨幅过高、经济秩序混乱等深层次的矛盾逐渐显露出来，严重阻碍了我国改革的进一步发展。另外，1988年贸然进行的"价格闯关"受挫，越发加剧了宏观经济秩序的紊乱程度。面对着改革和经济建设的严峻形势，中央提出了治理整顿、深化改革的方针。

在治理整顿期间，由于收缩过紧，从1990年起，全国经济出现了大幅度滑坡，市场疲软，三角债现象严重，改革进程近乎停滞。就在这时，原本就反对改革开放的一些人立即抓住这一时期由于经济过热所导致的问题，借题发挥，将这些问题全部归结为改革的"方向性错误"，鼓吹放弃改革的市场取向，重新回到计划经济的老路上去，这使本已困顿的经济形势愈发严峻。

正当治理经济环境、整顿经济秩序的工作初见成效的时候，1989年春夏之交，北京发生了一场新中国成立以来最为严重的政治风波。这场持续了三个月之久的政治风波给中国的改革开放带来了重创。风波平息之后，西方国家不仅用政治手段向中国施加压力，而且还对中国实行经济制裁。1989年7月14日至16日，美国、法国、英国、德国、日本、意大利、加拿大七国首脑和欧共体主席在巴黎举行会议，发表谴责中国的"政治宣言"，宣称要采取终止对华高层政治接触及延缓世界银行的贷款等措施对中国进行制裁。

政治风波之后，国内一些人把计划和市场的问题同社会主义基本制度的存亡联系在一起，引发了姓"社"姓"资"之争。一时间，经济特区被说成是"和平演变"的温床，经济的市场化被说成是"资产阶级自由化"的主要内容，市场取向被等同于资本主义取向，甚至有人断言：市场经济，就是取消公有制，这就是说，要否定共产党的领导，否定社会主义制度，搞资本主义。总之，这些人对中国改革开放的每一项措施都要问一问是姓"社"还是姓"资"。这些争论禁锢着人们的思想和行动，使人们对中国改革开放的前途感到茫然，无所适从。

进入90年代，世界局势动荡不安，国际共产主义运动接连遭受挫折。世界上第一个社会主义国家的解体、东欧社会主义国家改革的失败，使世界政治格局发生倾斜。西方的一些政治势力利用这一时机，不遗余力地采取各种手段加大和平演变的力度。面对世界格局的新变化，面对社会主义国家的相继改变性质，摆在中国人民面前并迫切需要解决的问题是：建设有中国特色的社会主义事业怎样才能坚持下去，并保持旺盛的生命力？

2.南方之行解困惑

1992年1月18日至2月21日，88岁高龄的邓小平离开北京，先后视察了武昌、深圳、珠海、上海等地。在视察途中，邓小平发表了著名的"南方谈话"，明确回答了改革开放以来困扰和束缚人们思想和行动的许多重大理论问题，对我国的改革开放和现代化建设事业产生了深远影响。谈话的内容，主要集中在以下六个方面：

第一，毫不动摇地坚持党的"一个中心、两个基本点"的基本路线。邓小平指出，革命是解放生产力，改革也是解放生产力。进而强调，要坚持党的十一届三中全会以来的路线、方针、政策，关键是坚持"一个中心、两个基本点"。"在这短短的十几年内，我们国家发展得这么快，使人民高兴，世界瞩目，这就足以证明三中全会以来路线、方针、政策的正确性，谁想变也变不了。说过去说过来，就是一句话，坚持这个路线、方针、政策不变。"

第二，阐明了社会主义的本质，提出"三个有利于"的标准。邓小平指出，计划多一点还是市场多一点，不是社会主义与资本主义的本质区别。计划经济不等于社会主义，资本主义也有计划；市场经济不等于资本主义，社会主义也有市场。计划和市场都是经济手段。社会主义的本质，是解放生产力，发展生产力，消灭剥削，消除两极分化，最终达到共同富裕。社会主义要赢得与资本主义相比较的优势，就必须大胆吸收和借鉴人类社会创造的一切文明成果，吸收和借鉴当今世界各国包括资本主义发达国家的一切反映现代社会化生产规律的先进经营方式、管理方法。这就要求，"改革开放胆子要大一些，敢于试验。看准了的，就大胆地试，大胆地闯"。改革开放迈不开步子，不敢闯，说来说去就是怕资本主义的东西多了，走资本主义道路。要害是姓"资"还是姓"社"的问题，判断的标准，应该主要看是否有利于发展社会主义社会的生产力，是否有利于增强社会主义国家的综合国力，是否有利于提高人民的生活水平。邓小平强调，现在有右的东西影响我们，也有"左"的东西影响我们，但根深蒂固还是"左"的东西。要警惕右，但主要是防止"左"；要保持清醒的头脑，这样就不会犯大错误，出了问题也容易纠正和改进。

第三，抓住有利时机，集中精力把经济建设搞上去。邓小平强调，要抓住时机，发展自己，关键是发展经济。所以，能发展就不要阻挡，有条件的地方要尽可能搞快点，只要是讲效益，讲质量，搞外向型经济，就没有什么可以担心的。重要的是我们一定要抓住机会。我国的经济发展，总要力争隔几年上一个台阶。当然，不是鼓励不切实际的高速度，还是要扎扎实实、讲求效益、稳步协调地发展。要注意经济稳定、协调地发展，但稳定和协调也是相对的，不是绝对的。发展才是硬道理。发展经济不但要抓住机遇，而且还要依靠科技和教育。

第四，坚持两手抓，两手都要硬。邓小平反复强调，要坚持两手抓，一手抓改革开放，一手抓打击各种犯罪活动。这两只手都要硬。打击各种犯罪活动，扫除各种丑恶现象，手软不得。不仅经济要上去，社会秩序、社会风气也要搞好。巩固和发展社会主义制度，需要一个很长的历史阶段，需要我们几代人、十几代人，甚至几十代人坚持不懈的努力奋斗，决不能掉以轻心。只要我们生产力发展，保持一定的经济增长速度，坚持两手抓，社会主义精神文明就可以搞上去。

第五，正确的政治路线要靠正确的组织路线来保证，按照"四化"标准选拔人才。邓小平指出，中国的事情能不能办好，社会主义和改革开放能不能坚持，经济能不能快一点发展起来，国家能不能长治久安，从一定意义上说，关键在人。要注意培养人，按照"革命化、年轻化、知识化、专业化"的标准，选拔德才兼备的人才班子。资本主义搞和平演变，把希望寄托在我们以后的几代人身上。所以要把我们的军队教育好，把我们的专政机构教育好，把共产党员教育好，把人民和青年教育好。

第六，坚定社会主义信念。邓小平说，我坚信，世界上赞成马克思主义的人会多起来的，因为马克思主义是科学。封建社会代替奴隶社会，资本主义代替封建主义，社会主义经历一个长过程发展后必然代替资本主义，这是社会历史发展不可逆转的总趋势。一些国家出现严重曲折，社会主义好像被削弱了，但人民经受锻炼，从中吸取教训，将促使社会主义向着更加健康的方向发展。我们要在建设有中国特色的社会主义道路上继续前进。

邓小平的南方谈话，是在中国改革开放进入到一个关键时刻发表的解放思想的宣言书。谈话精辟地分析了当时的国际国内形势，科学地总结了十一届三中全会以来党的基本理论和基本经验，明确地回答了困扰和束缚人们思想的重大认识问题，表明了中国深化改革、扩大开放的决心，为中国的改革开放指明了前进的方向。

3.改革开放第二春

邓小平南方视察结束后，国内的舆论界立即作出了强烈的反应，特别是南方媒体掀起了一股"舆论冲击波"。国际的舆论界也非常关注邓小平的南方谈话。人们普遍认为，中国的改革开放"迎来了第二个春天"。

南方谈话之后，中央及时作出了新的部署。1992年2月28日，中共中央向全党下发《关于传达学习邓小平同志重要谈话的通知》，号召全体党员，尤其是各级领导干部，要认真学习邓小平同志的重要谈话，全面深刻地领会谈话的精神实质，紧密结合实际，认真贯彻落实。文件传达之后，立即引起了强烈反响和巨大震动，从中央到地方，掀起了学习、宣传、贯彻和落实邓小平南方谈话精神的高潮。

1992年3月9日至10日，江泽民主持召开中央政治局全体会议，讨论我国改革和发展的若干重大问题。会议一致赞同邓小平的南方谈话，并决定用南方谈话精神进一步统一全党思想，加快改革开放和现代化建设的步伐。从3月到5月，中央政治局常委多次召开会议，研究贯彻落实南方谈话精神的方案。6月9日，江泽民来到中央党校，向省部级学员发表重要讲话。江泽民在讲话中指出，中央和地方的重要任务，就是要落实邓小平南方谈话的精神；就是要贯彻党的基本路线，解放思想，实事求是，放开手脚，大胆试验，排除各种干扰，抓住有利时机，加快改革开放，把经济搞上去。

中央不仅号召全党和全体人民学习邓小平南方谈话的精神，同时，为了更好地贯彻落实谈话精神，中央还出台了一系列新政策，加大了改革的力度，加快了改革的进程。

1992年3月国务院批转了《国家体改委关于1992年经济体制改革要点》，并且发出通知指出，当前改革的环境比较宽松，有条件适当加大改革的分量，加快改革的步伐。

5月，中央制定并下发了四号文件《关于加快改革，扩大开放，力争经济更好更快地上一个新台阶的意见》，决定进一步加快改革、扩大开放。

6月，国家科委、体改委决定在北京、沈阳、武汉、重庆、中山5个开发区以产权制度、分配制度、人才分流等为重点进行综合改革试点，以带动融资体系、社会保障体系和社会化支撑服务体系等方面的改革与发展。

同月，中共中央、国务院作出《关于加快发展第三产业的决定》，进一步促进第三产业全面快速发展。

同月，财政部决定在浙江、辽宁、新疆、天津，以及武汉、青岛、大连、沈阳、重庆9个省、区、市率先进行分税制改革，以取得经验，再行推广。

7月，国务院发布《全民所有制工业企业转换经营机制条例》并开始施行，加快了转换企业经营机制的步伐。

9月，国家计委宣布，从1993年起，国家指令性计划指标将减少一半，国家计委直接管理的工农业出口计划指标将减少三分之一以上。同时，加强政策协调，发挥国家计划的宏观调控作用。

同月，中共中央、国务院发出关于认真贯彻执行《全民所有制工业企业转换经营机制条例》的通知，要求转换企业经营机制，有步骤地把企业推向市场。

与此同时，中共中央、国务院也采取了各种措施来加快对外开放的步伐。

1992年初，中央给上海增加了五类项目的审批权，同时给予上海五方面的配套资金筹措权，以进一步支持浦东新区的开发开放。

3月，国务院批准海南省开发建设30平方千米土地的洋浦经济开发区。开发区实行封闭式管理，实施保税区的各项政策措施。

同月，国务院批准黑河、绥芬河、珲春和满洲里作为边境地区新的开放城市。

同月，国务院批准在温州市设立经济开发区。

5月，继上海、天津、深圳设立保税区后，中央又决定在大连、广州兴建保税区。山东、浙江、江苏、福建等沿海省份也开始筹建保税区。保税区按照国际惯例运行，实行比其他开放地区更加灵活和优惠的政策。

6月，经国务院批准，我国又有近60个市、县、镇被列入对外开放区。随即，国务院决定开放长江沿岸芜湖、九江、岳阳、武汉、重庆5个内陆城市。至此，长江沿岸10个主要中心城市已全部对外开放。由此形成了东部沿海开放地区、以上海浦东新区为龙头的长江沿岸地区、周边地区和以省会城市为中心的内陆地区的多层次、全方位的开放格局。

二、创建社会主义市场经济体制

1992年10月12日至18日，中国共产党第十四次代表大会在北京召开。大会开幕式上，江泽民代表十三届中央委员会作了《加快改革开放和现代化建设步伐，夺取有中国特色社会主义事业的更大胜利》的报告。报告指出，就其引起社会变革的广度和深度来说，十四年来我们从事的建设有中国特色的社会主义事业，是开始了一场新的革命。这场新的革命的实质和目标，是要从根本上改变束缚我国生产力发展的经济体制，建立充满生机和活力的社会主义新经济体制，同时相应地改革政治体制和其他方面的体制，以实现中国的社会主义现代化。

党的十四大提出了社会主义市场经济的理论，把建立社会主义市场经济体制确定为我国经济体制改革的目标，标志着我国经济体制改革有了实质性的突破。这是我党经过艰辛曲折探索取得的重大成果。

1978年7月到9月间，国务院召开了多次务虚会，提出了计划经济与市场经济相结合的思想。1979年春天，陈云明确提出了"计划经济为主，市场调节为辅"的改革思路。1979年11月，邓小平提出了"社会主义也可以搞市场经济"的观点。1980年1月邓小平进一步指出，"在计划经济指导下发挥市场调节的辅助作用"，这个观点被写进了党的十一届六中全会通过的《关于建国以来党的若干历史问题的决议》和党的十二大报告中。

1984年10月，党的十二届三中全会通过了《中共中央关于经济体制改革的决定》，肯定社会主义经济是"建立在公有制基础上的有计划的商品经济"，突破了把计划经济同商品经济对立起来的传统观念，表明了中国经济体制改革的市场经济取向。

1985年10月23日，邓小平提出"市场经济可以促进生产力的发展"的观点，打破了长期以来把社会主义与市场经济相对立的僵化观念，为社会主义市场经济理论的正式提出奠定了基础。

1987年2月6日，邓小平进一步提出，"计划和市场都是方法，只要对发展生产力有好处，就可以利用。"进一步明确了计划与市场之间的关系，使人们摆脱了把计划和市场的问题同社会主义基本制度联系在一起的思维框框。

1992年初，在南方谈话中，邓小平重申了他的观点："计划多一点还是市场多一点，不是社会主义与资本主义的本质区别。计划经济不等于社会主义，资本主义也有计划；市场经济不等于资本主义，社会主义也有市场。计划和市场都是经济手段。"这个论断进一步把人们对社会主义的理解从传统观念的束缚中解放了出来，极大地推动了我国由计划经济体制向社会主义市场经济体制的转变。

1992年10月12日到18日召开的党的十四大把"建立社会主义市场经济体制"确定为我国经济体制改革的目标。从十二届三中全会提出的"公有制基础上的有计划的商品经济"，到十四大明确把我国经济体制改革的目标确定为社会主义市场经济，从传统的计划经济体制过渡到社会主义市场经济体制，是历史性的转变。

1993年11月，党的十四届三中全会通过了《关于建立社会主义市场经济体制若干问题的决定》，对建立社会主义市场经济体制的要求、目标、原则以及有关的重大问题进行了具体阐述，勾画了社会主义市场经济体制的基本框架。进一步把十四大确定的市场经济体制改革的目标具体化为建立社会主义市场经济体制的总体规划，这是我国20世纪90年代进行经济体制改革的行动纲领。

在建立社会主义市场经济体制的目标和总体规划的指导下，中共中央、国务院推出了一系列改革措施，进行了财税制度、金融体制、汇率制度、外贸体制、投资融资体制、价格管理体制等方面的改革，使我国向建立社会主义市场经济体制的基本框架迈进了一大步。这些改革措施的贯彻落实，表明我国的经济体制改革进入建立社会主义市场经济体制的全局性整体推进的新阶段。

三、宏观调控实现经济"软着陆"

在邓小平的南方谈话和党的十四大精神的鼓舞下，在建立社会主义市场经济体制的各项改革措施的推动下，全国人民摆脱了思想束缚，加快发展的热情高涨，改革开放的步伐明显加快，中国的改革开放和现代化建设事业进入一个新的发展阶段。

然而，在加快发展的过程中，由于一些地方和部门片面追求高速度，导致发展过程中再次出现经济过热的现象。"四热""四高""四紧""两乱"的现象，即开发区热、房地产热、股票热和集资热；高投资增长、高货币投放、高物价上涨、高贸易逆差；交通运输紧张、能源紧张、重要原材料紧张、资金紧张；金融秩序混乱、市场秩序混乱的现象在全国蔓延开来。

更为严重的是，当时经济过热的情况伴随着严重的通货膨胀现象。从1992年10月份开始，物价上涨幅度逐月加快。到1993年，全国零售物价小城市上涨13%，大城市上涨25%。由于生产资料价格上涨，导致部分企业生产成本上升，由此引起企业效益大幅度下降。另外，农业生产资料价格的上涨，也严重影响了农民增加投入的积极性。

面对宏观经济发展中的问题和矛盾，中央领导同志充分意识到：如果通货膨胀进一步加剧，将会引起大的经济波动，甚至会影响社会稳定。为此，党中央、国务院果断作出加强和改善宏观调控的科学决策。

1993年6月24日，中共中央、国务院下发了中共中央6号文件《关于当前经济情况和加强宏观调控的意见》，提出了整顿金融秩序的16条措施。这标志着在社会主义市场经济体制下，宏观调控的全面展开。为贯彻落实16条措施，党中央和国务院在7月间连续召开了全国金融工作会议和全国财政、税务工作会议，对金融秩序的整顿作出了具体部署。1993年下半年开始，宏观调控措施开始在全国得到切实贯彻，经济过热的势头初步得到遏制。1994年，党中央按照建立社会主义市场经济体制总体框架的要求，从整体上全面推进宏观调控体制改革，到年底也取得了令人满意的效果。

1995年，加强和改善宏观调控的重点转向了抑制通货膨胀。国家采取了适度从紧的财政货币政策、控制固定资产投资规模、对消费基金进行宏观管理、健全市场法规、规范市场价格等一系列宏观调控措施，有效地抑制了通货膨胀，物价涨幅明显回落，国民经济开始朝向良性发展。

1996年底，江泽民同志在中央财经工作会议上宣布，经过三年多的努力，以抑制通货膨胀为主要内容的宏观调控基本上达到预期目的。根据国家统计局提供的数据表明，我国1996年的经济增长率由1992年的14.2%逐步回落到9.6%，从1993年到1996年平均增长率为11.6%，这在世界上是名列前茅的；通货膨胀率从1995年的14.8%降低为6.1%，而在1994年最高的通货膨胀率曾经达到25.2%；失业率总体上持平，全社会的就业还在随着经济发展而扩大；国际收支状况良好，国家外汇储备超过1000亿美元，达到历史最好水平。

事实表明，在深化改革和建立社会主义市场经济体制的过程中，中国经济成功地走出了"高增长、高通胀—低通胀、低增长"的不良循环，实现了"高增长，低通胀"的良好态势。1997年1月23日，国家统计局发表《宏观调控成效显著，优化结构势在必行——1996年经济形势和1997年展望》，宣布：经过各方面的共同努力，当前国民经济运行良好，"软着陆"基本成功。

"软着陆"的成功实现，使我国国民经济呈现出稳定增长的勃勃生机，综合国力显著增强，社会生产力水平得到进一步提高，人民生活水平又上了一个新台阶，中国迎来了新时期国民经济的第二个高速增长期。

四、加入世贸提升对外开放水平

有中国特色的社会主义现代化建设一直都是对内改革与对外开放同时并行的。邓小平南方谈话和党的十四大以来，国内改革的步伐没有停止；与此同时，对外开放的步伐也在不断加速，最具代表性的事件就是——加入世界贸易组织。这是党中央、国务院作出的重大战略决策，是改革开放进程中具有历史意义的一件大事，标志着我国对外开放进入一个新的阶段。

世界贸易组织（WTO）作为当今世界唯一处理国家或地区之间贸易关系的国际组织，其基本职能是：实施《WTO协定》、组织多边贸易谈判、解决成员间可能产生的贸易争端和审议各成员的贸易政策。世贸组织与国际货币基金组织、世界银行并称为世界经济的"三大支柱"，其前身是1947年创立、1948年生效的关税与贸易总协定（GATT）。我国是关贸总协定的创始国之一，但由于历史原因，与其中断联系30多年。1986年7月中国常驻日内瓦联合国代表团正式提出，作为代表全中国唯一合法政府的中华人民共和国，申请恢复在关贸总协定中的缔约国席位。1987年3月关贸总协定成立了中国工作组，专门负责处理中国复关申请案，由此揭开了中国复关和入世谈判的序幕。

中国复关和入世谈判大致可以分为三个阶段：第一阶段从20世纪80年

代初到1986年7月，这一阶段的主要工作是酝酿、准备复关的相关事宜；第二阶段从1987年2月到1992年10月，这一阶段主要是对中国的经贸体制进行审议，围绕中国是否实行"市场经济"体制展开初步的复关谈判；第三阶段从1992年10月到2001年9月，中国的复关和入世谈判进入实质性阶段，即双边市场准入谈判和围绕起草中国入世法律文件的多边谈判阶段。

1992年，复关谈判开始转入关税、非关税、农产品和服务贸易的实质性谈判。1993年11月，国家主席江泽民在美国西雅图参加亚太经合组织(APEC)领导人非正式会议时，提出了中国复关"三原则"：(1)关贸总协定没有中国参与是不完整的；(2)中国必须以发展中国家的身份复关；(3)中国复关坚持权利与义务的平衡。这三点原则，成为中国进行复关谈判始终坚持的底线。

1996年1月1日起，世界贸易组织(WTO)正式取代关贸总协定（GATT）。同年，中方申请"入世"，从此开始了与WTO成员之间的拉锯式谈判。谈判的核心问题是：确保我国以发展中国家地位加入，确保权利与义务的平衡。面对一个又一个WTO成员，中国始终坚持市场开放的速度和力度必须与我国的经济发展水平相一致，这是中国的底线，也是谈判的焦点所在。经过艰难的谈判过程，美欧等发达国家不得不同意"以灵活务实的态度解决中国的发展中国家地位问题"。最终，中国与所有WTO成员就我国加入WTO后若干年市场开放的领域、时间和程度等问题达成了协议。

1997年5月，中国与匈牙利最先达成协议。

1999年11月15日，中美双方在北京签署了关于中国加入世界贸易组织的双边协议，标志着双方长达13年的双边谈判正式结束，中国"入世"迈出了最具关键性的一步。

2000年5月19日，中国和欧盟在北京就中国加入世界贸易组织达成双边协议，标志着中国"入世"双边谈判即将结束。

2001年9月13日，中国与墨西哥签订协议，完成了与世界贸易组织成员的所有双边市场准入谈判。

同年9月17日，世贸组织中国工作组在日内瓦世贸组织总部举行第十八次会议，通过了中国加入世贸组织的所有法律文件，标志着中国加入世贸组织旷日持久的谈判最终结束。

同年11月10日，世界贸易组织第四届部长级会议在卡塔尔首都多哈举行。会议审议并一致通过了中国加入世贸组织的决定，这标志着中国长达15年的复关和入世进程的结束。

同年12月11日，中国正式成为世贸组织成员。这标志着中国对外开放进入新的阶段，即由原来的有限领域、区域性推进的开放，转变为真正意义上的多领域、全方位的开放，使中国在更大的范围内和更深的程度上融入经济全球化的进程之中，为中国的经济发展开拓了更广阔的空间。

入世以后，世贸组织所倡导的理念逐渐为中国人所了解，"透明度"和"非歧视"等世贸组织原则开始成为中国立法的原则依据，全球视野、竞争意识、发展意识、创新意识、法治观念、知识产权观念日渐深入人心，现代企业制度和会计制度逐步建立，企业素质得到了综合提升。中国的对外开放水平不断提升，进出口总额大幅度增长，出口产品结构不断优化，高新技术产品出口比例日益加大，市场经济体制和建设有中国特色的社会主义步伐朝着更快更稳的方向不断迈进。

第三节　改革开放的历史新起点

经过改革开放和经济的快速发展，中国的经济和社会建设进入了一个敏感时期，即人均国内生产总值突破了1000美元后的时期。这一时期，各种方针政策的制定尤为关键，举措得当，就能促进经济快速发展和社会平稳进步；举措失当，就可能导致经济徘徊不前甚至出现衰退，引发社会动荡。党的十六大以来，以胡锦涛同志为总书记的党中央顺应国内外形势的发展变化，抓住重要战略机遇期，大力推动科学发展，完善社会主义市场经济体制，构建社会主义和谐社会，坚定不移地把改革开放继续推向前进。

一、提出和贯彻落实科学发展观

改革开放以来，中国的经济持续高速增长，取得了举世瞩目的成就。与此同时，中国的发展越来越面临资源短缺、生态环境恶化以及经济的发展与社会整体发展不协调的问题。2003年4月，突如其来的非典疫情迅速在全国蔓延开来，进一步暴露了我国的经济发展和社会发展、城市发展和农村发展不协调的矛盾。抗击疫情的工作取得胜利后，党中央进行了深刻的反思和总结，提出了科学发展观。

2003年7月28日，在全国防治非典工作会议上，胡锦涛指出，"通过抗击非典斗争，我们比过去更加深刻地认识到，我国的经济发展和社会发展、城市发展和农村发展还不够协调"，"从今后的工作来说，我们不仅要继续保持经济较快增长的良好势头，而且要重视提高经济增长的质量和效益；不仅要确保今年经济社会发展目标的实现，而且要高度重视研究和解决经济社会发展中存在的深层次问题；不仅要努力做好当前的工作，而且要为长远发展打下良好的基础"。

同年10月11日至14日，中共十六届三中全会在北京举行。会上首次明确提出科学发展观的内涵，将其概括为"坚持以人为本，树立全面、协调、可持续的发展观，促进经济社会和人的全面发展"。并强调"要按照统筹城乡发展、统筹区域发展、统筹经济社会发展、统筹人与自然和谐发展、统筹国内发展和对外开放的要求，更大程度地发挥市场在资源配置中的基础性作用，为全面建设小康社会提供强有力的体制保障"。

2007年10月，在中共第十七次代表大会上，胡锦涛进一步明确了科学发展观的内涵和精神实质，即"科学发展观，第一要义是发展，核心是以人为本，基本要求是全面协调可持续，根本方法是统筹兼顾"。同时，对深入贯彻落实科学发展观提出了明确要求，指出要继续深化改革开放，切实加强和改进党的建设，构建社会主义和谐社会。

在科学发展观的指引下，党中央制定了一系列政策措施，努力把发展的积极性引导到科学发展上来。同时，各地方也自觉地把思想统一到科学发展上来，把科学发展观贯彻落实到经济社会发展的各个方面。

第一，提出区域协调发展的总体战略。根据科学发展观的要求，党中央坚持统筹兼顾、合理规划，对区域协调发展不断作出新的部署。强调根据资源环境承载能力、发展基础和潜力，按照发挥比较优势、加强薄弱环节、享受均等化基本公共服务的要求，逐步形成主体功能定位清晰、东中西良性互动、公共服务和人民生活水平差距趋向缩小的区域协调发展格局。

2003年10月，十六届三中全会明确提出要振兴东北地区等老工业基地。为此，2004年，国家率先在黑龙江、吉林两省实行全面免征农业税政策，扩大东北地区粮食生产补贴范围和规模；在辽宁、黑龙江、吉林先后推行完善城镇社会保障体系试点工作；加大了对东北地区国有企业政策性关闭破产的支持力度；落实财税政策，对老工业基地改造、振兴给予支持。

2004年9月，十六届四中全会要求促进中部地区崛起。由此，加快中部地区发展正式提上议事日程，并取得了初步成效。2004年，中部六省GDP增幅分别比全国高2.1至4.4个百分点，而2001年至2003年，中部六省的GDP年均增长率分别低于东部1.8个百分点和西部0.4个百分点。

2005年10月，十六届五中全会进一步提出，继续推进西部大开发，振兴东北地区等老工业基地，促进中部地区崛起，鼓励东部地区率先发展。这标志着我国促进区域协调发展的总体战略布局全面形成。我国区域发展进入了新的阶段，呈现出从以往的"优先发展东部地区"的单极模式向目前的"四大区域协调并进"转变的新局面。

第二，继续深化农村改革，加速社会主义新农村建设。党的十六大召开以后，中央以统筹城乡的科学发展观为主线，制定了工业反哺农业、城市支持农村和"多予、少取、放活"的基本方针，出台了一系列惠农的重大举措，为解决我国"三农"问题，打破城乡二元结构，缩小城乡差距，加快农业和农村发展，加速社会主义新农村建设指明了方向。

2002年12月，中央政治局召开会议，强调要把农业、农村、农民问题作为全党工作的重中之重，放在更加突出的位置。2003年3月，国务院发出《关于全面推进农村税费改革试点工作的意见》。2003年12月，中央发出《关于促进农民增加收入若干政策的意见》。2005年10月，党的十六届五中全会提出了建设社会主义新农村的历史任务，并确定了"生产发展、生活宽裕、乡风文明、村容整洁、管理民主"的建设目标。2005年12月，中央发出《关于推进社会主义新农村建设的若干意见》。2006年12月，中央发出《关于积极发展现代农业扎实推进社会主义新农村建设的若干意见》。

从2004年到2008年，中央连续五年以"1号文件"的方式发出有关"三农"问题的文件。建立"以工促农、以城带乡"的长效机制，坚持"多予、少取、放活"的方针，推进现代农业建设。2005年12月29日，十届全国人大常委会第十九次会议正式决定，自2006年1月1日起，正式废止《农业税条例》。同日，国家主席胡锦涛发布第四十六号主席令，宣布全面取消农业税。农业税的取消，终结了中国历史上存在了两千多年的"皇粮国税"，是国民收入分配格局的一次历史性变革，推动了我国城乡一体化建设。

这一系列惠农政策的推行，使农村基础设施条件大大改善，农业产量稳步增加，农业和农村经济快速发展，农村居民生活水平和生活质量大幅度提高，为稳定经济社会发展全局提供了有力支撑。2006年，农民人均纯收入为3587元，比2002年增加1111元；农村居民人均纯收入增速由2002年的4.8%提高到7.4%，打破了"十五"前三年收入增长缓慢格局，进入新的较快增长期；2004年至2006年农民增收连续三年超过300元，是新中国成立以来首次。 2007年，全国农民人均纯收入达到4140元，比2006年增加553元，是历史上增加最多的一年；名义收入增长15.4%，实际收入增长达到9.5%，是1997年以来增长最快的年份。其中，工资性收入和家庭农业经营收入分别增加221元和224元，是收入增长的主要动因。 尽管2008年南方遭遇了严重的低温雨雪冰冻灾害，西部发生了特大地震灾害，但农业农村经济运行总体态势良好。粮食总产量52850万吨，总产和单产分别增长5.4%和4.3%，双双超历史最高水平。农民人均纯收入4761元，农业增加值和农民人均纯收入实际增长预计均为6%。

第三， 建设资源节约型、环境友好型社会。为了全面贯彻落实科学发展观，中央提出，推进国民经济和社会信息化，切实走新型工业化道路，坚持节约发展、清洁发展、安全发展，实现可持续发展，并把"建设资源节约型和环境友好型社会"确定为国民经济与社会发展中长期规划的一项战略任务。

2005年3月12日，在中央人口资源环境工作座谈会上，胡锦涛提出要"努力建设资源节约型、环境友好型社会"。2005年10月，十六届五中全会提出要加快建设资源节约型、环境友好型社会，大力发展循环经济，加大环境保护力度，切实保护好自然生态，认真解决影响经济社会发展特别是严重危害人民健康的突出的环境问题，在全社会形成资源节约的增长方式和健康文明的消费模式。2006年3月，十届全国人大四次会议批准了《关于国民经济和社会发展第十一个五年规划纲要》，将污染减排指标完成情况纳入经济社会发展综合评价体系，作为政府领导干部综合考核评价和企业负责人业绩考核的重要内容。2006年，中央制定了加强环境保护的新的能源战略，力争"坚持节约优先、立足国内、多元发展、保护环境，加强国际互利合作，努力构筑稳定、经济、清洁的能源供应体系"。

2008年，中央财政安排423亿元资金，支持十大重点节能工程和环保设施等项目建设。全国新增城市污水日处理能力1149万吨，新增燃煤脱硫机组容量9712万千瓦。单位国内生产总值能耗比上年下降4.59%，化学需氧量、二氧化硫排放量分别减少4.42%和5.95%。近三年累计，单位国内生产总值能耗下降10.08%，化学需氧量、二氧化硫排放量分别减少6.61%和8.95%。巩固退耕还林还草成果，推进天然林、青海三江源等生态保护和建设工程。实施重点流域、区域水污染防治规划。发布了《中国应对气候变化的政策与行动》白皮书。

第四，经济与社会事业共同发展。改革开放以来，我国生产力发展十分迅速，综合国力和人民生活水平稳步提高。但是，经济快速增长的同时，社会事业发展却相对滞后。随着科学发展观的贯彻落实，长期被忽略的社会改革和发展的问题首次提到国家战略部署层面，提出坚持"在共建中共享，在共享中共建"的重大原则和"更加注重社会公平"的理念，推进教育、卫生、文化、体育等社会事业共同发展。

为此，中央逐渐减少政府投资的经济项目，压缩自身开支，将财富分配的着眼点投向关乎民众切身利益的社会保障、义务教育、医疗卫生、公共设施、环境保护等各项社会事业。据统计，从2002年党的十六大到2007年底的五年，全国财政用于教育支出五年累计2.43万亿元，比前五年增长1.25倍；用于医疗卫生支出五年累计6294亿元，比前五年增长1.27倍；用于文化体育事业支出五年累计3104亿元，比前五年增长1.3倍。2008年，全面实行城乡免费义务教育，对所有农村义务教育阶段学生免费提供教科书。国家助学制度进一步完善，中央财政投入223亿元，地方财政也加大投入，资助学生超过2000万人；向中等职业学校中来自城市经济困难家庭和农村的学生提供助学金，每人每年1500元，惠及90%的在校生。医药卫生改革发展稳步推进，参加新型农村合作医疗的人口8.14亿，参合率91.5%。城镇居民基本医疗保险试点城市由上年的88个增加到317个，参保人数增加7359万，总计达到1.17亿。文化体育事业加快发展，全力举办了有特色、高水平的北京奥运会、残奥会，实现了中华民族的百年梦想。

第五，积极参与经济全球化进程。十六大以来，中央和地方积极贯彻落实科学发展观，统筹国内发展与对外开放，积极参与经济全球化进程，对外贸易规模持续扩大，进出口商品结构进一步优化，吸收和对外直接投资总额平稳增长，对外开放进入新阶段。

据世界贸易组织发布，2003—2006年，我国货物进出口连续四年快速增长，年均增长29.8%，其中出口增长31.3%，进口增长28.0%，是历史上发展最为迅速的时期。吸收外商直接投资平稳增长。对外直接投资快速增长。2003—2006年，外商在华直接投资实际使用金额以年均4.6%的速度稳步增长。2006年末，我国对外直接投资存量为750亿美元，是2002年末的3.3倍，净增520亿美元。2002—2006年对外直接投资流量分别为27亿美元、29亿美元、55亿美元、123亿美元和176亿美元，2006年的对外直接投资流量是2002年的6.5倍。

目前，我国对外开放水平继续提高。主要表现在，大力实施以质取胜和出口市场多元化战略。加强科技兴贸创新基地和服务外包基地建设，支持自主品牌和自主知识产权产品出口。完善加工贸易政策体系。稳步扩大服务业对外开放，加强对外商投资方向的引导。整合建立新的对外经济技术合作专项资金，发布对外承包工程管理条例，理顺对外劳务合作管理体制。积极推进境外能源资源合作，企业"走出去"步伐加快，对外援助进一步扩大。自由贸易区建设、与主要经贸伙伴的经济对话、同发展中国家的互利合作取得新进展。

二、完善社会主义市场经济体制

经过二十多年的努力，以市场化为导向的经济体制改革和经济市场化进程已经取得重大的阶段性成果，中国的经济体制发生了重大变化，社会主义市场经济体制框架初步建立，市场在资源配置和经济运行中开始较大程度地发挥基础性作用。但是，在我国市场经济发展过程中，计划经济遗留下来的深层矛盾并没有得到根本性解决，转轨过程中依然面临诸多新问题。为此，中央提出要完善社会主义市场经济体制。

2003年10月11日，党的十六届三中全会在北京召开，会议审议通过了《中共中央关于完善社会主义市场经济体制若干问题的决定》。《决定》规定了完善社会主义市场经济体制的目标和任务，指出，按照统筹城乡发展、统筹区域发展、统筹经济社会发展、统筹人与自然和谐发展、统筹国内发展和对外开放的要求，更大程度地发挥市场在资源配置中的基础性作用，增强企业活力和竞争力，健全国家宏观调控，完善政府社会管理和公共服务职能，为全面建设小康社会提供强有力的体制保障。主要任务是：完善公有制为主体、多种所有制经济共同发展的基本经济制度；建立有利于逐步改变城乡二元经济结构的体制；形成促进区域经济协调发展的机制；建设统一开放竞争有序的现代市场体系；完善宏观调控体系、行政管理体制和经济法律制度；健全就业、收入分配和社会保障制度；建立促进经济社会可持续发展的机制。《决定》具体勾画出完善社会主义市场经济体制的蓝图，对完善社会主义市场经济体制作出了具体而明确的部署，标志着我国的改革开放进入一个新的发展阶段。

《决定》主要从如下几方面对完善社会主义市场经济体制作了详细阐述。

第一，进一步巩固和发展公有制经济，鼓励、支持和引导非公有制经济发展。特别指出要建立健全现代产权制度。建立归属清晰、权责明确、保护严格、流转顺畅的现代产权制度，这是完善基本经济制度的内在要求，是构建现代企业制度的重要基础。有利于维护公有财产权，巩固公有制经济的主体地位；有利于保护私有财产权，促进非公有制经济发展；有利于各类资本的流动和重组，推动混合所有制经济发展；有利于增强企业和公众创业创新的动力，形成良好的信用基础和市场秩序。强调要依法保护各类产权，健全产权交易规则和监管制度，推动产权有序流转，保障所有市场主体的平等法律地位和发展权利。

第二，完善国有资产管理体制，深化国有企业改革。主要是从建立健全国有资产管理和监督体制、完善公司法人治理结构和加快推进和完善垄断行业改革等三个方面展开。特别强调了对垄断行业要放宽市场准入，引入竞争机制。有条件的企业要积极推行投资主体多元化。继续推进和完善电信、电力、民航等行业的改革重组。加快推进铁道、邮政和城市公用事业等改革，实行政企分开、政资分开、政事分开。对自然垄断业务要进行有效监管。

第三，深化农村改革，完善农村经济体制。强调从完善农村土地制度，健全农业社会化服务、农产品市场和对农业的支持保护体系，深化农村税费改革和改善农村富余劳动力转移就业的环境等方面来完善农村经济体制。国家决定要长期稳定并不断完善以家庭承包经营为基础、统分结合的双层经营体制，依法保障农民对土地承包经营的各项权利。同时指出，要进一步深化农村税费改革，这是减轻农民负担和深化农村改革的重大举措。另外，还强调要改善农村富余劳动力转移就业的环境，这是增加农民收入和推进城镇化的重要途径。通过建立健全农村劳动力的培训机制，推进乡镇企业改革和调整，大力发展县域经济，积极拓展农村就业空间，取消对农民进城就业的限制性规定，为农民创造更多就业机会。

第四，完善市场体系，规范市场秩序。强调加快建设全国统一市场，大力发展资本和其他要素市场以及建立健全社会信用体系。大力推进市场对内对外开放，加快要素价格市场化，发展电子商务、连锁经营、物流配送等现代流通方式，促进商品和各种要素在全国范围自由流动和充分竞争。积极发展独立公正、规范运作的专业化市场中介服务机构，按市场化原则规范和发展各类行业协会、商会等自律性组织。完善行政执法、行业自律、舆论监督、群众参与相结合的市场监管体系，健全产品质量监管机制，严厉打击制假售假、商业欺诈等违法行为，维护和健全市场秩序。

第五，继续改善宏观调控，加快转变政府职能。强调指出，要进一步健全国家计划和财政政策、货币政策等相互配合的宏观调控体系；深化行政审批制度改革，切实把政府经济管理职能转到主要为市场主体服务和创造良好发展环境上来。完善政府重大经济社会问题的科学化、民主化、规范化决策程序，充分利用社会智力资源和现代信息技术，增强透明度和公众参与度；进一步确立企业的投资主体地位，实行谁投资谁决策，谁收益谁承担风险。国家主要通过规划和政策指导、信息发布以及规范市场准入，引导社会投资方向，抑制无序竞争和盲目重复建设。

第六，深化涉外经济体制改革，全面提高对外开放水平。在完善对外开放的制度保障的同时，一方面，要更好地发挥外资的作用，抓住新一轮全球生产要素优化重组和产业转移的重大机遇，扩大利用外资规模，提高利用外资水平。结合国内产业结构调整升级，更多地引进先进技术、管理经验和高素质人才，继续发展加工贸易，着力吸引跨国公司把更高技术水平、更大增值含量的加工制造环节和研发机构转移到我国，引导加工贸易转型升级。另一方面，要增强参与国际合作和竞争的能力。提高出口商品质量、档次和附加值，扩大高新技术产品出口，发展服务贸易，全面提高出口竞争力。继续实施"走出去"战略，完善对外投资服务体系，赋予企业更大的境外经营管理自主权，健全对境外投资企业的监管机制，促进我国跨国公司的发展。积极参与和推动区域经济合作。

另外，《决定》还就推进就业和分配体制改革，完善社会保障体系、深化科技教育文化卫生体制改革，提高国家创新能力和国民整体素质、深化行政管理体制改革，完善经济法律制度、加强和改善党的领导等方面进行了深刻阐释。

十六大以来，中央根据世界经济发展的新趋势和我国发展新阶段的新要求，坚持社会主义市场经济改革的方向，继续全面推进改革开放，一些重点领域和关键环节的改革取得了新的突破。巩固和发展公有制经济，推进国有资产管理体制改革和国有经济布局与结构调整；在坚持和完善以公有制为主体、多种所有制经济共同发展的基本经济制度的同时，进一步改善我国非公有制经济发展的体制环境，鼓励、支持和引导个体、私营等非公有制经济发展；大力推进金融、财税体制改革，例如，进行上市公司股权分置改革、实施人民币汇率形成机制改革、进行外汇管理体制和财税体制以及投资体制改革、试行国有资本经营预算制度、启动和扩大增值税转型改革试点、统一内外资企业所得税制度、规范津贴补贴制度；加大价格改革力度，规范政府价格决策和管理行为，取得资源性产品价格改革新进展；国家对经济的宏观调控能力进一步加强，社会主义市场经济体制逐步走向完善。

三、以人为本大力构建和谐社会

社会主义和谐社会是与科学发展观相对应的、最大限度体现着"以人为本"的发展理念的一种社会形态。构建和谐社会的过程，是不断地以完善社会主义市场经济为目标的制度变迁和体制创新的过程。以科学发展观为指导，以不断完善的社会主义市场经济体制为基础，以改善民生为努力方向，构建社会主义和谐社会，是我国改革开放和建设有中国特色的社会主义的客观要求。

随着改革和发展的不断推进，党中央对建设社会主义和谐社会的认识不断深化，构想日益明确，措施逐步落实。

2004年9月19日，党的十六届四中全会审议通过了《中共中央关于加强党的执政能力建设的决定》，首次完整提出了"构建社会主义和谐社会"的概念，并将其正式列为中国共产党全面提高执政能力的标准之一。明确提出，坚持最广泛最充分地调动一切积极因素，不断提高构建社会主义和谐社会的能力。形成全体人民各尽其能、各得其所而又和谐相处的社会，是巩固党执政的社会基础、实现党执政的历史任务的必然要求。

2005年2月19日，胡锦涛在中共中央举办的省部级主要领导干部提高构建社会主义和谐社会能力专题研讨班上作了重要讲话，进一步阐明了构建社会主义和谐社会的深刻内涵、基本特征和重要原则。胡锦涛指出，我们所要建设的社会主义和谐社会，应该是民主法治、公平正义、诚信友爱、充满活力、安定有序、人与自然和谐相处的社会。构建社会主义和谐社会，是我们党从全面建设小康社会、开创中国特色社会主义事业新局面的全局出发提出的一项重大任务，适应了我国改革发展进入关键时期的客观要求，体现了广大人民群众的根本利益和共同愿望。要在推进社会主义物质文明、政治文明、精神文明发展的历史进程中，扎扎实实做好构建社会主义和谐社会的各项工作。

2006年10月11日，党的十六届六中全会审议通过了《关于构建社会主义和谐社会若干重大问题的决定》，对建设社会主义和谐社会的重要性、紧迫性以及指导思想、目标任务和原则等一系列相关问题作了明确的界定和阐释。决定特别指出，坚持以科学发展观统领经济社会发展全局，按照民主法治、公平正义、诚信友爱、充满活力、安定有序、人与自然和谐相处的总要求，以解决人民群众最关心、最直接、最现实的利益问题为重点，着力发展社会事业、促进社会公平正义、建设和谐文化、完善社会管理、增强社会创造活力，走共同富裕道路，推动社会建设与经济建设、政治建设、文化建设协调发展。

2007年10月15日，胡锦涛在十七大报告中进一步指出，构建社会主义和谐社会是贯穿中国特色社会主义事业全过程的长期历史任务，是在发展的基础上正确处理各种社会矛盾的历史过程和社会结果。要通过发展增加社会物质财富，不断改善人民生活；又要通过发展保障社会公平正义，不断促进社会和谐。强调指出，必须在经济发展的基础上，更加注重社会建设，着力保障和改善民生，推进社会体制改革，扩大公共服务，完善社会管理，促进社会公平正义，努力使全体人民学有所教、劳有所得、病有所医、老有所养、住有所居，推动建设和谐社会。

十六大以来，党中央和国务院在以人为本、构建社会主义和谐社会思想的指导下，制定了一系列政策和措施，充分显示了中央重视民生、保障民生、改善民生的决心和力度。

第一，加快促进教育公平的步伐。教育是民族振兴的基石，教育公平是社会公平的重要基础。在科学发展观的指引下和社会公平的诉求下，以促进教育公平为取向的新的指导思想和政策方针逐步得以贯彻落实。

2005年5月，教育部下发的《关于进一步推进义务教育均衡发展的若干意见》指出，义务教育在区域、城乡、学校之间的原有差距在新的形势下仍有进一步拉大的趋势，突出表现在办学条件、经费投入、师资水平和教育质量等方面。要求各级教育行政部门有效遏制城乡之间、地区之间和校际之间的教育差距扩大的势头，推进义务教育均衡发展。

2006年8月29日，在中央政治局第三十四次集体学习时，胡锦涛强调，教育涉及千家万户，惠及子孙后代，是体现发展为了人民、发展依靠人民、发展成果由人民共享的重要方面。保证人民享有接受教育的机会，是党和政府义不容辞的职责，也是促进社会公平正义、构建社会主义和谐社会的客观要求。我们要坚持党的教育方针，坚持以科学发展观统领我国教育事业发展全局，坚持教育为社会主义现代化建设服务、为人民服务，全面实施素质教育，深化教育发展的规模、结构、质量、效益，努力办好让人民群众满意的教育。

2007年8月31日，在全国优秀教师代表座谈会上，胡锦涛指出，要全面贯彻党的教育方针，坚持教育为社会主义现代化建设服务、为人民服务，努力办好让人民满意的教育。要把促进教育公平作为国家基本教育政策，统筹城乡、区域教育，统筹各级各类教育，统筹教育发展的规模、结构、质量，认真研究解决教育改革发展中的重大问题，不断满足人民日益增长的教育需求。

在党的思想政策方针的指引下，我国的教育事业逐步向着均衡化、公平化的方向迈进。2006年，国家率先对西部农村义务教育实行了免收课本费、免收学杂费、提供一定生活补助的政策，将农村义务教育全面纳入公共财政保障范围，建立中央和地方分项目、按比例分担的农村义务教育经费保障新机制。2007年，继西部地区实行"两免一补"的政策之后，将此政策进一步扩展到全国农村义务教育阶段。中央财政为此安排"两免一补"资金181亿元，惠及约1.5亿农村学生。仅免除学杂费一项，西部地区平均每年每个小学生家庭减负140元，初中生家庭减负180元；中部小学生年减负180元，初中生减负230元。

此外，国家在扶持贫困地区、民族地区教育，健全学生资助制度，保障经济困难家庭、进城务工人员子女平等接受义务教育等方面也推出了一系列措施，极大地促进了教育的公平性，保障人民平等地享有接受良好教育的机会。

第二，实施扩大就业的发展战略。自十六大提出就业是民生之本以来，党中央、国务院一直把促进劳动就业作为改善民生和构建社会主义和谐社会的一项重要内容。为此，作出了一系列重大决策和部署，不仅切实保障了人民群众的基本生活，使其能够平等地享受国家发展进步的物质文明成果，而且为维护改革发展稳定的大局起到了重要作用。

中国政府推行积极就业的政策，确立了"劳动者自主就业，市场调节就业，政府促进就业"的就业方针，坚持通过发展经济、深化改革以及完善社会保障体系等各种积极的就业政策，千方百计地扩大就业规模。同时，各级劳动保障部门也认真贯彻落实国务院关于进一步加强就业再就业工作的通知精神，不断加大工作力度，制定就业再就业专项计划，层层分解落实目标责任；及时下拨中心财政补助资金，加强对零就业家庭的就业援助；组织实施"再就业援助月""大中专技校毕业生就业服务周"等专项行动，大大缓解了当前所面临的就业压力，就业再就业工作取得明显进展。

2002年至2006年，我国就业人数从7.4亿人增加到7.6亿人。2007年底，全国就业人员76990万人，比上年末增加590万人。2008年底，全国就业人员77480万人，比上年末增加490万人。其中，第一产业就业人员30654万人，占全国就业人员的39.6%；第二产业21109万人，占27.2%；第三产业25717万人，占33.2%。年末城镇就业人员30210万人，比上年末净增加860万人。其中，城镇单位就业人员12193万人，比上年末增加169万人。在城镇单位就业人员中，在岗职工11515万人，比上年末增加88万人。

第三，深化收入分配制度的改革。合理的收入分配制度是社会公平的重要体现。随着我国改革开放步伐的加快，收入分配差距问题一直备受社会关注。党中央也不断地对经济社会制度进行总体性的调整，更多地注重"兼顾"公平。

2006年5月26日，中共中央政治局召开会议，研究改革收入分配制度和规范收入分配秩序问题。会议强调，要坚持和完善按劳分配为主体、多种分配方式并存的分配制度，坚持各种生产要素按贡献参与分配，在经济发展的基础上，更加注重社会公平，合理调整国民收入分配格局，加大收入分配调节力度，使全体人民都能享受到改革开放和社会主义现代化建设的成果。要积极推进收入分配制度改革，进一步理顺分配关系，完善分配制度，着力提高低收入者收入水平，扩大中等收入者比重，有效调节过高收入，取缔非法收入，努力缓解地区之间和部分社会成员收入分配差距扩大的趋势。

2007年10月15日，胡锦涛在党的十七大报告中再次明确提出，要深化收入分配制度改革，增加城乡居民收入。报告指出，要坚持和完善按劳分配为主体、多种分配方式并存的分配制度，健全劳动、资本、技术、管理等生产要素按贡献参与分配的制度，初次分配和再分配都要处理好效率和公平的关系，再分配更加注重公平。逐步提高居民收入在国民收入分配中的比重，提高劳动报酬在初次分配中的比重。着力提高低收入者收入，逐步提高扶贫标准和最低工资标准，建立企业职工工资正常增长机制和支付保障机制。创造条件让更多群众拥有财产性收入。保护合法收入，调节过高收入，取缔非法收入。扩大转移支付，强化税收调节，打破经营垄断，创造机会公平，整顿分配秩序，逐步扭转收入分配差距扩大趋势。

第四，建立覆盖城乡居民的社会保障体系。党的十六大指出，建立健全同经济发展水平相适应的社会保障体系，是社会稳定和国家长治久安的重要保证。为此，建立起覆盖城乡居民的社会保障体系作为我国社会保障事业的发展目标被明确地提出来。

2006年10月11日，十六届六中全会审议通过了《中共中央关于构建社会主义和谐社会若干重大问题的决定》，将我国社会保障体系建设从以城镇为中心转向了城乡统筹覆盖的发展道路。决定指出，要建设"适应人口老龄化、城镇化、就业方式多样化，逐步建立社会保险、社会救助、社会福利、慈善事业相衔接的覆盖城乡居民的社会保障体系"。

2007年10月15日，中共十七次全国代表大会再一次明确"覆盖城乡居民的社会保障体系"这一目标，进一步阐述了这一体系的基本内容。明确指出，社会保障是社会安定的重要保证，要以社会保险、社会救助、社会福利为基础，以基本养老、基本医疗、最低生活保障制度为重点，以慈善事业、商业保险为补充，加快完善社会保障体系。

随着一系列劳动保障的法律法规和政策措施的紧密出台，我国的社会保障工作取得了实质性、突破性成果。根据人力资源社会保障部统计，2007年9月底，全国基本养老保险、基本医疗保险、失业保险、工伤保险和生育保险参保人数分别达到19676万人、18896万人、11473万人、11530

万人和7327万人，分别比 2002年底增加4939万人、9495万人、1291万人、7124万人和3839万人。截至2008年底，全国参加城镇基本养老保险、城镇基本医疗保险、失业保险、工伤保险、生育保险人数分别为21891万人、31822万人、12400万人、13787万人和9254万人，比上年末分别增加1754万人、9511万人、755万人、1614万人和1479万人。

第五，注重发展医药卫生事业。医药卫生事业是重大的民生问题，关系到亿万人民的健康。健康关系到千家万户的幸福，关系到国家和民族的未来。为此，中央非常关注医药卫生事业，将其视为构建社会主义和谐社会的一项重大任务。

2006年10月23日，在中共中央政治局第三十五次集体学习时，胡锦涛强调，要高度关注和不断提高人民群众健康水平，建设覆盖城乡居民的基本卫生保健制度。他指出，人人享有基本卫生保健服务，人民群众健康水平不断提高，是人民生活质量改善的重要标志，是全面建设小康社会、推进社会主义现代化建设的重要目标。在经济发展的基础上不断提高人民群众健康水平，是实现人民共享改革发展成果的重要体现，是促进社会和谐的重要举措，是党和政府义不容辞的责任。

2007年7月10日，国务院印发的《关于开展城镇居民基本医疗保险试点的指导意见》指出，党中央、国务院高度重视解决广大人民群众的医疗保障问题，不断完善医疗保障制度。1998年我国开始建立城镇职工基本医疗保险制度，之后又启动了新型农村合作医疗制度试点，建立了城乡医疗救助制度。目前没有医疗保障制度安排的主要是城镇非从业居民。为实现基本建立覆盖城乡全体居民的医疗保障体系的目标，国务院决定，从2007年起开展城镇居民基本医疗保险试点。

2007年10月15日，胡锦涛在十七大报告中强调指出，要建立基本医疗卫生制度，提高全民健康水平。要坚持公共医疗卫生的公益性质，坚持预防为主、以农村为重点、中西医并重，实行政事分开、管办分开、医药分开、营利性和非营利性分开，强化政府责任和投入，完善国民健康政策，鼓励社会参与，建设覆盖城乡居民的公共卫生服务体系、医疗服务体系、医疗保障体系、药品供应保障体系，为群众提供安全、有效、方便、价廉的医疗卫生服务。

2009年3月17日，中共中央、国务院印发了《关于深化医药卫生体制改革的意见》，进一步明确了深化医药卫生体制改革的指导思想、基本原则和总体目标。为了让群众得到实惠，保障广大群众看病就医的基本需求，落实医疗卫生服务的公益性质，强调指出要加快推进基本医疗保障制度建设，初步建立国家基本药物制度，健全基层医疗卫生服务体系，促进基本公共卫生服务逐步均等化，推进公立医院改革试点等五项重点改革措施。

正是由于党中央的重视，以及积极实施的一系列措施，我国医药卫生事业取得了显著成就，医疗水平迅速提高，防治疾病的能力不断增强，医疗保障覆盖人口逐步扩大，覆盖城乡的医药卫生服务体系基本形成，人民群众的健康水平明显提高，居民主要健康指标处于发展中国家前列。

第六章 中国的政治体制改革
与民主化进程①

政治体制改革是中国全面改革的重要组成部分，是当下中国所面临的一项重大而又艰巨的现实课题。我们党将协商民主定位为"深化政治体制改革的重要内容"，初步勾勒出中国民主改革的路线图，在为中国政治体制改革初步破题的同时，彰显了我们党对协商民主所寄予的深切期望和进一步推进政治体制改革的信心和决心。

第一节 协商民主的提出与发展

中国的协商民主是在中国政治生活的实践逻辑中发展起来的，它与中国共产党领导的多党合作和政治协商制度紧密联系，是中国社会不断向前发展的必然的历史选择。早在中共二大时期，我们党就明确提出要建立包含团结在中国共产党旗帜下的工人、农民以及包括全国一切革命党派、资产阶级民主派在内的"民主的联合战线"。

1948年4月30日，中共中央委员会发布了二十三条纪念五一劳动节的

① 基金项目：北京社会主义学院（北京统战理论研究基地）2019年度招标课题"公民政治参与视域下北京基层协商民主制度化建设研究"阶段性成果，项目编号：BJSY1923。

口号，提出"各民主党派、各人民团体、各社会贤达迅速召开政治协商会议，讨论并实现召集人民代表大会，成立民主联合政府"①，这一号召迅速得到各民主党派、各人民团体、无党派人士和各族各界人士响应，将中国共产党领导下召开新的政治协商会议来商讨筹建新中国这一历史任务提上重要日程。1949年9月21日至9月30日，中国人民政治协商会议第一届全体会议召开，参加会议的有各民主党派、团体的代表，标志着中国共产党领导的多党合作和政治协商制度正式确立。

1951年11月，毛泽东同志在全国政协一届三次会议上的讲话中明确指出，我国的人民民主统一战线是一个包括"全国各民族、各民主阶级、各民主党派、各人民团体以及一切爱国民主人士在内的几万万人的统一战线"②。1954年12月，在全国政协二届一次会议开幕前，毛泽东针对当时各界对政协的困惑和意见作了《关于政协的性质和任务》的报告，详细阐述了人民政协的性质、任务以及在国家政治生活中的地位和作用等重大问题。1956年4月，毛泽东在《论十大关系》中指明了民主党派存在的必要性，他说："究竟是一个党好，还是几个党好？现在看来，恐怕是几个党好。不但过去如此，而且将来也可以如此，就是长期共存，互相监督。"③1957年反右派斗争扩大化，特别是1966年5月至1976年10月十年的"文化大革命"中断了我国协商民主的探索和建设。此后，新时期拨乱反正之后，我国的协商民主建设重新回到了正确的历史轨道上来。

1987年，党的十三大报告提出了"建立社会协商对话制度"的设想，将其作为正确处理和协调各种不同的社会利益和矛盾的重要途径，同时也为我国的政治体制改革提出了思路，指明了方向。报告指出，"正确处理

---

① 《纪念五一劳动节口号》，《人民日报》，1948年5月2日第1版。
② 《毛泽东文集》第六卷，人民出版社，1999年版，第187页。
③ 《毛泽东文集》第七卷，人民出版社，1999年版，第34页。

和协调各种不同的社会利益和矛盾，是社会主义条件下的一个重大课题。各级领导机关的工作，只有建立在倾听群众意见的基础上，才能切合实际，避免失误。"①同时，报告还阐述了建立社会协商对话制度的基本原则，即"发扬'从群众中来、到群众中去'的优良传统，提高领导机关活动的开放程度，重大情况让人民知道，重大问题经人民讨论"②。十三大报告关于"建立社会协商对话制度"的论述，拓宽了协商主体和协商内容的适用范围，把协商民主实践由政治层面引入社会层面，对未来协商民主理论和实践发展具有重要意义。此后，邓小平同志反复强调，"要继续贯彻执行十一届三中全会以来的路线、方针、政策，连语言都不变。十三大政治报告是经过党的代表大会通过的，一个字都不能动。"③

1991年全国"两会"期间，江泽民同志在参加七届全国人大四次会议和全国政协七届四次会议的党员负责同志会议上发表讲话，阐述"在统一战线内部形成党领导下的团结、民主、和谐的合作共事关系"问题，在此他首次提出"社会主义民主的两种重要形式"的论述。江泽民同志指出："人民通过选举、投票行使权利和人民内部各方面在选举和投票之前进行充分协商，尽可能就共同性问题取得一致意见，是我国社会主义民主的两种重要形式。这是西方无可比拟的，也是他们无法理解的。两种形式比一种形式好，更能真实体现社会主义社会人民当家作主的权利。"④尽管此时提出的关于"社会主义民主的两种重要形式"的论述，主要是面向全国人民代表大会和全国人民政治协商会议针对"统一战线"和"人民政协"的工作提出来的，协商的内容也还没有扩展到更为广泛的经济社会生活领

---

① 《十三大以来重要文献选编》（上），中央文献出版社，2011年版，第36页。
② 《十三大以来重要文献选编》（上），中央文献出版社，2011年版，第37页。
③ 《邓小平文选》（第三卷），人民出版社，1993年版，第296页。
④ 政协全国委员会办公厅、中共中央文献研究室编：《人民政协重要文献选编》（中），中央文献出版社、中国文史出版社，2009年版，第506页。

域。但是，这一论述为此后的"选举民主"和"协商民主"两种基本民主形式的概括性表述奠定了基础。

新世纪以来，以胡锦涛同志为总书记的中共中央先后出台了《关于进一步加强中国共产党领导的多党合作和政治协商制度建设的意见》《关于加强人民政协工作的意见》等一系列重要文件，首次以正式文件的形式确立了社会主义民主的两种重要形式。2006年2月，中共中央颁布了《中共中央关于加强人民政协工作的意见》，首次提出了"社会主义民主的两种重要形式"的明确论断。《意见》指出，"人民通过选举、投票行使权利和人民内部各方面在重大决策之前进行充分协商，尽可能就共同性问题取得一致意见，是我国社会主义民主的两种重要形式。坚持和完善人民政协这种民主形式，既符合社会主义民主政治的本质要求，又体现了中华民族兼容并蓄的优秀文化传统，具有鲜明的中国特色。发展社会主义民主政治，建设社会主义政治文明，要善于运用人民政协这一政治组织和民主形式。"[1]在《意见》中不仅强调了人民政协是我国政治生活中发扬社会主义民主的重要形式，而且强调了"人民内部各方面在重大决策之前进行充分协商"也是发扬社会主义民主的重要形式，"社会主义民主的两种重要形式"的提出对于不断推进我国社会主义民主政治向前发展具有非常重要的意义。因此，《意见》一经颁布，"协商"这一概念就引起了各界人士的广泛关注，但是由于《意见》中关于"协商"的表述不是十分明确，因此在之后一年多的时间里，中国政界和学术界针对《意见》中所提出来的"协商"的含义展开了激烈的讨论。

2007年11月15日，国务院新闻办公室发表白皮书《中国的政党制度》，首次明确提出"协商民主"的概念。《制度》指出："选举民主与

---

[1] 政协全国委员会办公厅、中共中央文献研究室编：《人民政协重要文献选编》（下），中央文献出版社、中国文史出版社，2009年版，第793页。

协商民主相结合，是中国社会主义民主的一大特点。在中国，人民代表大会制度与中国共产党领导的多党合作和政治协商制度，有着相辅相成的作用。人民通过选举、投票行使权利和人民内部各方面在作出重大决策之前进行充分协商，尽可能取得一致意见，是社会主义民主的两种重要形式。选举民主与协商民主相结合，拓展了社会主义民主的深度和广度。经过充分的政治协商，既尊重了多数人的意愿，又照顾了少数人的合理要求，保障最大限度地实现人民民主，促进社会和谐发展。"①虽然国务院白皮书正式提出了"协商民主"的概念，但是这一时期，在党的重要文献和领导人的重要讲话中并没有出现"协商民主"这一表述，关于社会主义民主形式的阐释更多的时候还是从人民政协的角度去论述的。

2012年8月，中共中央办公厅转发了《中共政协全国委员会党组关于〈中共中央关于加强人民政协工作的意见〉贯彻落实情况的报告》，并发出通知要求各地区各部门结合实际认真贯彻执行。《报告》明确指出，人民政协这种民主形式融协商、监督、合作、参与于一体，极大丰富了我国社会主义民主的内涵，成为协商民主的重要渠道。2012年10月2日，《人民日报》用三个版面刊登了《协商民主是重要方向——访全国政协常委李君如》《协商民主的中国合奏》《多党合作：民主实现方式的"中国创新"》等一系列专门论述协商民主的文章。至此，"协商民主"的概念在政界和学术界已经基本取得共识，中国共产党关于"协商民主"理论的正式阐释已经呼之欲出。

2012年11月8日，党的十八大报告首次将协商民主从一种民主形式上升为一种制度形式予以强调，提出要"健全社会主义协商民主制度"，并将协商民主作为我国政治体制改革的重要内容和任务要求，这是我们党的一次重大的理论创新和制度创新。报告首次提出"社会主义协商民主"的

---

① 《中国政党制度年鉴（2007）》，中央编译出版社，2008年版，第179页。

论断，并明确将社会主义协商民主作为我国人民民主的重要形式，同时对完善协商民主制度和工作机制、丰富协商民主的形式和内容、推进协商民主的方法和渠道等问题作出全面阐述。报告明确指出社会主义协商民主是我国人民民主的重要形式，强调要健全社会主义协商民主制度。此外，报告在总体上对社会主义协商民主制度化建设进行规划和要求，这标志着我们党开始自觉地把协商民主作为推进中国政治体制改革的重要方向，这对进一步推进社会主义民主政治建设，从而在全社会广泛实现人民民主具有重大而深远的意义。

2013年11月，党的十八届三中全会通过的《中共中央关于全面深化改革若干重大问题的决定》进一步明确了协商民主的性质、内容以及协商民主体系建设等相关问题，将中国的协商民主发展推进到一个全新的历史进程中。《决定》明确了协商民主的中国特色社会主义性质，将协商民主定位为我国社会主义民主政治的特有形式和独特优势，是党的群众路线在政治领域的重要体现。

从2006年《关于加强人民政协工作的意见》提出的"两种民主形式之一"，到十八大报告提出的"重要形式"，再到十八届三中全会《决定》提出的"特有形式和独特优势"，充分体现了我们党对协商民主性质的认识的不断深化。《决定》进一步丰富和扩展了协商民主的内容，明确规定协商民主是在党的领导下，以经济社会发展重大问题和涉及群众切身利益的实际问题为内容，在全社会开展广泛协商，坚持协商于决策之前和决策实施之中。《决定》再次阐明人民政协在协商民主中的地位和作用，强调"发挥人民政协作为协商民主重要渠道作用。重点推进政治协商、民主监督、参政议政制度化、规范化、程序化"[①]。党的十八届三中全会进一步推

[①] 《中共中央关于全面深化改革若干重大问题的决定》，人民出版社，2013年版，第29页。

动中国的协商民主从最初的政党之间、政府与社会之间的协商扩展到社会团体、公民之间的协商，构建起了国家层面的政治协商、政府与社会之间的社会协商和社会层面的公民协商的中国特色的社会主义协商民主体系。

2014年9月21日，习近平总书记在庆祝中国人民政治协商会议成立65周年大会上发表重要讲话，围绕社会主义协商民主进行深刻阐述，提出了一系列新的观点和论断。习近平总书记指出："社会主义协商民主，是中国社会主义民主政治的特有形式和独特优势，是中国共产党的群众路线在政治领域的重要体现。"①他进一步阐明了实现民主的形式，即"实现民主的形式是丰富多样的，不能拘泥于刻板的模式，更不能说只有一种放之四海而皆准的评判标准。人民是否享有民主权利，要看人民是否在选举时有投票的权利，也要看人民在日常政治生活中是否有持续参与的权利；要看人民有没有进行民主选举的权利，也要看人民有没有进行民主决策、民主管理、民主监督的权利。社会主义民主不仅需要完整的制度程序，而且需要完整的参与实践"②。在此基础上，他强调，"人民通过选举、投票行使权利和人民内部各方面在重大决策之前进行充分协商，尽可能就共同性问题取得一致意见，是中国社会主义民主的两种重要形式。在中国，这两种民主形式不是相互替代、相互否定的，而是相互补充、相得益彰的，共同构成了中国社会主义民主政治的制度特点和优势。"③他要求要深刻把握"社会主义协商民主是中国共产党的群众路线在政治领域的重要体现"这一基本定性，切实落实推进"协商民主广泛多层制度化发展"这一战略任务。习近平总书记关于社会主义协商民主的深刻论述具有很强的理论性和指导性，为此后《关于加强社会主义协商民主建设的意见》的起草和颁布提供

---

① 习近平：《在庆祝中国人民政治协商会议成立65周年大会上的讲话》，《人民日报》，2014年9月22日第02版。
② 同①。
③ 同①。

了理论依据和基本遵循。

2015年2月9日，中共中央印发了《关于加强社会主义协商民主建设的意见》。《意见》明确了社会主义协商民主的本质属性和基本内涵，系统阐述了加强社会主义协商民主建设的重要意义、指导思想、基本原则、协商渠道和协商程序等内容，对新时代各渠道进行协商民主建设作出全面部署，是指导社会主义协商民主建设的纲领性文件。

《意见》进一步明确了协商民主的本质属性，即"社会主义协商民主是中国社会主义民主政治的特有形式和独特优势，是党的群众路线在政治领域的重要体现，是深化政治体制改革的重要内容"①，这一概况显示了我们党对协商民主的地位和作用的重视以及进一步推进政治体制改革的决心。同时，《意见》也明确了协商民主的基本内涵，即"协商民主是在中国共产党领导下，人民内部各方面围绕改革发展稳定重大问题和涉及群众切身利益的实际问题，在决策之前和决策实施之中开展广泛协商，努力形成共识的重要民主形式"②，这一定义明确了协商民主的领导者、协商的主体、协商的内容、协商的要求以及协商的目的，为社会主义协商民主的发展提供了基本遵循。

《意见》围绕为什么要加强协商民主建设阐释了协商民主的发展历程和重要意义。在此基础上，《意见》围绕怎样加强协商民主建设系统阐述了加强协商民主建设的指导思想、基本原则和渠道程序，特别是全面部署了各类协商如何根据自身特点和实际需要，合理确定协商内容和方式，同时做好衔接配合，不断健全和完善社会主义协商民主制度，明确勾勒出构建中国特色社会主义协商民主的"6+1"体系。也就是要继续加强政党协

---

① 《中共中央印发〈关于加强社会主义协商民主建设的意见〉》，《人民政协报》，2015年2月10日第01版。
② 同①。

商、积极开展人大协商、扎实推进政府协商、进一步完善政协协商、认真做好人民团体协商、稳步推进基层协商、探索开展社会组织协商等。此外，《意见》还对加强和完善党对协商民主建设的领导进行了阐述，要求从对协商民主建设给予高度重视，营造协商民主建设良好氛围，并对建立健全党领导协商民主建设的工作制度、研究制定协商民主建设党内法规、支持鼓励协商民主建设探索创新、加强对协商民主建设落实情况的监督检查等方面提出具体要求和规范。

《关于加强社会主义协商民主建设的意见》是我们党在历史上首次以协商民主为主题颁布的中央文件，是我们党的理论创新和制度创新的最新成果。《意见》进一步明确了社会主义协商民主的本质属性和基本内涵，围绕新形势下如何推进协商民主广泛多层制度化发展作出全面部署，是指导社会主义协商民主建设的纲领性文件。

第二节　协商民主的基层探索实践

中国基层的协商民主作为一种民主实践形式，在协商民主的各种具体实践和形式中具有基础性的地位和作用。基层协商民主主要以村、社区、企（事）业单位为实施单位，贯穿于基层选举、决策、日常管理和监督等各个方面。随着我国政治体制改革的逐渐推进，各地基层协商民主的探索实践取得了显著的成效。

一、浙江温岭：民主恳谈会

"民主恳谈"指的是在基层的政治决策过程中，基层群众、组织和社区等利益相关方能够借助规范的制度平台，并通过意见表达、对话沟通、协商讨论的形式，在达成共识的基础上作出符合公共利益的决策的民主形式。① "民主恳谈会" 作为一种协商对话机制，有效地实现了政府与群众之间的交流和沟通。经过多年的基层实践，浙江温岭的"民主恳谈会"由最初的农村思想工作方法逐步走向制度化和规范化，成为我国基层协商民主的一种典型形式。

1.干群直接对话："民主恳谈"的产生及背景

温岭市是浙江省台州市所辖县级市，地处浙江东南沿海，长三角地区的南翼，下辖5个街道，11个镇，90个社区（居）委会，579个行政村，户籍总人口超过百万。随着改革开放的开启与不断推进，温岭逐渐形成了机制灵活、市场活跃、民资丰厚等鲜明的区域经济发展特色，经济社会得以持续快速协调发展。温岭属于市场经济的先发地区，经济的迅速发展、社会生活水平的大幅提高，促使温岭人的民主意识逐渐觉醒，对民主政治的要求日益提高，希望在基层公共事务管理中拥有更多的话语权。

作为基层协商民主创新的典型代表的温岭的民主恳谈始于1999年。当时，根据中央提出的"沿海地区要加快农村现代化"的总体要求，浙江省委、省政府对进一步加强农业农村现代化建设进行部署，并提出要"在全省进行一次农业农村现代化教育"的要求。台州市将"农业农村现代化教育"试点工作放在了温岭市的松门镇。1999年6月25日，第一期"农业农村现代化建设论坛"在松门镇党委政府主持下召开。此次论坛把参会人员扩大到普通群众，让群众自愿参加，并以面对面交流的方式自由发言，针对村镇规划、投资环境等重大问题和邻里纠纷等日常生活琐事展开交流和讨论。在论坛上，针对群众所提出的问题，与会相关部门负责同志一一给予解答。对于能够当场解决的问题明确予以解决，对于不能当场解决的问

---

① 陈家刚：《协商民主与国家治理——中国深化改革的新路向新解读》，中国编译出版社，2014年版，第161页。

题也提出了具体的解决方案。当年论坛共举办了4期，参与群众达600余人，所提出的110项问题中，明确给予解决的有84项，承诺予以解决的有26项，被当地群众赞誉为松门的"焦点访谈"。

这种"自愿参加""直接对话"的工作方法开启了基层群众参与政治生活的新篇章，深受基层群众的欢迎和好评，产生了较强的社会影响力。1999年底，温岭市委在全市范围内推广松门镇的做法，并将这一思想政治工作的创新形式纳入对各乡镇的综合目标考核之中去。2000年下半年，在松门镇民主论坛的示范效应下，温岭市下辖市县陆续开展起"民情夜谈""村民民主日""农民讲台"等形式多样的干群对话活动。2001年6月，温岭市委发出通知，将全市各地开展的多种形式的基层民主政治创新载体统一命名为"民主恳谈"，同时对其提出规范性要求，并将实施范围推广到全市所有镇（街道）、党政机关、企事业单位和群团组织等领域。自此，民主恳谈这一工作方法在温岭市确立，成为处理基层公共事务的首要协商民主形式。

2.公众事务决策："民主恳谈"的转型发展

2000年下半年以后，民主恳谈逐渐在温岭全市范围内推广开来，逐渐"成为一种以协商民主为特征的稳定的基层利益表达形式，在村民自治、社区居民自治和乡镇基层政府与公民协商对话等方面发挥着巨大的功效，成为重大事项决策的必经程序和各利益主体实现利益交换的重要平台"[1]。但是，此时作为民主恳谈发源地的松门镇在实践上却陷入困境，民主恳谈遇到的阻力越来越大。一方面，镇里部分干部提出反对，认为镇里针对群众所提出的问题组建了几十个专门工作小组，耗费了大量的人力和物力，而所解决的问题大多是群众的个人问题；另一方面，各村干部也持反对意

---

① 王圣诵、王兆刚等著：《基层民主制度研究》，人民出版社，2012年版，第14页。

见，认为老百姓在会上公开提出的各种问题让他们出了丑，他们在村里的威信受到质疑和挑战。这些阻力促使"民主恳谈"的转型发展势在必行。

在温岭市委的大力支持下，温岭市牧屿镇（现并入泽国镇）成为民主恳谈转型的试验田，开始尝试将对话型民主恳谈提升到决策型民主恳谈。决策型民主恳谈有利于解决对话型民主恳谈所遇到的问题和阻力：一方面，吸纳老百姓参与公共事务决策，他们才能更加关心、理解和支持政府的工作；另一方面，将民主决策所要解决的问题限定在公共事务范围内，缓解了人力、物力和财力的压力。

2001年，牧屿镇正在规划建造牧屿山公园，6月22日以此为主题召开了"牧屿山公园建设民主恳谈会"，召集老百姓一起来讨论、完善设计方案。在民主恳谈会上，牧屿镇政府相关负责人同武汉市城市建设规划设计院的专家就牧屿山公园的建设问题提出方案，向与会群众征询意见和建议。这次民主恳谈会有100多名群众自愿参加，共收集意见和建议35条，最终被采纳17条，其中许多建议对于牧屿山公园的建造非常有价值，恳谈的效果超出预期。在民主恳谈过程中，有的群众提议，原来牧屿山上的一个标志性的古楼阁已经被拆除了，在建造过程中应该予以恢复重建；还有的群众提出，在牧屿山公园的设计方案中，只规划了南边一条道路，而在东边人口集聚的地方却没有进出的道路。特别是有一名群众提出牧屿山上有很多坟墓非常影响公园的整体环境，建议将这些坟墓迁移到其他地方。并且，由于他自己家在公园也有老坟，他还主动提出马上迁墓，全力配合公园建设。可见，让老百姓充分参与公共事务决策，激发其广泛参与的热情，他们就会主动去支持和配合政府工作。

随着民主恳谈的转型发展，其机构和制度化建设也逐渐开始完善。2001年，温岭市成立了民主恳谈活动领导小组以及督办、处理反馈组，下设办公室，挂靠在市委宣传部。同时发出通知，规定各乡镇成立民主恳谈活动领导小组，并要求配备一名领导干部专门负责民主恳谈的相关工作。

与此同时，温岭市委市政府先后出台《中共温岭市委关于进一步深化民主恳谈推进基层民主政治建设的意见》《中共温岭市委关于民主恳谈的若干规定》等文件，对民主恳谈议题的确定、民主恳谈的程序和方法、民主恳谈的监督机制、民主恳谈结果的运用等作出制度性规范，并明确规定全市各地各部门都要把民主恳谈作为重大决策的必经程序。此后，温岭民主恳谈开始走向制度化、规范化和程序化。

3.参与式预算："民主恳谈"的深入推进

在温岭市委市政府的大力推动下，"民主恳谈"逐步超越了最初预想的农村思想政治工作载体的功能，成为基层群众有序参与公共事务决策的重要平台。但是，当时的民主恳谈依然存在着一个深层次的局限和困境，即决策型民主恳谈缺乏法律层面的支撑和保障。因此，如何进一步推动民主恳谈深入发展，为具有政治合法性的决策型民主恳谈找到一条具有法律合法性的发展路径，使其能够在法律的框架内持续稳定运行，成为摆在温岭市委市政府面前的一个亟待解决的难题。遵循着这一思路，温岭市委将民主恳谈的重心放在了如何使民主恳谈与现行的法律和制度相衔接上，推动泽国镇和新河镇将民主恳谈同人大预算审查结合起来的公共预算型民主恳谈的改革。

2005年，泽国镇以公共财政预算为主题召开民主恳谈会，拉开了"泽国试验"的序幕。2005年初，泽国镇政府开始规划部署年度城镇建设项目，初步提出涵盖全镇四大类涉及道路、桥梁、旧城改造、环境保护、园林绿化、规划设计等30个建设项目。由12位专家组成的专家组对30个项目进行了可行性评估并作出了项目预算——30个项目共需资金13692万元，而当年镇政府预计可用的城镇建设资金只有4000万元，这就意味着镇政府必须在30个计划建设项目中作出选择。最终，镇政府决定在全镇范围内召开民主恳谈会，进行公共决策听证，在听取各个层面的意见后，再进行集体讨论决定规划建设项目。4月9日，"重大公共事务民众参与决策会"在温岭市一所中学的教室里举行。在全镇范围内确定的275名代表中的259名代表参加了民主恳谈会。经过几轮的小组讨论、大会讨论，参会代表对30个项目进行投票。会后镇政府相关人员召开办公会议，根据民主恳谈会投票情况，最终决定将总投资额约为3640万元的12个项目拟定为2005年城镇基本设施建设项目，同时将总投资额为2250万元的其后10个项目作为备选项目，根据政府财政情况，按顺序选择建设。随后，镇政府将规划建设项目方案提交2005年4月30日召开的泽国镇第十四届人民代表大会第五次会议审议，高票通过了民主恳谈会所选择的12个项目为2005年城建基本项目。

2005年7月，在"泽国试验"的基础上，温岭市新河镇率先开始探索将乡镇财政预算的编制和审查列入"民主恳谈"的内容，开始了参与式预算民主恳谈的新尝试——"新河模式"。"新河模式"主要是指人大代表和基层群众通过民主恳谈的方式直接参与到政府的财政预算当中的一种协商民主实践方式。2008年，参与式预算民主恳谈在新河镇试点3年之后被推广到箬横、泽国、大溪、滨海4个镇，而后又在进一步完善的基础上由乡镇一级推广到市级层面。在这一过程中，参与式预算民主恳谈逐渐形成一套制度化的运行程序，即"参与恳谈—提出意见—部门反馈—调整预算—付诸实施—期中恳谈—适当调整"，在强化民主恳谈自身制度化建设的同时，推进了公共预算的公开、透明和民主，在全国率先开创了将协商民主与预算审查相结合的先河。

此后，经过十几年坚持不懈的完善和发展，温岭的"民主恳谈"逐渐发展成为一套具有地方特色的制度化、程序化、系统化的基层协商民主实践体系。温岭的"民主恳谈"作为政府和民众之间进行沟通的一种有效形式，对于推进中国基层协商民主制度化建设具有重要的里程碑式的意义。随着中国现代化进程中对基层治理水平和治理能力的不断提升，"民主恳谈"在解决选举后的治理难题过程中将会发挥愈来愈重要的作用。

二、云南盐津：群众参与式预算

参与式预算是公民直接参与预算决策权的协商民主实践形式。在参与式预算过程中，政府将涉及基层群众切身利益的部分或全部可支配预算或公共资源交由公众讨论、协商和决定，这为民众意愿的充分表达提供了合法性平台，同时极大增强了政府资金使用的公开性和透明性，有效减少和避免了滋生腐败的机会。中国的参与式预算改革始于2004年，浙江温岭市、江苏无锡市、黑龙江哈尔滨市、安徽淮南市、河南焦作市、上海闵行区、广东佛山顺德区、上海惠南镇、云南盐津县等地以不同的形式、程序和规则展开试验。在众多的参与式预算改革试验中，盐津县的"群众参与预算"模式是在云南省财政预算改革的整体战略布局中展开的，在更大程度上赋予了基层群众参与民主决策的权利，为丰富基层协商民主形式、推进基层治理实践提供了鲜活的样本和有益的借鉴。

1.云南盐津开展"参与式预算"的背景

盐津县是云南省昭通市下辖县，因为历史上曾经拥有盐井产盐并设渡口渡汛而得名。盐津县位于云南省东北部，地处滇东北云川交界处，居昭通、宜宾两市之中部，东北与四川筠连、高县、宜宾三县接壤，南连云南彝良，西与云南大关、永善、绥江三县毗邻，北与水富县接界，县域面积为2091.5平方千米。盐津县属典型的山区县，山地面积占总面积的99.92%，县城驻地位于受横江深切的峡谷之中，民居建筑依山临水，素有"峡谷岩城"之称。盐津县辖6镇4乡，16个社区居民委员会、78个村民委员会，2552个村民小组，常住人口为39.8万人(其中农业人口33.5万)，有苗族、彝族、回族等少数民族。盐津县是国家级贫困县，县乡财政预算改革启动前，盐津县生产总值在全省129个县市区中排在第一百一十七位，全县各乡镇财政自给率不足10%，90%以上的地方公共财政预算支出都要依靠上级补助。

2012年11月，党的十八大报告提出了"全面深化经济体制改革"的要求，强调要加快改革财税体制，健全中央和地方财力与事权相匹配的体制。2013年11月，党的十八届三中全会通过了《中共中央关于全面深化改革若干重大问题的决定》，明确了全面深化改革的总目标是完善和发展中国特色社会主义制度，推进国家治理体系和治理能力现代化。围绕这一总目标，该决定强调改进预算管理制度，实施全面规范、公开透明的预算制度。这对于保障基层群众对政府财政预算的知情权和参与权，有效制约和监督权力运行，促进基层社会治理科学化、民主化、法制化具有重要的现实意义。

2014年8月31日，第十二届全国人民代表大会常务委员会第十次会议表决通过了《全国人大常委会关于修改〈中华人民共和国预算法〉的决定》，修订后的《预算法》将于2015年1月1日开始正式施行。新《预算法》规定，国家实行一级政府一级预算，设立中央，省、自治区、直辖市，设区的市、自治州，县、自治县、不设区的市、市辖区，乡、民族乡、镇五级预算。并特别指出，县、自治县、不设区的市、市辖区、乡、民族乡、镇的人民代表大会举行会议审查预算草案前，应当采用多种形式，组织本级人民代表大会代表，听取选民和社会各界的意见。这是我国首次在法律层面明确规定县、乡两级预算要采用多种形式广泛吸纳社会公众意见，以确保预算决策的科学性、公正性和合法性。

十八大以后，为了切实贯彻中央关于"全面深化经济体制改革"的要求，云南省在全省范围内对乡镇机构改革、财政预算改革等各项改革进行全面布局。在贯彻执行云南省的战略布局中，盐津县作为云南省财政体制改革的试点，以深化乡镇机构改革为切入点，以"理顺关系、完善职能、规范管理、提高质量"为内容，开展乡镇财政管理体制改革工作，以解决县域经济发展滞后、产业结构单一、财源基础薄弱、财政资金使用效率偏低等一系列突出问题。

2.盐津县"参与式预算"的发展进程

2012年，盐津县在省财政预算改革的整体战略布局中启动县乡财政预算改革，主要包括三项内容：一是建立县乡财税增长激励机制；二是开展县直部门"比例·绩效"预算改革；三是实施乡镇"群众参与式预算"改革。盐津县的"群众参与式预算"与其他发生于省或市区级的预算改革不同，省级或者市区级开展的预算改革更多集中于人大制度层面，基层民众参与预算改革的方式更多局限于预算信息的知情权。同时，盐津县的"群众参与式预算"也不等同于20世纪90年代兴起的农村的"村务公开和民主管理"。尽管村务公开和民主管理直接关涉到每个村民的直接利益，村民的参与度和知情权更高，但是由于村级不是一级财政预算单位，因此村民的这种参与村务的过程不能称之为"参与式预算"。盐津县的"参与式预算"改革主要针对的是相应的管理环节的改革，其核心是让基层群众拥有直接参与财政预算编制讨论和协商的权利，重点是编制公开透明的乡镇公共财政预算，实现乡镇预算编制从"封闭"到"开放"的转变。

从2012年起，盐津县开始在庙坝镇和豆沙镇2个镇展开"群众参与预算"试点工作。庙坝镇公共财政预算收入较高、财政收入基本可以自给，其采取的是更为民主的"自下而上"的群众参与预算方式，对于常规的公共建设项目、县人民代表大会审议通过的项目、政府作出承诺的实事工程等都在群众讨论协商的范围内。其程序主要包括推荐代表、民意调研、额度测算、确定项目、群众恳谈、公开公示、人大审定七项内容。豆沙镇公共财政预算收入较低，财政收入主要依靠转移支付，其采取的是以政府为主导的"自上而下"的群众参与预算方式，全镇的财力余额参与预算，即根据当年镇财力状况和经济社会发展需求，拟定当年公共建设项目交由群众代表讨论协商表决后进行预算。其程序主要包括项目额度测算、拟定项目计划、选举议事代表、推行民主恳谈、项目公开公示、人大审议批复等六项内容。尽管庙坝镇和豆沙镇所采用的参与预算模式在方式、内容和程序上不尽相同，但是其核心都是通过基层群众直接参与财政预算，在赋予群众民主权利的同时，增强了政府决策的科学性，提高了基层政府的权威性和公信力。

2013年，党的十八届三中全会以后，盐津县在深入分析和总结庙坝镇和豆沙镇两个试点地区试点经验的基础上，进一步提出了"基层民主预算改革"这一概念，并制订了盐津县基层民主预算改革试点方案，同时又选取了中和镇、牛寨乡两个乡镇再行试点。2014年，盐津县"群众参与预算"改革的设计者们进一步完善了相关的规则和程序，并有计划地在全镇进行推广，力图按照中央和省市推进基层民主和财政预算改革的具体要求，进一步凸显基层群众有序参与的主体地位，丰富和推进这一被实践证明了的行之有效的基层协商民主形式。

3.盐津县"参与式预算"的制度设计

盐津县的群众参与预算是以基层群众为主体，以乡镇政府预算编制、执行、监督为主要内容，按照公平、公开、公正的原则，通过民主议事等形式，最终实现政府预算科学、透明，进一步提高资金使用效益，促进群众依法自我管理、自我服务、自我教育、自我监督等目标的一种基层预算管理形式。盐津县"群众参与预算"改革由县委、县人民政府领导实施。县人民政府成立"盐津县乡镇群众参与预算改革领导小组"，下设办公室负责对群众参与预算改革工作的统一领导、统一部署和统一安排。与此同时，盐津县成立"盐津县乡镇群众参与预算改革监督委员会"，负责对预算改革的全过程进行监督；成立"盐津县乡镇群众参与预算改革专家咨询小组"，负责预算改革方案的设计、项目库管理、群众议事员培训等工作；成立"项目评审领导小组"，负责项目库从申报到审查的具体组织实施工作。此外，试点乡镇也成立相应的领导和工作机构，主要负责改革工作的具体实施。改革的主要内容包括五个方面：

（1）推选群众议事员。乡镇工作小组负责组织实施群众议事员选举工作。群众议事员由村"两委"直接推选的议事员与按人口规模随机抽取的议事员共同组成。分别通过两种渠道产生：一是定额推荐，即以行政村为单位，每个行政村无论大小，均有2名议事员，由村"两委"召开会议提名推荐；二是随机抽选，即按照每个行政村人口总数的0.5‰的比例分配议事员名额，并从各村民小组推荐的人选中随机抽取。推选结果报领导小组与监督委员会备案。群众议事员一经产生，任期三年。不能有效履行职责的，按照群众议事员的相关管理规定执行。群众议事员退出和补选的有关规定另行制定。县改革领导小组负责组织对群众议事员及相关工作人员的培训。

（2）项目准备。项目准备环节包括确定资金总量、建立项目库两项工作。第一，确定资金总量。乡镇政府组织财政所测算全年财力及项目资金安排总量。将当年财力减去基本支出与必保刚性支出后的财力余额即为本年度群众参与预算总金额。县级财政按中央清理归并专款的原则，对上级专款中未指定具体项目的部分进行测算预计，并按一定比例预下达到乡镇，乡镇将其纳入群众参与预算项目资金安排。群众参与预算总金额需在项目提交前通报群众议事员，并在民主议事时作为确定项目的资金控制依据。第二，建立项目库。群众议事员与政府提出的项目一并列入项目库管理。群众议事员可采用调查研究或者村民大会讨论等方式，提出其最为关心的项目，原则上每位议事员可以提出1个项目，最多不超过2个。群众议事员所提项目应当符合项目管理的基本条件，并按统一规定的格式文本填报。群众议事员所提项目应当广泛、充分体现本村组村民的意见。乡镇政府根据本区域的发展规划和产业发展政策以及导向，拟定当年政府主导发展的项目，经政府办公会讨论通过进入项目库。

（3）项目审查。纳入项目库的各类项目由县改革领导小组组织相关部门人员或委托专业机构进行技术性、政策性独立审查，出具审查意见，并在民主议事会上予以通报。项目审查主要内容包括资格审查、形式审查、内容审查。项目审查情况需在民主议事会召开10天前提交群众议事员，并予以公开，供群众查阅。

（4）民主议事。由乡镇工作小组组织召开民主议事会。民主议事会的议程主要包括：通报上年项目执行、绩效评价及问责情况；通报相应项目的技术性与政策性审查意见；通报项目库项目及资金总量测算意见；群众议事员和政府对所提项目进行陈述；提问、讨论；投票表决。技术性与政策性审查出具否定性意见的项目，不能进入本次民主议事会陈述、讨论和表决。民主议事会议每年召开两次，分别研究决定编制年初预算以及调整预算。根据实际需要，亦可召开民主议事会临时会议，讨论确定相关事宜。

（5）执行反馈。执行反馈包括预算执行、决算及绩效评价两项工作。第一，预算执行。经乡镇人代会或人大主席团会议审议通过后批复的预算，由乡镇人民政府统一负责组织执行。调整预算需经民主议事会议表决，由乡镇财政编制预算调整草案，经乡镇政府审核签字并报乡镇人大主席团审议批复后，方可执行。第二，决算及绩效评价。财政年度结束后由乡镇财政所组织决算。县财政局牵头组织项目绩效评价及问责，次年在民主议事会上公布。

总体上来看，盐津的"群众参与预算"改革主要定位于基层群众在政府编制预算阶段的民主参与，由于其没有介入到现行的人大预算程序，因此改革阻力小、比较容易操作实施，但是今后进一步推进必然要解决如何与现行人大制度以及正式预算制度相结合的问题。尽管如此，盐津的"群众参与预算"改革在基层治理领域探索实行预算民主、建立现代预算制度，与除温岭之外的其他地区的预算改革模式相比，在更大程度上赋予公民有序参与协商民主的权利空间，对于在中国各地丰富基层协商民主形式、推进基层群众参与预算以及完善基层治理模式具有非常重要的借鉴意义。

三、四川彭州：社会协商对话会

在党的十八大"推进协商民主广泛、多层、制度化发展"理念的指导下，彭州市积极开展基层协商民主建设的探索性实践，搭建了村（社区）协商会、镇（街道）协商会、企（事）业单位协商会三级协商对话工作平台，建立健全了四项协商工作机制，形成了完整的社会协商对话会制度。彭州市探索实践的"社会协商对话会"构建起上下衔接、科学规范的基层协商民主体系，从各个方面、各个层级为基层民众搭建起平等、高效的协商平台，畅通了不同利益群体参与公共事务决策的制度化渠道，进一步完善了基层社会治理格局，为中国特色社会主义协商民主建设在基层推进探索出了一种崭新的实现模式。

1.彭州市开展社会协商对话的背景

彭州市位于四川盆地西北部、成都平原西北边缘，是四川省辖18个县级市之一，由成都市代管。彭州市面积1421平方千米，地处成都平原与龙门山地的过渡地带，是成都北向交通门户枢纽，北与汶川、茂县两县接壤，南隔青白江与新都区相望，东邻什邡、广汉两市，西连都江堰市、郫都区。彭州市辖4个街道、9个镇，93个行政村、96个社区，户籍总人口80.24万人。彭州市地处成德绵经济区中心、成渝经济区发展轴的西北区域合作中心以及成都半小时经济圈核心区，是成都市规划发展的四个新型中等工业城市之一和龙门山大熊猫国家森林公园生态旅游带的重要组成区域。

随着改革开放的不断深入发展，彭州市呈现出经济发展、民生改善，各项社会事业全面进步的良好局面。2012年，彭州市地区生产总值达213.36亿元，城市居民家庭年人均总收入达18814元，农村居民年人均纯收入达9793元，人民生活质量和生活水平大幅度提高。与经济发展水平逐年提高相伴而来的是彭州市整个社会的各种矛盾和问题也明显增多，这些矛盾和问题所涉及的群体主要集中于城乡广大的基层民众。因此，如何协调基层民众的利益关系、理顺群众情绪，将日益增多的社会矛盾化解在基层、增进社会共识，就成为摆在彭州市各基层党组织面前亟待解决的重大问题。

2012年11月，党的十八大报告首次提出要"健全社会主义协商民主制度"，并要求"推进协商民主广泛、多层、制度化发展"。报告指出要"完善基层民主制度"，特别是强调要积极开展基层民主协商，要"健全基层党组织领导的充满活力的基层群众自治机制，以扩大有序参与、推进信息公开、加强议事协商、强化权力监督为重点，拓宽范围和途径，丰富内容和形式，保障人民享有更多更切实的民主权利"①。此后，党的十八届三中全会对"推进协商民主广泛多层制度化发展"作了具体的安排和部署，明确提出要发展基层民主，要求"开展形式多样的基层民主协商，推进基层协商制度化，建立健全居民、村民监督机制，促进群众在城乡社区治理、基层公共事务和公益事业中依法自我管理、自我服务、自我教育、自我监督"②。彭州市在贯彻落实中央提出的"推进协商民主广泛多层制度化发展"的要求的过程中，积极寻求解决目前广大基层缺乏相应的协商民主制度、机制和协商平台的问题，探索出在基层广泛开展社会协商对话的基层协商民主新模式。

2.彭州市开展社会协商对话的发展进程

2013年3月，为落实党的十八大提出的"健全社会主义协商民主制度"

---

① 胡锦涛：《坚定不移沿着中国特色社会主义道路前进 为全面建成小康社会而奋斗》，人民出版社，2012年版，第27页。
② 《中共中央关于全面深化改革若干重大问题的决定》，人民出版社，2013年版，第29页。

的精神，彭州市成立了以市委书记为组长，市政协主席、市委副书记和统战部部长为副组长的彭州市构建和完善基层协商民主制度工作领导小组，以党委的名义就推进基层协商民主建设进行研究和部署。在领导小组的推动下，先后出台了《彭州市委关于构建社会协商对话制度的意见（试行）》《彭州市委统战部〈关于构建社会协商对话制度试点工作的实施方案〉的通知》《彭州市委办公室关于构建镇、村（社区）社会协商对话制度的实施方案》等文件。同时，成立了以统战部部长为召集人，相关部门负责人为成员单位的市社会协商对话联席会议制度，统筹指导乡镇（街道）、村（社区）、企事业单位及市级部门开展基层协商民主实践工作。

2013年4月17日，在彭州市委统战部的积极推动下，彭州市委选定在通济、九尺、葛仙山等3个镇和1个城市社区——天彭街道东大街社区先行开展构建社会协商对话制度的试点工作。4月28日，通济镇制定了《关于构建社会协商对话制度的实施方案》，对通济镇构建社会协商对话制度的目的意义、机构组建、人员结构与推选程序、选举工作步骤、协商程序与职责、协商结果追踪等方面进行制度规定。同时，通济镇还制订了《彭州市通济镇社会协商会议章程》(草案)、《通济镇社会协商会成员学习制度》《通济镇社会协商会会议制度》《通济镇社会协商会工作制度》《通济镇社会协商会议议题办理制度》等一系列相关配套制度。5月31日，在规章制度以及各项事宜准备就绪的基础上，通济镇社会协商会成立大会顺利召开，由此拉开了彭州市基层协商民主创新实验的序幕。随后，葛仙山镇、九尺镇、天彭镇东大街社区相继召开协商会议，彭州市确定的"三镇一社区"社会协商对话制度试点工作全面开展。

2013年6月底，在全面总结试点地区构建社会协商对话制度的基础上，彭州市委统战部加强了对镇（街道）开展社会协商对话工作的全程指导，进一步明确了镇、村（社区）社会协商对话工作职责和成员职责，完善了社会协商对话会成员管理制度，规范了社会协商对话会工作流程和成果运用办法，编制了《彭州市社会协商对话工作手册》，强化了社会协商对话工作的宣传和指导。随后，彭州市印发了《关于构建镇、村（社区）社会协商对话制度的实施方案》的通知，决定在全市各乡镇（街道）、村（社区）全面开展社会协商对话制度。2014年8月，在充分总结各乡镇（街道）、村（社区）社会协商对话工作的基础上，彭州市印发了《关于探索构建企（事）业单位社会协商对话制度的通知》《关于印发企（事）业单位社会协商对话制度的实施方案》等制度规定，将构建社会协商对话制度的探索进一步拓展到企（事）业单位，由此社会协商对话制度在彭州市各领域全面广泛展开。

3.彭州市社会协商对话的主要做法和经验

彭州市探索实践的社会协商对话会是在成都市村（居）民议事会的基础上构建起来的，通过规范有效的制度设计，搭建起了三级协商对话平台，建立健全了四项协商工作机制，增强了基层民众和基层政权之间的沟通互动，使基层群众更加积极地参与到公共事务管理和公共政策制定过程中，提高了基层政府决策的科学性、合法性以及价值认同。

第一，加强制度设计，强化基层协商民主的顶层指导。彭州市探索实践的基层社会协商对话制度，在推进过程中呈现出了制度设计规范有效的鲜明特征。彭州市先后出台了《中共彭州市委关于构建乡镇社会协商对话制度的意见(试行)》《关于构建社会协商对话制度试点工作的实施方案》《关于构建镇、村（社区）社会协商对话制度的实施方案》《关于探索构建企（事）业单位社会协商对话制度的通知》《关于印发企（事）业单位社会协商对话制度的实施方案》《关于开展社会协商对话双评工作（试行）的通知》等制度性文件，用以指导全市的社会协商对话工作的开展，为推进基层协商民主制度创新探索提供了完整的制度设计和顶层指导。

第二，培育协商主体，激发参与基层民主协商的积极性。彭州市的基层社会协商对话制度的实践探索,是在此前成都市推行的村(居)民议事会及其协商议事制度的基础上开展的。基于此前彭州市十年的村(居)民议事会的经验优势,通过扩大参与主体、赋予参与主体均等的机会和平等的地位,有效激发了基层民众参与协商民主的积极性和主动性。

第三,搭建社会协商对话"三级平台",丰富基层协商民主载体。为了切实解决基层协商民主"与谁协商"的问题,彭州市探索构建了村(社区)、乡镇(街道)、企(事)业单位"三级"协商对话平台,为基层群众提供了有序政治参与的渠道,切实丰富了基层协商民主实践的载体,有力改变了基层政府独白式的公共政策制定和公共事务治理模式。

一是搭建村(社区)社会协商对话平台。在原有的村(居)民议事会的基础上,增加协商对话职能,强调会前广泛协商、会中充分协商、会后严格监督。村(居)民协商对话会成员在各村(居)民小组议事会成员中产生,即以村为单位,每5到15户中选出1名村(居)民小组代表,然后按照每个小组2到4名的比例组成村(居)民协商对话会成员。并且,严格限制社会协商对话会成员中的干部比例,规定村(社区)、组干部不得超过总人数的50%。

二是搭建乡镇(街道)社会协商对话平台。乡镇(街道)社会协商对话会成员主要采取个人自荐、群众推荐和组织推荐等3种方式产生。其中,群众推荐产生的成员是按照每个村(社区)1到3人的名额在村(居)议事会成员中协商产生的,并且规定镇机关干部不得超过2名,村(社区)干部不得超过总人数的25%;组织推荐过程中,要将民主党派、无党派、民族宗教、新社会阶层人士作为重点推荐对象。镇协商会成员由镇协商会成员资格审查组审查合格后,上报至社会协商对话制度工作领导小组审定后,进行为期7天的公示,公示无异议后最终确定。

三是搭建企(事)业单位社会协商对话平台。企(事)业单位社会协商对话会是在原来的职工代表大会基础上增加协商对话职能,就基层职工所关注的重要事项进行共同协商。此外，在各级学校设立了学生会、家长委员会就涉及学生、学校以及家长所共同关注的问题进行协商对话；在各级医院设立了协商会就涉及患者、医院以及家属所共同关注的重要事项进行协商对话。

第四，建立社会协商对话"四项机制"，推动基层协商民主高效运行。为了确保社会协商对话工作能够规范有序进行，彭州市在前期试点的基础上推出了四项协商机制，全面回答了社会协商对话"协商什么""怎么协商""协商成果如何运用"等重要问题。

一是建立健全议题征集机制。社会协商对话议题范围主要涉及"三重一大"（重大问题决策、重要干部任免、重大项目投资决策、大额资金使用）事项以及基层民众所关注的重大问题和涉及切身利益的相关问题。其中，村（社区）社会协商对话会议题，由村（居）委会、村（社区）党组织、议事（协商）会成员或村（居）民联名提出，经由议题审查小组梳理汇总后确定，于村（社区）社会协商对话会召开前2到3天予以公布。镇社会协商对话会议题，由镇党委、政府相关部门、村（社区）党组织、村（居）委会、镇社会协商会成员提出或者通过网络渠道广泛征集，于镇社会协商对话会召开前6天予以公布。各镇除了广泛开展基层调研征集协商会议题之外，每年还会从当年的重大招商引资项目、重大公共设施建设项目、矛盾集中的信访事件、群众反映强烈的突出问题中至少梳理出1到2项作为固定协商议题。企（事）业单位协商议题，由企（事）业单位行政管理部门、职工代表大会成员以及10人以上普通职工联名提出，经由议题审查小组审查通过后于协商对话会召开前7天进行公示。此外，对于学校家委会、学生会以及医院协商会议题则由各学校、医院及协商会成员根据各自实际情况提出。

二是建立健全定期协商机制。三级社会协商对话定期进行协商沟通，村（社区）社会协商对话会每月召开一次会议；镇（街道）社会协商对话会每6个月至少召开一次会议；企（事）业单位协商会每6个月至少召开一次会议，其中医院协商会可以每年召开一次会议；如果遇到特殊或者临时议题，各级协商对话会也可以随时召开。三级协商对话会均采取分组协商和集中讨论相结合、会前酝酿和会中发言相结合的方式，力求议题得到充分讨论协商，在更广泛的层面上达成共识。

三是建立健全成果运用机制。协商议题经过充分讨论以后，根据具体情况对协商成果分类进行处理。对于村（社区）、企（事）业单位协商形成的成果分五类进行处理：（1）经过充分协商形成的决议事项由村（居）民委会、企（事）业单位负责落实执行；（2）对于涉及面广、反映强烈、影响较大的重点意见建议需要上报上级机关；（3）经过充分协商达成共识的意见建议，用于村（居）民委会、村（社区）党支部和企（事）业单位的决策参考；（4）对于暂时不具备条件、无法实施的意见建议，由村（居）民委会、村（居）民协商会、村（社区）党支部和企（事）业单位的相关人员做好解释工作；（5）对于违背基层民众切实利益的意见建议，坚决不予采纳的同时应由村（居）民委会、村（社区）党支部和企（事）业单位做好思想工作、进行正面教育引导。对于镇协商会、学校家委会、学生会、医院协商会协商形成的成果分四类进行处理：（1）对于涉及面广、反映强烈、影响较大的重点意见建议需要上报上级党委、政府或机关；（2）经过充分协商达成共识的意见建议，用于镇党委政府、学校、医院的决策参考；（3）对于暂时不具备条件、无法实施的意见建议，由镇党委政府、镇协商会、学校、医院的相关人员做好解释工作；（4）对于违背基层民众切实利益的意见建议，坚决不予采纳的同时由镇党委政府、学校、医院做好思想工作、进行正面教育引导。

四是建立健全考核评价机制。彭州市委统战部制定了社会协商对话工作考核评价办法，从协商议题征集、协商过程规范、协商成果转化等方面对各村（社区）、镇（街道）、企（事）业单位开展协商对话情况进行监督考察，并将考核情况纳入统战工作和单位目标考核。同时，在考核过程中增加了镇（街道）协商会成员对镇（街道）党委政府及领导班子成员进行年度民主评议的环节，并将评议结果上报市委组织部作为领导干部提拔任用的重要参考。

第三节　基层协商民主的制度化建设

社会主义协商民主是"在中国共产党领导下，人民内部各方面围绕改革发展稳定重大问题和涉及群众切身利益的实际问题，在决策之前和决策实施之中开展广泛协商，努力形成共识的重要民主形式"①。在中国社会主义民主政治实践中，中国共产党经过长期探索，使协商民主逐步从国家基本政治制度层面向社会各领域拓展，形成了丰富多样的协商民主形式。这些协商民主形式互相配合、彼此衔接、发挥各自优势，切实保证了广大人民群众享有广泛、深入、持续参与政治生活的权利，有力促进了国家治理体系和治理能力现代化，对中国民主政治建设产生重要作用和深刻影响。然而，目前中国基层协商民主还处于逐步探索阶段，依然存在诸多问题，这阻碍了协商民主作用和效能的发挥。因此，深入分析协商民主所面临的现实条件、存在的问题和困境，不断探索其未来发展方向和制度化建设问题已经成为必须要研究和探讨的重大理论问题和现实课题。

一、协商民主与公民政治参与之间的关系

基层协商民主是基层群众各方面、各层面在党的领导下，在选举、投票之前以及在作出各种决策前后进行充分交流、沟通、议论和审议，尽可

---

① 《中共中央印发〈关于加强社会主义协商民主建设的意见〉》，《人民政协报》，2015年2月10日01版。

能就共同性问题达成共识或取得一致意见的民主形式。作为一种公民借助理性的对话、讨论和审议从而平等地参与公共政策的制定过程的民主形式，协商民主强调政策制定之前要慎重地考虑各方面的利益和诉求，注重政策制定过程中的民主性、公正性和科学性，从而确保制定出来的公共政策更具政治合法性，更易于得到广泛认同，更顺畅地被贯彻、落实和执行。同时，代表民主理论未来发展方向的协商民主也是一种重要的社会治理形式，其最大限度地调动了社会各个方面的参与积极性，有效促进了公民有序参与社会政治生活的实践，与公民有序政治参与具有内在契合性。

1.公民有序政治参与是协商民主理论的核心观念

公民有序政治参与主要体现在公民个体或群体通过合法形式和制度化渠道广泛参与各个领域、各个层面的公共政治生活，在这一过程中，其政治意愿和利益诉求得以充分表达，并最终影响政治系统的产生和运行以及公共决策的制定和执行。政治参与的扩大是社会主义现代化和市场化进程不断推进的必然结果，特别是随着我国经济发展方式和社会结构的深刻变化，产生了许多新的利益群体、社会阶层和社会组织，他们的政治愿望日益增强、利益诉求日益广泛，这为公民有序政治参与奠定了现实基础。对于社会主义协商民主而言，它既是一种"能够通过规范化的制度平台和渠道，通过平等对话、讨论、协商形成理性共识，作出符合公共利益的合法决策"[1]的民主的实践形式，也是一种促进公众参与、化解社会矛盾、释放社会压力的社会治理的实现形式。在这样一种治理形式中，"平等、自由的公民借助对话、讨论、审议和协商，提出各种相关理由，尊重并理解他人的偏好，在广泛考虑公共利益的基础上，利用理性指导协商，从而赋予

---

[1] 陈家刚：《协商民主：制度设计及实践探索》，《国家行政学院学报》，2017年第1期，第60—61页。

立法和决策以政治合法性"①。这些年来，随着传统的管理思维和治理方式的日渐式微，我们看到在解决经济社会发展问题的过程中，协商民主逐渐被作为"一种资源嵌入到社会发展的具体进程中"②。在协商过程中，公民有序政治参与是其核心观念，利益相关方理性、平等地参与到公共决策过程之中，通过对话、讨论、协商方式达成共识，以解决涉及群众切身利益的实际问题和经济社会发展的重大问题。没有公民的广泛政治参与，社会主义协商民主也难以有序展开，参与能够在公民与公民、公民与共同体机构、公民与问题、公民与决策，乃至公民与整个共同体之间建立密切的联系；参与能够为公民有平等的表达机会、发言权创造条件；参与能够有效地维护公民个人以及共同体的利益。③

2.协商民主是实现公民有序政治参与的有效途径

协商民主是促进公民有序政治参与的有效民主形式，其有助于拓宽公民政治参与渠道，增加政府公共决策的科学性，为建立宽领域、多层次、多渠道、常态化的公民有序政治参与格局奠定坚实基础。中国正处于社会转型期，经济发展方式以及利益分配格局的深刻变革导致了社会阶层分化、利益主体多元化、利益诉求多样化，从而使不同社会阶层和利益群体之间的竞争和冲突加剧，社会矛盾和社会问题日益增加。面对中国经济社会发展的复杂状况，各地方积极探索实践协商民主形式，与民众充分沟通协商、广泛吸纳民意，确保政策制定的科学性和合法性，有效维系了政治系统良性运行和经济社会稳定发展。从协商主体来看，参与协商民主的主

① 陈家刚：《风险社会与协商民主》，《马克思主义与现实》，2006年第3期，第102页。
② 韩福国：《作为嵌入型治理资源的协商民主——现代城市治理中的政府与社会互动规则》，《复旦学报（社会科学版）》，2013年第3期，第161页。
③ 陈家刚：《协商民主：概念、要素与价值》，《中共天津市委党校学报》，2005年第3期，第55—58页。

体范围更加广泛、类型更加多元，不再局限于政党、政府和社会政治精英，而是扩大到了社会各个层面的广大公民和社会组织。从协商内容来看，越来越多的社会民众参与到以涉及群众切身利益和经济社会发展为核心内容的基层自治层面的协商和社会治理层面的协商中来。从协商形式来看，灵活多样的专题协商、对口协商、界别协商、提案办理协商以及微信、微博、数字电视等新媒体网络互动式协商，为公民有序政治参与提供了公平、公开、规范的利益表达和政治参与渠道。

3.公民有序政治参与是协商民主制度创新的动力支撑

随着我国经济和社会结构的深刻变化，社会各阶层的物质利益要求和政治利益诉求日益多元化，这极大地削弱了传统民主政治的体制资源和社会基础，同时也对传统公共治理秩序和治理方式造成严重冲击和挑战。这一时期社会政治发展的突出特征表现为非均衡性，突出体现在政治参与和政治制度之间的矛盾，即一方面，公民政治参与的需求急剧增加，而传统政治框架中的相关正式制度却相对滞后，政治制度化渠道长期供给不足，不能及时回应民众的政治参与需求；另一方面，公民政治参与的需求越来越刚性，而传统政治框架中的相关正式制度却效率较低、实际操作性不强，无法充分满足民众的政治参与需求。社会政治的非均衡发展必然会导致各种无序的、非制度化的政治参与急剧膨胀，严重危及既定政治系统的良性运行，增加社会政治发展的不稳定因素，侵蚀政府的合法性基础。多年前，美国著名学者弗朗西斯·福山曾经提出中国发展模式所面临的两个挑战，其中之一就是中国民主政治建设方面的挑战，即"在缺乏一种对下负责的政治责任体制的情况下，中国是否能够始终保持高质量的治理的问题"①。为了最大限度地降低公民政治参与失范的可能性以及对既定政治系

---

① 陈家刚：《危机与未来》，中央编译出版社，2012年版，第18页。

统的冲击，就需要不断发展和创新社会主义协商民主制度，逐步培养公民理性参与意识、公共精神和公共价值观，推动不同社会阶层和利益群体在法律法规和认同机制的框架内积极参与到经济社会发展过程中。

二、公民政治参与的基层协商民主制度化建设面临的困境

在党和国家鼓励发展基层协商民主的宏观政策的推动下，当代中国基层协商民主"广泛多层制度化发展"的成效不断显现。各地区针对不同领域、不同层次探索实践的协商民主形式逐渐在城乡社会治理、公共事务和公益事业中发挥着愈来愈大的整合作用，这有效增强了基层党和政府的执政合法性，切实保证了人民当家作主、平等参与政治生活和社会生活的权利。然而，在基层社会治理和科层制双重逻辑作用下，基层协商民主在实践运行中受到来自多重逻辑行为主体的作用、影响和制约，其制度化发展的现实状况和理想预设出现偏差，由此导致了基层协商民主制度化建设的深层次困境。

1.公民参与协商民主的意识淡薄，协商主体地位尚未确立

协商主体主要是指参与协商民主实践并在其中占据主导地位的个人、群体、组织和机构，这是协商民主的基本要素和核心力量。从参与协商的主体来看，基层协商民主就是多元行为主体在平等对话、理性协商的基础上实现主体偏好的转换进而达成共识的民主过程。近些年来，随着我国协商民主实践的不断推进，协商主体建设逐渐受到重视并取得了长足的进步，主要体现在参与协商的主体范围逐渐扩大、主体类型更加多元、主体结构更具层次、参与方式更为多样等。与此同时，我们也看到，在协商主体建设中也存在着许多亟待解决的问题，其中最为重要的就是协商主体协商意识淡薄或缺失、协商主体地位尚未确立的问题，这直接影响了基层协商民主的顺利展开和有效推进。

协商意识是基层协商主体必须具备的基本素质，增强协商主体的协商意识是推进基层协商民主广泛多层开展、有效运行的内在要求和基本前提。目前，协商主体协商意识淡薄或缺失主要体现在两个方面：一方面，基层党组织和政府的协商意识不强。基层协商民主有效运行的前提和基础是各协商主体平等对话、各方利益均衡博弈，特别是要始终确保民众在协商治理体系中的决策主体性位置，但是在实际运行过程中，基层党组织和政府往往更倾向于选择协商民主的"社会表达机制的制度形式建设却疏于实质性的社会赋权"①。另一方面，公民个人或由个人组成的社会群体协商意识不强。受中国传统封建专制文化的影响，我国社会民众的民主意识相对薄弱，参与和表达的意愿普遍不强，对政治敏感度不高，习惯于尊重权威意见或顺从政府决策，对政府管理具有高度的依赖性。此外，由于协商主体地位不平等，协商过程往往受到行政力量的干涉，权利结构引起话语权的垄断，政治精英、社会精英、家族势力在不同程度上将普通民众排除在公共决策权之外，这些都极大地削弱了基层群众参与协商的主动性和积极性。

正是由于协商主体缺乏协商意识，并且在协商过程中其主体地位尚未确立，所以更多的时候，我们看到基层协商民主遵循的是"议而不决"的实践运行逻辑，这极大地弱化了基层群众在协商民主中的作用，直接影响着协商的结果和质量，致使除党政机构之外的社会力量难以在政治体系和社会治理结构中处于重要地位，从而使基层协商民主建设长期徘徊在较低水平。

---

① 黄晓春、嵇欣：《技术治理的极限及其超越》，《社会科学》，2016年第11期，第74页。

2.基层协商民主的内容界定标准不明确，协商流于形式

协商民主在中国基层的发展是中国经济社会发展、阶层结构改变、利益诉求多元、民生问题涌现的结果，这是一个逐步把协商精神作为一种有效的治理资源内生性地嵌入到社会治理中，以政治空间内的民主发展促进基层民众参与公共事务管理和民生问题解决的过程。①在这一过程中，需要解决的首要问题就是"协商议题形成"的问题，这是开展任何形式的协商民主的第一个步骤，是协商决策活动顺利有效开展的前提和基础，直接影响和决定了基层协商民主活动能否收到预期效果。

协商议题形成包括两个部分：一是选择议题，即选择把哪些问题列入协商范围；二是界定议题，即界定所选择问题的性质。议题形成阶段是开展协商决策活动前的必要的准备阶段，在这一阶段，一般性的社会问题将会被转化为需要协商讨论的公共政策问题。②当前，在我国基层协商民主过程中，"协商前的协商"阶段逐渐被纳入到协商民主程序中，比如一些地区开展的"建议案初选协商会""共同愿景讨论会"等都是议题确定之前的协商会，在一定程度上破解了基层协商民主所面临的"协商什么""由谁来确定协商内容"的难题。

但是，当前我国现有的协商制度对于协商内容的界定标准没有明确规定，协商民主的边界不明晰，特别是在政策执行成本、资源环境约束、风险规避等综合因素的作用下，导致在基层协商民主实践过程中不同程度地存在"泛协商""选择性协商"的倾向，这种技术主义的操作模式尽管增加了基层协商民主的可控性，但却背离了协商民主的初衷，使基层公共事

---

① 韩福国、张开平：《社会治理的"协商"领域与"民主"机制——当下中国基层协商民主的制度特征、实践结构和理论批判》，《浙江社会科学》，2015年第10期。
② 于家琦：《舆情视角下协商议题形成的方式和条件》，《中共浙江省委党校学报》，2016年第9期。

务协商流于形式，"平等参与""协商共识"等基本原则更多的时候仅仅停留在口号上。

3.基层协商民主的程序化不够规范，协商运行缺乏刚性约束

发展和推进协商民主的最终目的就是要充分拓展利益表达渠道，实现公民有序政治参与，以保证在社会治理中最大限度地吸纳、包容社会不同阶层、不同利益群体的利益诉求，从而推动建设人民满意的法治政府、责任政府、创新政府和服务型政府。在实际运行过程中，要想充分发挥出协商民主在政治活动和社会治理中的这种"独特优势"，就必须"构建程序合理、环节完整的协商民主体系"①，做到以公开公正、科学严密、健全规范的协商程序确保协商的科学性、有效性、合法性。

当前，随着协商民主制度化建设的推进，规定协商民主特征、意义、要求的实体性制度已经基本确立，但是，规定协商民主在实践中如何操作、如何运行的程序性制度还缺乏完备性，这导致了基层协商民主活动普遍存在随意性和零散化现象。由于缺乏规范的协商程序的刚性约束，普通民众对参与协商内容、参与途径、协商过程、协商结果等事项不了解，造成协商主体事实上的不平等，降低了公民有序政治参与的积极性和主动性。此外，一些本应经由协商决定的关系广大人民群众切身利益和地方经济社会发展的重大问题，并没有按照协商民主要求严格执行，往往是走过场、勉强应付，或者是以事后通报代替事前协商。基层协商民主的随意性使协商民主变成了简单满足需要、完成任务的一种工具，无法发挥出协商民主的价值属性。

因此，需要加强基层协商民主程序化建设，建立健全一套科学、公

---

① 《中共中央关于全面深化改革若干重大问题的决定》，人民出版社，2013年版，第30页。

正、民主、具有可操作性的程序标准，使其成为社会民主协商过程中共同遵守的程序规范和价值准则，这样才能更好地发挥协商民主的独特优势和整合作用。

4.基层协商民主的渠道和平台有限，协商实效性难以充分发挥

基层协商民主作为保证公民有序政治参与的民主形式和推进公共决策科学化、民主化的社会治理形式，其实现需要依托一定的渠道和平台。协商渠道和平台对于基层协商民主运行具有重要作用，是协商活动顺利进行并取得实效的依赖和保障。通过这些有效的议事渠道和平台，才能让参与协商的各方经过充分的交流和讨论就相关问题达成基本共识，进而为从传统的权利控制模式转向多方互动的协商治理模式提供了现实的可能性。

随着协商民主实践的不断推进，协商民主渠道和平台建设日益受到重视，各地区探索多种基层协商民主形式为协商提供有效渠道和平台，比如，已经探索建立的听证会、议事会、参与式预算、民主恳谈会、社区网络论坛等，有效推动了基层群众的政治参与热情和基层协商民主制度化建设进程。但是，随着经济社会的转型发展，不同社会阶层和利益群体逐渐高涨的政治参与热情，以及协商民主需求与他们能够有效参与其中的基层协商渠道和平台的有限性之间的矛盾日益凸显，成为制约基层协商民主制度化建设的瓶颈。目前，在基层协商民主实践中，协商渠道和协商平台相对来说还不完善，集中体现在以下两个方面：一是有些地方基层协商民主渠道和平台搭建不科学、不合理，协商机构和协商组织的覆盖面比较狭窄，甚至于在某些地区只有自发成立的协会组织，基层群众很难通过其他协商渠道和平台参与议事、表达诉求。二是各层次、各领域的基层协商组织平台之间衔接不充分，没能建立联系渠道，难以形成推动协商民主有效运行的合力，基层协商民主的时效性受到直接影响。

基层协商民主要想取得实效，就必须结合本地区、本部门、本单位的

现实状况，探索多样化的协商渠道和平台，为基层协商民主实践提供更加丰富的载体，这样才能充分提升民意嵌入的动力，实现人民群众在协商过程中的主体地位，从而实现基层社会治理行为与人民群众的政治参与需要以及多元化的利益诉求之间的契合度，为"找到全社会意愿和要求的最大公约数"①提供基础条件和民主保障。

三、公民政治参与的基层协商民主制度化建设的路径选择

基层协商民主获得稳定、良性发展的根本要义是制度化建设，这既是关于基层协商民主的制度性设计，也是基层协商民主制度形成、发展和运行的一系列制度要素的有效集合。②具体来说，主要包含两个层面的问题：一是如何通过制度设计直接吸纳社会公民参与政治过程，从而确保基层民众能够通过对话、讨论、协商有效地解决经济社会发展中的重大问题以及与自身利益密切相关的具体问题；二是如何使基层协商民主从理论层面的民主价值转化为实践层面的制度安排，从而确保基层协商民主能够与其他制度相配合、有效地嵌入整个政治体系运行过程中。因此，要实现基层协商民主的制度化发展，就必须将其置于更加开放的社会治理现代化视域中和更加广阔的制度环境以及实践背景中加以系统地审视和考察。

1.营造基层协商的良好氛围，培育公民有序参与的协商文化

良好的协商氛围和协商文化能够推动公民自觉有序地参与协商，是我国基层协商民主制度化建设的内驱力。随着我国社会主义市场经济体制不

---

① 习近平：《在庆祝中国人民政治协商会议成立65周年大会上的讲话》，《人民日报》，2014年9月22日02版。
② 李德虎：《基层协商民主的制度性追求与制度化路径》，《探索》，2019年第7期。

断向纵深发展以及治国方略逐步实现法治化的转型，人们思想的自主性、差异性、选择性不断增强，其利益诉求、价值观念和文化需求日益呈现多元化趋向。中国社会目前突出存在的文化多元性和利益复杂化现象对基层协商民主的推进构成严峻挑战。因此，要想使规范的基层协商民主理论能够在现实社会中运行并取得实际成效，首先就需要积极营造重视协商、平等参与的协商氛围和协商文化，倡导和培育出理性、包容、有责任感的基层协商参与主体。

（1）加强党政机构对协商民主工作的重视

基层协商民主有效运行的制度精神内嵌在党领导国家建设和社会治理的过程中，是党政机构提高执政能力和进行民主决策、科学决策的重要环节。在中国目前的政治框架下，党政机构既是基层协商民主的核心参与主体或者说是牵头组织者，又是协商实践的直接参与者，同时也是协商意见和决策的采纳者，在基层协商活动中发挥着核心作用。因此，要想培育出既与协商民主内容相契合又与当代中国政治社会实践相适应的公民有序参与的协商文化，就必须要发挥基层党政机构的统合优势，充分释放出基层协商民主的制度效能。一是党政机构要提高对基层协商民主的重视程度和认识深度，这直接影响着协商民主活动能否顺利开展、有效运行、取得实效；二是党政机构要增强自身的政治责任，主动将基层协商民主理论知识列入党委、政府中心组学习内容，自觉推进基层协商民主建设；三是加强同级党委、政府同基层协商民主的有效衔接，将协商民主工作纳入同级党政工作的计划和考评之中，鼓励党政机构相应领导经常参加基层协商民主活动。

（2）优化基层党政干部的协商环境

基层党委、政府发挥作用主要是通过乡镇（街道）党政领导干部、村（社区）党组织书记、主任等来体现的，他们的知识、能力、观念、素质是影响基层协商民主能否有效运行的关键因素。为此，应该加强教育培训和制度规范，提升基层党政干部的协商民主意识、理论水平和实践能力。一是要把协商民主理论的相关课程纳入党校、行政学院、高校等教育培训单位和机构的干部教育培训计划之中，进一步加深基层党政干部对协商民主理论的理解和把握。二是强化基层党政干部践行协商民主活动的规范性和程序性，将指导、参与和支持基层协商民主工作的情况纳入党政干部年度考核指标体系。三是加强思想、组织和制度建设，杜绝协商过程中"官本位""家长制""一言堂"现象的发生，切实营造民主、平等、和谐的协商氛围。

（3）培育具有较高民主素养的成熟政治公民

在现代社会，具有较高民主素养的成熟政治公民的有序参与是基层协商民主得以顺利开展的基础条件，这就需要加强对成熟政治公民的培育。一是要增强基层民众的协商意识。协商意识是协商主体必须具备的基本素质，要充分利用公益讲座、基层大讲堂、新媒体平台等做好相关宣传、教育和培训工作，实现协商民主理论进基层、进社区、进群众，增强公众对基层协商民主理论知识的了解，引导公民积极主动、有序合法地参与到社会治理和公共事务的管理中。二是培育基层民众的理性精神。理性是民主的前提和基础，正如科恩所言，"如果要成功地实行民主，必须发展并使用理性的能力"①。对于基层协商民主来说亦是如此，只有具备理性精神的公民才能胜任协商。理性是协商主体必须具备的基本条件之一，只有经过理性的思考、进行理性的协商，才能达成理性的共识，从而才能确保协商结果和公共政策的合法性。三是提高基层民众的社会责任感。基层协商民主为不同社会阶层、不同利益群体提供了平等参与利益调节和社会治理的渠道和平台，它在保障社会公民有序政治参与的同时，也要求协商主体承担起相应的责任，即协商主体在表

---

① [美]科恩：《论民主》，商务印书馆，1988年版，第59页。

达自身诉求、维护自身利益的同时，也要关注他人诉求和公共利益，以达成充分协商与充分民主的价值共识。

2.规范基层协商民主运行程序，形成严密有效的闭合系统

十八大明确提出，社会主义协商民主建设要朝着"程序合理、环节完整"的制度化方向发展。制度化是一个从不健全到健全的动态发展过程，其发展程度与其组织和程序所具备的适应性、复杂性、自治性和内部协调性呈现正相关的关系①。从这个意义上来说，协商民主制度化建设能否顺利推进关键就在于其运行程序的合理性，程序化运行是基层协商民主发挥效力的内在要求和根本保障。目前，规范化的基层协商民主运行程序还没有建立起来，这是基层协商民主政治参与不足、执行力度不够、实效性不强的根本原因。因此，为了推进我国基层协商民主制度化建设，保证基层协商规范有序进行，应该从以下两个方面着手建立健全基层协商程序。

（1）建立健全协商前的运行程序

协商前的准备阶段主要包括确定协商议题、论证协商议题、选出协商代表、确定实施方案等工作。在确定协商议题环节，应该解决协商议题"由谁提出""怎样提出"的问题，确立基层群众在议题征集和选定过程中的主体地位，形成协商议题自下而上的征集制度，打通基层群众同党政机构之间的沟通渠道。在论证协商议题环节，要注意对论证内容及其论证活动组织者进行严格规定，对于其中涉及的技术性问题，可以委托有资质的专业机构或者组织相关领域的专家进行论证。在选出协商代表环节，需要明确基层协商主体的角色定位，明确党政机构在协商中的主导作用，明

---

① [美]塞缪尔·亨廷顿：《变化社会中的政治秩序》，上海世纪出版集团，2008年版，第10页。

确基层干部在协商中的组织作用，明确基层群众在协商中的核心作用，明确社会组织在协商中的独特作用。在确定实施方案环节，可以通过细化模块的方式，根据协商内容、协商形式、协商时间、组织机构以及参与协商人员的知识结构和履职能力等具体情况，对协商活动进行详细安排、制定具体操作细则，从而确定最优实施方案和备选实施方案。在整个协商前的准备阶段，都要注意切实加强基层群众的监督力度，确保协商议题的征集、论证以及协商代表的选择的全过程都是在民主、公开、公正、透明的条件下进行。

（2）建立健全协商过程的规范程序

协商过程中的大体流程主要包括按照既定方案合理组织协商、对协商成果进行评估、提交基层协商委员会充分讨论、制定协商成果转化落实方案等。当既定的协商方案进入具体执行阶段以后，首先要精心组织参与协商的人员围绕协商内容就相关知识以及法律、法规、政策等进行学习。其次，要对照前期根据调研中发现梳理的"经济社会发展重大问题"和"涉及群众切身利益的实际问题"所确立的协商项目清单，引导与会成员分层次参与协商。此外，需要注意的是，基层协商过程具有多变性和复杂性，往往会导致协商结果经由多次反复调研、协商最终才能达成一致。这就要求在确立具体的、可操作的协商程序的同时，还要建立健全事先信息发布制度、参会人员随机选拔制度、主持人制度、观察员制度、领导干部相对隔离制度、问卷调查决策制度、重大事件民主协商制度、协商各方正常联系制度等制度性设计，以此来确保协商程序在实践运作中发挥实际效用。[1]这样才能保障参与协商成员的平等协商地位，有效激活基层民众自觉参与的意识，基层协商民主制度的作用和价值也才能够得到彰显。

---

[1] 何包钢、王春光：《中国乡村民主：个案研究》，《社会学研究》，2007年第3期。

3.构建完备的协商民主制度化渠道和平台，保障公民充分参与

公民参与协商的渠道和平台是基层协商民主制度化建设顺利推进并取得实际成效的依赖和保障。实践证明，国家和政府开辟的基层协商渠道越广阔、平台越充分，基层民众的政治参与需求就越会得到较为充分的满足，协商过程也就越容易控制在理性有序的范围内，从而才能确保基层协商民主制度化建设有效向前推进。相反，如果制度化渠道和平台供给不足，基层民众的政治参与需求长期无法得到合理满足，就会走向反面。为此，就需要加大完善基层协商民主实践形式的力度，进一步拓宽基层协商民主制度化渠道和平台，切实保障基层民众有效政治参与的愿望和权利得以实现。

（1）增强基层协商渠道的容纳性

协商民主的过程是形成具有民主合法性决策的过程，"在协商民主模式中，民主决策是平等公民之间理性公共讨论的结果。正是通过追求实现理解的交流来寻求合理的替代，并做出合法决策"①。从这一角度来看，协商民主要想形成合法性的决策，基本的要求就是要容纳每一名受决策影响的公民，给他们提供能够自由表达、平等交流的渠道。协商民主的渠道简单来说就是协商主体参与协商的通道，其主要包括协商的多样性和协商的容纳性两个方面。目前，我国协商民主的参与渠道还是比较全面多样的，但是对于各渠道的容纳性问题上还没有引起足够重视。协商民主的容纳性主要从两个方面来考察：一是协商能够容纳的数量和种类；二是协商容纳的组成结构的合理性。为此，今后需要从两个方面增强基层协商渠道的容纳性：一是紧密结合基层经济社会的发展、变化和要求完善协商渠道，使

---

① Carolyn Hendriks. *The Ambiguous Role of Civil Society in Deliberative Democracy.* (Refereed Paper Presented to the Jubilee Conference of the Australasian Political Studies Association) Canberra：Australian National University，October，2002.

协商渠道的数量和种类与时代的发展相适应、与基层群众的要求相契合。二是优化各协商渠道的组成结构，既突出重点又兼顾全面，做到相对平衡、全面包容，更好地发挥基层协商民主的整合作用，为公共决策的合法性提供基本保障。

（2）建立健全协商民主的组织平台

组织平台是协商民主顺利开展、有效运行的现实依托，基层协商过程实际上就是"通过一个平台让多方协商讨论，改变个人偏好而达成基本共识"①的过程。近年来，随着协商民主实践的不断推进，基层协商组织平台的构建也日益引起重视。为了进一步建立健全协商民主的组织平台，应该做好以下几个方面的工作：一是搭建差异性组织平台。不同层次、不同领域的基层协商民主对协商组织平台的具体要求不尽相同，应该根据各自不同的协商内容和具体要求建立相应的协商平台，使不同层次和领域的协商通过一定的组织形式都能够得以实现，从而更好地发挥协商民主的效能。二是加强各组织平台之间的互动和沟通。在基层协商过程中，不同层次、不同领域的协商议题交叉、重合的比较多，这就需要在整体上建立起协商组织平台的有机体系，做好各组织平台之间的有机衔接和沟通工作，形成各组织平台之间的良性互动，这样才能更加高效地就协商议题增进交流、达成共识。

（3）探索公民网络参与协商的形式

互联网的普及为基层协商民主带来了全新的形式——网络政治参与，这种立足于信息技术之上的参与方式极大地突破了信息传播的时空限制，降低了基层群众获取信息的成本，增加了人们去表达意愿、反映诉求、参与协商的热情，有效实现了党政机构与社会民众之间多角度、全方位地交

---

① 何包钢：《协商民主和协商治理：建构一个理性且成熟的公民社会》，《开放时代》，2012年第2期，第23页。

流和沟通。利用网络来发展基层协商民主也是对中国目前经济社会发展状况下，社会阶层分化、利益诉求多元化所导致的公民有序政治参与需求的深切回应。网络协商民主具有参与主体多元平等、协商内容广泛开放、参与过程即时高效等优势。然而，网络协商民主同时也面临着"政府与网民之间信息不对称、网民发布信息的不真实及极端化趋向、排挤不能掌握信息技术的弱势群体"①等亟待解决的问题。为此，要从以下几个方面加强网络协商民主建设，促进实现公民有序政治参与。一是进一步加大基层互联网基础设施建设和投入力度，同时做好信息技术的教授和普及工作，解决弱势群体网络政治参与的不平等问题；二是搭建网络协商平台，利用微信、微博、博客等新媒体形式同基层民众开展广泛协商交流，提高基层协商民主的运行效率，拓宽基层群众协商视野和协商参与渠道；三是制定和完善相关配套的网络协商制度，把网络协商民主纳入制度化、规范化、法治化的轨道。

4.完善基层协商民主机制建设，确保协商民主功能有效发挥

完善的基层协商民主机制是实现协商民主制度化发展的必然要求和根本保障。党的十八大以来，随着基层协商民主建设逐渐上升到制度层面，基层协商受到社会各界的广泛关注和高度重视，一些地方围绕完善协商民主结构、优化协商民主功能、提升治理技术等方面展开了各种形式的实践探索。目前，尽管中国基层协商民主建设已经积累了许多值得借鉴和推广的成功经验，但是从整体上而言，其发展还处于初级阶段，特别是由于在实际运行过程中机制不健全，基层协商民主更多的时候依旧停留在技术操作的层面。因此，要通过合理的规划设计去完善基层协商民主的运行机制，确保基层协商民主功能的有效发挥。

---

① 陶富源：《中国特色协商民主论》，安徽师范大学出版社，2011年版，第276页。

（1）构建系统化的基层协商体系

完善基层协商民主机制建设首先应该建构起"上下联动、多方配合、分层参与"的立体协商格局，从多维度、多领域、多层面架构起多部门协同配合的系统化的协商体系。基层协商民主同基层群众的生活息息相关，其工作千头万绪、综合性强、涉及内容广泛，而工作成果却见效缓慢、提升难度较大。因此，需要充分发挥基层协商体系内的协商互动，统筹推进基层协商民主建设。首先，在发展原有的基层群众自治体系的基础上，分领域构建以农村、城市和企事业单位为支撑的基层协商民主体系，进一步拓展基层协商民主的广度和深度。通过建立不同层级的民主议事协商平台，开展形式多样的议事协商活动，充分满足各个层面、不同利益群体的民主需求和利益诉求。其次，注重加强各个体系之间的互动交流。纵向上注重衔接，建立健全基层党组织同上级党组织之间以及基层政府同上级政府之间的协商工作专题研讨机制，针对各部分的协商工作进行研究和讨论。横向上注重联动，建立健全村与村之间、社区与社区之间以及企事业单位之间的交流沟通机制，在互相借鉴其他地区先进经验的基础上优化自身基层协商民主建设。

（2）建立基层协商"嵌入式发展"机制

在优化基层协商民主运行体系的同时，应该构建基层协商民主"嵌入式发展"机制，把基层协商逐渐嵌入现有的基层治理架构中。所谓"嵌入式发展"就是指"将某种新的异质性成分嵌入到原有的社会结构中，通过它激活或改造原有社会政治结构的某些功能，并通过不断完善、改进和扩展，从而逐步实现整个结构的更新"[1]。在中国特有的国家发展模式和社会运行模式下，基层协商民主的功能优势之一就是作为一种重要的治理资

---

[1] 谈火生：《协商民主：西方学界的争论及其对中国的影响》，《中国党政干部论坛》，2013年第7期，第11页。

源，为基层民众提供有序的政治参与方式，满足基层社会多元化的利益诉求，巩固基层政府决策的合法性基础。目前，在中国基层治理实践中，更多的是遵循"增量改革"的创新思路，过于注重表面的规范化设计却忽视了制度运行的实效性，从而导致各种机构、制度"叠床架屋"，基层治理体制运行成本居高不下。因此，在推进基层协商民主的过程中，要充分利用已经形成了的存量体制和本土性协商资源，在既有的制度框架内，将协商民主的实际运行嵌入到现有的基层治理框架结构中，以此激活既有资源、推动既有制度的有效运行。

（3）健全基层协商过程监督机制

基层协商民主的建设过程既是政府和群众之间的沟通协商过程，也是满足群众利益诉求、维护群众政治参与权利的过程，这就需要建立与基层协商民主相配套的监督机制，畅通相应的监督渠道，避免由于缺少对公共权力的制约而影响最终协商效果的实现。一是通过制度设计构建起一套既涵盖纵向协商又涵盖横向协商的法律体系。这一法律体系既要对不同层级、不同方面的基层协商进行规定，也要对具体的协商动态过程的各个环节提供法律保障。二是完善信息预发布制度，加大信息公开力度。将协商议题、协商主体、协商内容、协商规则等实体信息以及协商过程、协商结果的落实等程序信息，通过新闻发布会、政策审议会议、重大事项公示制度、专门监督机构、网络信息平台等途径对公众进行对称性公开，以提高基层协商过程的透明度，增强重大公共事务和公共决策的合法性。三是扩大监督主体，明确监督责任。将日常监督和专项监督有机结合起来，与此同时，有组织地推进监理理论学习，提高基层群众的民主监督意识和监督能力，充分发挥民众参与监督的积极性和主动性，变少数人参与监督为全社会参与监督。

（4）规范基层协商信息反馈机制

目前，在基层协商民主过程中，相比协商渠道和协商形式日益规范化而言，关于协商结果的采纳和反馈依然缺乏具体的规定。一般情况下，会议协商终止于会议结束，书面协商终止于领导批示，这种现状极大地降低了基层群众参与协商的热情，难以充分展现协商的效能，容易使基层协商民主流于形式。因此，在基层协商过程中应该重点加强协商结果采纳和反馈机制建设。一是建立协商意见采纳情况反馈机制。对于协商过程中提出的意见建议，负责组织协商的部门应该在规定的时间内通过书面函件就采纳情况给予明确的回复，并对未被采纳的意见建议作出解释或说明；对于协商结果没能达成一致的事项不能进入决策程序，必须就这些事项进行认真修改以后才能重新启动协商程序，避免协商过程趋于随意、流于形式。二是建立协商结果评估机制。对参与协商的代表进行调查和回访，利用问卷调查、随机抽样、统计技术等方法，对协商结果进行客观评估，把落实协商意见建议纳入民主评议范围之中，及时把有价值的协商意见和建议转化为议案。

（5）建立健全基层协商奖惩机制

在基层协商民主制度化建设过程中，协商主体是制度制定、实施、管理和最终决策者，对于协商民主实践能否顺利推进起到决定性作用。因此，要想更好地实现协商民主的效果，就必须对协商主体进行优化和管理。而在所有的优化和管理方式中，最重要的手段和形式就是奖励和惩罚。为此，就需要建立健全基层协商奖惩机制，这需要做好两个方面的工作：一是健全基层协商的激励机制。良好的激励机制对协商主体的某种符合期望的行为具有反复强化、不断增强的作用，可以调动其积极性、主动性，推动工作在良性的轨道上运行。相反，不当的激励机制将会导致目标替代，极易造成协商主体为规避风险而采取的"策略性应对"。因此，在设计激励机制时要本着科学、客观、适度的原则，充分考虑激励的强度和条件边界，增强激励目标内容实现的可行性和有效性。二是建立健全基层协商的问责机制。首先，要明确不把基层协商纳入决策程序应当承担相应责任。其次，对于不按规定程序进行协商的应该责令作出明确解释，解释理由明显不成立的要按要求重新进行协商。再次，对于未经协商或者由于不采纳协商意见而造成决策失误的，要视情况予以问责。

第七章 中国价值观的深层结构与超稳定性

任何一个时代要想长治久安就需要社会的核心价值观作为主导意识形态去影响、制约、规范每一个社会成员。核心价值观是社会价值观体系中最基础、最核心的部分，是社会存续的黏合剂，可以整合和调节社会成员的基本社会关系、稳定社会的基本经济秩序和政治秩序。核心价值观是一个政党的行动指南，是一个国家的主心骨，是一个民族的灵魂。在思想大活跃、观念大碰撞、文化大交融的时代背景下，培育和践行社会主义核心价值观成为时代的重大课题。

第一节 社会主义核心价值观的提出

随着我国改革开放的不断深入和社会主义市场经济的快速发展，国际国内形势都发生了深刻变化。一方面，国内多元文化和多种价值观并存，人们思想活动的独立性和选择性日益增强；另一方面，西方主要资本主义国家对我国进行意识形态和文化渗透的方式和手段不断变化。因此，一些原本毋庸置疑的价值观念和道德标准受到了严峻挑战，致使一些人在价值评价和行为选择上感到迷茫、困惑，甚至无所适从。正是在这一关键的历史时期，党中央提出了建设社会主义核心价值体系和社会主义核心价值观的重大命题，目的就是为了在社会生活中明确树立起一面价值观念上的旗帜，最大限度地形成社会共识，凝聚力量，为建设中国特色社会主义宏伟事业提供坚实的思想基础。

一、构建社会主义核心价值体系的背景

任何一个民族和国家都有自己的核心价值体系，这是确保整个社会系统得以运转、社会秩序得以维持的基本精神依托和文化规范力量。社会主义核心价值体系是建立在社会主义经济基础之上的价值认同系统，集中体现了中国特色社会主义经济、政治、文化和社会发展的内在规定、基本要求和目标取向。社会主义核心价值体系的形成和发展过程，与全球化进程中价值观的激烈竞争、社会转型期中国出现的各种道德失范现象，以及新时期社会主义和谐社会的构建密不可分，是中国现代化进程中的历史性和时代性的集中反映。

1.全球化进程凸显了价值观竞争的重要作用

当今世界，经济全球化、政治多极化、文化多元化进程加快，科学技术的发展和资本的全球性流动为文化的广泛传播提供了载体和渠道，这就使得各种思想文化和价值观念在世界范围内的相互交流和相互碰撞日益频繁。这虽然有利于各民族之间相互交流、学习和借鉴有益的文明成果，但文化上的差异性却使得价值观的选择与认同变得越来越困难。与此同时，我们也应该客观地看到，苏联解体、东欧剧变以后，中国作为世界上最大的社会主义国家，随之成为西方反华势力实施和平演变的重要目标。以美国为首的某些发达资本主义国家凭借其在经济、军事和科技方面的优势，对我国进行意识形态和价值观念的输出和渗透，目的在于实现其西化、分化社会主义中国的图谋。他们把所谓的自由、民主、人权等理念披上"普世价值"的外衣，打着"文化多元"的旗号，以影视作品、图书报刊等文化商品为载体，大规模地输出其意识形态和价值观念，对当代中国维护文化安全和意识形态安全造成了巨大压力和挑战。实际上，西方发达国家所

谓的"普世价值"是具有两面性的，其实质不过是作为干涉别国内政的工具罢了。轰动一时的"棱镜门"事件让世界看清了美国所谓自由、民主、人权的伪善本质。正如中国社科院发布的《世界社会主义黄皮书》所指出的那样，斯诺登事件是美国长期奉行"内外有别"双重人权标准的必然产物，人权在今天更是变成了美国愚民统治的意识形态话语工具。透过斯诺登事件，我们不难看到，自由、民主、人权这些美好的字眼实质是美式话语流动的自由、美国政界商界大腕的民主、美国政府的霸权。可见，以美国为首的发达国家的国家战略，实质上就是一种推销其核心价值观的战略。因此，从文化安全的角度出发，我们必须大力弘扬和倡导自己的核心价值观，进而有效地应对和回应西方意识形态和价值观念的威胁和挑战。

2.社会转型期的中国出现各种道德失范现象

改革开放以来，我国综合国力极大提升，经济持续健康快速稳定增长，人民生活水平显著提高，整个社会的道德面貌总体上积极健康向上。但是，随着社会主义市场经济的深入发展，我国传统的道德规范正在逐渐发生改变，而与社会主义市场经济体制相适应的新的道德秩序还没有完全建立起来，由此带来的社会上的道德失范现象日益突出。一是商品拜物教与拜金主义严重。在经济飞速发展的同时，社会上逐渐滋生了拜金主义的风气，一部分人把金钱看作是万能的，以此来衡量一切是非成败。在经济领域，有些人为了追逐经济利益而不择手段，置他人利益、社会公德于不顾，甚至不惜牺牲国家和民族的整体利益和长远利益。在政治领域，一些领导干部以权谋私，把手中的权力作为获取利益的手段，从而滋生了行贿受贿、权钱交易、跑官卖官等腐败现象。在文化领域，一些文化工作者仅仅注重商业利益，眼睛只盯着市场，一味迎合庸俗低级的趣味。二是奢靡享乐主义盛行。拜金主义的直接后果就是催生了奢靡之风和享乐主义。奢靡之风和享乐主义不仅大量浪费国家和人民的财力和物力，而且还会使人意志消沉、缺乏积极进取的精神。特别是在某些领导干部身上存在着奢靡享乐的作风，严重损害了党群干群关系，破坏了党和国家形象，直接危害我们党的执政根基。三是社会诚信缺失。诚信是社会关系良性运行的基石，诚信的缺失使我们的这个社会正在遭遇前所未有的信任危机。毒奶粉、瘦肉精、地沟油、染色馒头等损害健康的食品安全事件，假文凭、假发票、假证件，收受贿赂、暗箱操作等，表明我们的社会正陷入诚信缺失的危险境地。因此迫切需要一种正确的价值观来提供道德规范和行为准则，以尽快扭转这些因思想道德建设滞后而出现的道德失范现象。

3.构建社会主义和谐社会需要价值观的建设

党的十六届四中全会首次明确提出了构建社会主义和谐社会的重大战略任务。全会第一次把和谐社会建设放到同经济建设、政治建设、文化建设并列的突出位置，从而使我们党关于全面建设小康社会、开创中国特色社会主义新局面的奋斗目标，由发展社会主义市场经济、社会主义民主政治和社会主义先进文化这样三位一体的总体布局，扩展为包括社会主义和谐社会在内的四位一体的总体布局。我们所要建设的社会主义和谐社会，其基本特征是：民主法治、公平正义、诚信友爱、充满活力、安定有序、人与自然和谐相处的社会。这样的和谐社会，体现了民主与法治的统一、公平与效率的统一、活力与秩序的统一、科学与人文的统一、人与自然的统一，是社会主义核心价值观所大力倡导的。从目前来看，我们的社会总体上是和谐的，但也存在着某些不和谐的因素。当前存在的影响社会和谐的突出矛盾和问题，主要是：城乡、区域、经济社会发展很不平衡，人口资源环境压力加大；就业、社会保障、收入分配、教育、医疗、住房、安全生产、社会治安等方面关系群众切身利益的问题比较突出；体制机制尚不完善，民主法制还不健全；一些社会成员诚信缺失、道德失范，一些领导干部的素质、能力和作风与新形势新任务的要求还不适应；一些领域的腐败现象仍然比较严重；敌对势力的渗透破坏活动危及国家安全和社会稳定。在诸多影响社会和谐的因素中，就业问题、腐败问题、分配不公问题、贫富差距扩大问题、社会保障问题、社会诚信问题等，是当前人民群众最为关注的热点问题。这就要求我们在全社会范围内积极培育和践行以"三个倡导"为主要内容的社会主义核心价值观，并以此来凝魂聚气，形成共识，不断促进社会和谐。

二、社会主义核心价值体系的孕育

2002年党的十六大以后，中国进入了全面建设小康社会的新阶段。这既是我国发展的一个重要的战略机遇期，又是一个关键的矛盾凸显期。面对日益复杂的国际国内环境，如何把全党全国人民的思想和力量凝聚起来，沿着中国特色社会主义的正确方向前进，是我们坚持用先进文化引领社会进步必须面对的一个重大课题。正是在对这一问题的不断探索中，社会主义核心价值体系的理论内涵逐渐变得清晰起来。

2003年10月，党的十六届三中全会首次明确提出了科学发展观的重大战略思想，促使全党上下对全面推进社会主义物质文明、政治文明和精神文明建设的认识达到一个新境界，有力地推动了对社会主义核心价值体系这一重大课题的探索。2003年12月，胡锦涛在全国宣传思想工作会议中提出，要引导广大干部群众正确认识社会发展规律，正确认识国家的前途和命运，树立正确的世界观、人生观和价值观，不断坚定建设中国特色社会主义的理想信念。

2004年2月和8月，中共中央、国务院针对在改革开放和发展社会主义市场经济的条件下，我国青少年和大学生在思想道德领域存在的问题，先后出台了《关于进一步加强和改进未成年人思想道德建设的若干意见》和《关于进一步加强和改进大学生思想政治教育的意见》。文件强调了要以理想信念教育为核心，深入进行正确的世界观、人生观和价值观教育；以爱国主义教育为重点，深入进行民族精神教育，同时要把民族精神教育与以改革创新为核心的时代精神教育结合起来；以基本道德规范为基础，深入进行公民道德教育。

2005年2月，胡锦涛在中央举办的省部级主要领导干部提高构建社会主义和谐社会能力专题研讨班上，就构建社会主义和谐社会以及提高党员干部构建社会主义和谐社会的能力作了重要论述。胡锦涛强调："一个社会是否和谐，一个国家能否实现长治久安，很大程度上取决于全体社会成员的思想道德素质。没有共同的理想信念，没有良好的道德规范，是无法实现社会和谐的。"①为此，必须要巩固马克思主义在我国意识形态领域的指导地位，弘扬以爱国主义为核心的民族精神和以改革创新为核心的时代精神，积极实施公民道德建设工程。

2006年3月4日，胡锦涛在参加全国政协十届四次会议民盟、民进界委员联组讨论时提出，要引导广大干部群众特别是青少年树立以八荣八耻为主要内容的社会主义荣辱观。胡锦涛强调，社会风气是社会文明程度的重要标志，是社会价值导向的集中体现。树立良好的社会风气是广大人民群众的强烈愿望，也是经济社会顺利发展的必然要求。在我们的社会主义社会里，是非、善恶、美丑的界限绝对不能混淆，坚持什么、反对什么，倡导什么、抵制什么，都必须旗帜鲜明。要在全社会大力弘扬爱国主义、集体主义、社会主义思想，倡导社会主义基本道德规范，促进良好社会风气的形成和发展。社会主义荣辱观作为全社会普遍遵守的价值观念和道德准则，要求提倡热爱祖国、服务人民、崇尚科学、辛勤劳动、团结互助、诚实守信、遵纪守法、艰苦奋斗。至此，社会主义核心价值体系的基本框架和内容呼之欲出。

2006年10月，党的十六届六中全会首次提出了"建设社会主义核心价

---

① 《十六大以来重要文献选编》（中），中央文献出版社，2011年版，第710页。

值体系"的重大命题和战略任务。全会通过了《中共中央关于构建社会主义和谐社会若干重大问题的决定》（以下简称《决定》），明确提出了社会主义核心价值体系的基本内容，即马克思主义指导思想、中国特色社会主义共同理想、以爱国主义为核心的民族精神和以改革创新为核心的时代精神、社会主义荣辱观。这四个方面的内容各有侧重，又相辅相成，构成了一个逻辑严密的完整体系。马克思主义指导思想是灵魂，解决的是举什么旗的问题；中国特色社会主义共同理想是主题，解决的是走什么道路、实现什么样目标的问题；以爱国主义为核心的民族精神和以改革创新为核心的时代精神是精髓，解决的是应当具备什么样的精神状态和精神风貌的问题；以"八荣八耻"为主要内容的社会主义荣辱观是基础，解决的是人们行为规范的问题。《决定》还强调，要"坚持以社会主义核心价值体系引领社会思潮，尊重差异，包容多样，最大限度地形成社会思想共识"①。

2007年10月，党的十七大明确提出"建设社会主义核心价值体系，增强社会主义意识形态的吸引力和凝聚力"的要求。报告强调指出，社会主义核心价值体系是社会主义意识形态的本质体现，要求全党要"积极探索用社会主义核心价值体系引领社会思潮的有效途径，主动做好意识形态工作，既尊重差异、包容多样，又有力抵制各种错误和腐朽思想的影响"②。2008年12月，胡锦涛在纪念中国科协成立五十周年大会上的讲话中指出，社会主义核心价值体系是我国指导思想、共同理想、民族精神、道德观念的集中体现。建设社会主义核心价值体系，是增强民族凝聚力和国家软实力的客观需要。2009年9月，党的十七届四中全会再次提出，要开展社会主义核心价值体系学习教育。强调党员、干部模范学习践行社会主义核心价值体系，是建设马克思主义学习型政党的重要任务。

---

① 《十六大以来重要文献选编》（下），中央文献出版社，2011年版，第661页。
② 《十七大以来重要文献选编》（上），中央文献出版社，2013年版，第27页。

2011年10月，党的十七届六中全会通过了《中共中央关于深化文化体制改革推动社会主义文化大发展大繁荣若干重大问题的决定》（以下简称《决定》）。《决定》指出，社会主义核心价值体系是兴国之魂，是社会主义先进文化的精髓，决定着中国特色社会主义发展方向。必须强化教育引导，增进社会共识，创新方式方法，健全制度保障，把社会主义核心价值体系融入国民教育、精神文明建设和党的建设全过程，贯穿改革开放和社会主义现代化建设各领域，体现到精神文化产品创作生产传播各方面，坚持用社会主义核心价值体系引领社会思潮，在全党全社会形成统一指导思想、共同理想信念、强大精神力量、基本道德规范。这就进一步促使社会各界加大了对社会主义核心价值体系的宣传和教育。社会主义核心价值体系的提出和建设，为社会主义核心价值观的凝练和提出提供了理论基础和必要条件。

三、社会主义核心价值观的凝练和提出

在建设社会主义核心价值体系的过程中，凝练和概括社会主义核心价值观的必要性日渐彰显。社会主义核心价值体系只是从总体上提出了社会主义核心价值的基本框架，还必须进一步使其具体化、通俗化、大众化。也就是说，社会主义核心价值体系需要凝练和概括为内容充实、言简意赅、通俗易懂的"社会主义核心价值观"，这样才易于被广大人民群众理解、认同和接受，也才能够真正内化为人们的价值观念，外化为人们的自觉行动。

2012年11月，党的十八大在社会主义核心价值体系的基础上，正式提出了社会主义核心价值观。十八大报告以倡导的形式，分别从国家层面、社会层面和公民个人层面高度凝练和概括了社会主义核心价值观的基本内容，即"倡导富强、民主、文明、和谐，倡导自由、平等、公正、法治，倡导爱国、敬业、诚信、友善，积极培育和践行社会主义核心价值观"。

2013年12月，中共中央办公厅印发了《关于培育和践行社会主义核心价值观的意见》（以下简称《意见》），就培育和践行社会主义核心价值观的重要意义、指导思想、基本原则和具体要求等提出建设性意见。《意见》指出，培育和践行社会主义核心价值观，是推进中国特色社会主义伟大事业、实现中华民族伟大复兴中国梦的战略任务。这与中国特色社会主义发展要求相契合，与中华优秀传统文化和人类文明优秀成果相承接，是我们党凝聚全党全社会价值共识作出的重要论断。积极培育和践行社会主义核心价值观，对于巩固马克思主义在意识形态领域的指导地位、巩固全党全国人民团结奋斗的共同思想基础，对于促进人的全面发展、引领社会全面进步，对于集聚全面建成小康社会、实现中华民族伟大复兴中国梦的强大正能量，具有重要现实意义和深远历史意义。2014年1月4日，刘云山在培育和践行社会主义核心价值观座谈会上发表讲话，对如何做好培育和践行社会主义核心价值观作出具体阐述和要求。他指出，中共中央办公厅印发《关于培育和践行社会主义核心价值观的意见》是我们党推进社会主义核心价值体系建设的重要举措。要切实抓好《意见》的落实，努力建设中华民族的共有精神家园，推动形成奋发向上、崇德向善的强大力量。

2014年2月24日，中共中央政治局就培育和弘扬社会主义核心价值观、弘扬中华传统美德进行第十三次集体学习。习近平在主持学习时强调，把培育和弘扬社会主义核心价值观作为凝魂聚气、强基固本的基础工程，继承和发扬中华优秀传统文化和传统美德，广泛开展社会主义核心价值观宣传教育，积极引导人们讲道德、尊道德、守道德，追求高尚的道德理想，不断夯实中国特色社会主义的思想道德基础。要切实把社会主义核心价值观贯穿于社会生活方方面面。要通过教育引导、舆论宣传、文化熏陶、实践养成、制度保障等，使社会主义核心价值观内化为人们的精神追求，外化为人们的自觉行动。要利用各种时机和场合，形成有利于培育和弘扬社会主义核心价值观的生活情景和社会氛围，使核心价值观的影响像空气一样无所不在、无时不有。

2014年9月12—13日，培育和践行社会主义核心价值观工作经验交流会在京召开。刘云山在会议上指出，价值观自信是保持民族精神独立性的重要支撑，自信才有执着的坚守和自觉的践行。我们的价值观自信来自于马克思主义的正确指引，来自于中华优秀传统文化的丰厚滋养，来自于中国特色社会主义的成功实践，来自于对人类文明优秀成果的吸收借鉴。推进核心价值观建设，贵在增强自觉、重在落地生根、难在持久深入。要把核心价值观贯彻到国民教育、精神文明建设、党的建设之中，融入经济社会发展实践之中，渗透到人们日常生产生活之中，打牢培育核心价值观的社会基础。要在落细落小落实上下功夫，坚持接地气、贴民心，坚持常态化、长期抓，以积土成山的精神推动核心价值观建设。

当前，随着党中央一系列宣传、动员会议的召开，以及社会各界多种学习活动的开展，社会主义核心价值观正越来越深入人心，逐渐成为广大人民群众广泛认可的价值理念和行为准则。

第二节　社会主义核心价值观的内涵

党的十八大报告从坚持和发展中国特色社会主义的高度，概括提出了以"三个倡导"为基本内容的社会主义核心价值观，即"倡导富强、民主、文明、和谐，倡导自由、平等、公正、法治，倡导爱国、敬业、诚信、友善"。社会主义核心价值观从国家、社会到公民个人三个层面阐明了既相互区别又相互联系的价值目标、价值取向和价值准则，是我们党凝聚全党全社会价值共识作出的重要论断。正确理解社会主义核心价值观的深刻内涵，对于引领社会思潮、凝聚社会共识，激发全国各族人民努力实现中华民族伟大复兴的共同愿景具有重大而深远的历史意义。

一、国家层面的价值目标：富强、民主、文明、和谐

党的十八大报告所倡导的"富强""民主""文明""和谐"共同构成了社会主义核心价值观在国家层面的基本内容。这是从价值目标的角度对社会主义核心价值观的基本理念作出的高度凝练，精辟地阐明了中国社会主义现代化建设的基本目标。也就是说，经济上要越来越富强，政治上要越来越民主，文化上要越来越文明，社会和生态上要越来越和谐，它与中国特色社会主义发展要求相契合，是当代中国人民对于社会主义现代化国家理想形态的价值诉求。

1.富强：社会主义现代化建设的基本价值目标

"富强"，即民富国强，其包含两层意思：一是人民整体生活富裕，二是国家综合实力强大。自人类社会产生以来，不断进行物质生产、摆脱匮乏状态、积累物质财富，就已经成为社会主体的生存需求和基本追求。社会个体如此，对于承载和保障个体发展的民族、国家来说亦是如此。可以说，社会个体对富裕生活的追求，以及民族国家间综合国力的竞争是人类亘古不变的主题，也是推动社会进步和个人发展的物质基础和主要动因。在不同的历史时期，各个国家或依赖农业立国，满足温饱；或凭借工业强国，力图兴盛；或依托科教兴国，追求创新；或仰仗贸易富国，谋求发展……尽管各个历史时期价值目标不同、实现方式各异，但是追求富强作为推动历史发展的动力从来就没有改变过。

"富强"首先在于民富，民富是国强的最终目的，没有人民的富裕，国家的强大就无以维系。早在春秋时期，政治家管仲就已经提出了"凡治国之道，必先富民"（《管子·治国》）的富民强国思想。马克思主义理论早就指出，无论是社会生产力的发展，还是国家财富的积累，其根本目的都在于提高人民的物质生活水平、丰富人民的精神生活，最终实现人的

自由全面发展。其次，"富强"还在于国强，国强是民富的重要前提，没有国家的强大，人民的富裕就失去保障。大国不等于强国，国家的强大不仅仅在于拥有巨大的物质财富，还在于以经济实力为基础的政治、军事、文化、科技、教育等硬实力、软实力的威慑力和影响力。一个综合国力强大的国家才能从容应对国家主权、领土安全和发展利益等方面所面临的各种突发事件和挑战，也才能更好地为人民的富裕生活和安居乐业提供保障。

富强是中华民族梦寐以求的美好夙愿，也是人民幸福安康的物质基础。近代以来，中国人民在谋求富强的道路上历尽艰辛，从洋务派提出的"辅以诸国富强之术"，到维新派提出的"变法图强"，再到资产阶级革命派提出的"实业救国"，都无法改变当时中国积贫积弱的状况。正如毛泽东所说，"在一个半殖民地的、半封建的、分裂的中国里，要想发展工业，建设国防，福利人民，求得国家的富强，多少年来多少人做过这种梦，但是一概幻灭了。"①正是因为中华民族的百年屈辱，追求富强的决心和动力才更加深入人心。最终，中国共产党人前仆后继，抛头颅洒热血，领导全国人民历经艰苦卓绝的革命斗争，建立了社会主义新中国，从而使中国走向富强成为可能。新中国成立以来，特别是改革开放以来，我们党和政府坚持走科学发展的道路，不断出台惠民、富民的政策，人民生活越来越富裕，国家综合实力越来越强大，把中华民族伟大复兴的梦想大大向前推进。

把"富强"作为社会主义核心价值观在国家层面的首要观念，突出体现了我们把发展社会生产力、提高人民生活水平、增强综合国力作为目前中国现代化建设的基本价值目标。具体来说，社会主义富强观内含着一些基本要求：第一，把发展作为执政兴国的第一要务，强调解放和发展社会

---

① 《毛泽东选集》第三卷，人民出版社，1991年版，第1080页。

生产力是中国特色社会主义的根本任务。高度发达的生产力是社会主义存在和发展的物质前提和基础，正如邓小平所一再重申的，"讲社会主义，首先就要使生产力发展，这是主要的。只有这样，才能表明社会主义的优越性"①。第二，把关于共同富裕的论述同社会主义本质相联系，强调发展成果属于人民，为人民所共享。社会主义社会的富裕是全体人民的共同富裕，"如果走资本主义道路，可以使中国百分之几的人富裕起来，但是绝对解决不了百分之九十几的人生活富裕的问题"②。第三，提出要努力实现以国家富强、民族振兴、人民幸福为主要内容的中华民族伟大复兴的中国梦。我们所强调的富强内含着综合国力的提升，为此，党和政府带领全国人民全面推进经济建设、政治建设、文化建设、社会建设、生态文明建设，力争到本世纪中叶，把我国建成富强、民主、文明、和谐的社会主义现代化国家。

"富强"是社会主义核心价值观的统领和导向，是使其内化于心、外化于行的物质支撑。目前，我国仍处于并将长期处于社会主义初级阶段的基本国情没有变，人民日益增长的美好生活需要和不平衡不充分的发展之间的矛盾这一社会主要矛盾没有变，我国是世界最大的发展中国家的国际地位没有变。我们应该深刻地认识到目前我国所处的形势和任务，积极培育和践行社会主义富强观。为此，应该做到以下几个结合：一是把社会主义富强观的教育同爱国主义教育有机结合起来，在全社会的范围内培养个人为实现国家富强而努力奋斗的使命感和责任感；二是把社会主义富强观的培育同社会和个人等层面的价值诉求结合起来，将实现国家富强的理念转化为社会和个人的自觉意识和自觉追求；三是把国家富强的目标同当前我国全面深化改革的总目标结合起来，完善和发展中国特色社会主义制

---

① 《邓小平文选》第二卷，人民出版社，1993年版，第314页。
② 《邓小平文选》第三卷，人民出版社，1993年版，第64页。

度，推进国家治理体系和治理能力现代化，最终实现中华民族伟大复兴的中国梦。

2.民主：社会主义始终高扬的旗帜

"民主"的具体含义，在中国和西方存在明显的差异。在中国传统文化中，民主的意思是为民做主。民主一词最早见于《尚书·多方》，其中"天惟时求民主，乃大降显休命于成汤，刑殄有夏""乃惟成汤，克以尔多方，简代夏作民主""天惟五年须暇之子孙，诞作民主，罔可念听"等所提到的"民主"即"民之主"，就是管理人民的君主，有为民做主之意。我国古代政治实践中，为约束君权，又提出了"国以民为本"的政治理念。《尚书·皋陶谟》中还提出"民惟邦本，本固邦宁"的思想，这种"国以民为本"的政治理念奠定了中国"民本"思想传统的基础。在西方思想中，民主的基本含义是实行多数人的统治和按照人民意愿进行的治理。民主作为一种理念，萌芽并尝试于两千多年前的古希腊城邦国家雅典的政治制度和政治实践。当时城邦中实行全体公民直接治理国家的模式，即全体公民是统治者，参与政治，集体掌握国家最高权力。伯里克利曾这样表述："我们的制度之所以被称为民主政治，因为政权是在全体公民手中，而不是在少数人手中。"[1]18、19世纪，民主作为一种制度才在英美诸国确立起来。直到20世纪，民主作为一种成熟完善的思想逐步成为西方发达国家的普遍政治制度。

人类社会民主的发展历程表明，民主作为人类共同的政治理想，是具体的、历史的，从来就没有超阶级的、普世的、永恒的民主。资本主义民主相对于封建等级和世袭制度，破除了封建社会条件下的人身依附关系，逐渐确立了自由、平等、人权等现代观念，在历史上具有一定的进步性。

---

[1] [古希腊]修昔底德：《伯罗奔尼撒战争史》，商务印书馆，1960年版，第130页。

但是，资本主义民主是建立在生产资料私有制基础上的、以保护资产阶级经济利益为条件的民主，这就决定了资产阶级民主只能是少数人享有的民主。对无产阶级和劳动人民来说，资产阶级民主并不是真正意义上的民主，它以表面的全民性作为伪装，掩盖其对多数人实行统治、压迫的阶级实质。资本主义民主的局限性表明，它必然要被一种更高形态的民主所取代。社会主义民主继承了人类政治文明发展的成果，代表着人类民主政治的核心价值和未来发展趋势，是超越资本主义民主的更先进、更高类型的民主。社会主义民主建立在生产资料公有制基础上，其本质是人民当家作主，这是一种广泛的民主，"真正实现大多数人享受的民主制度，使大多数人即劳动者实际参加国家的管理"[1]。社会主义民主是真正的民主，能充分反映和代表人民的愿望和意志，保障人民根本利益的实现。相比于西方资本主义国家的三权分立和相互掣肘而言，社会主义民主有利于充分调动人民群众的积极性和创造性，发挥集中力量办大事、提高效率办成事的政治优势。

民主是社会主义始终高扬的旗帜，对民主的追求是中国共产党人始终不渝的价值目标。中国共产党自成立之日起，就以争取和实现人民当家作主为己任。早在1945年的延安，毛泽东就与来访的民主人士黄炎培探讨了历史周期律和民主问题。黄炎培对毛泽东说："一部历史，'政怠宦成'的也有，'人亡政息'的也有，'求荣取辱'的也有。总之没有能跳出这个周期律。"[2]毛泽东满怀信心地回答说："我们已经找到新路，我们能跳出这个周期律。这条新路，就是民主。只有让人民来监督政府，政府才不

---

① 《列宁选集》第3卷，人民出版社，1995年版，第722页。
② 吕澄等主编：《党的建设七十年纪事（1919—1991）》，中共党史出版社，1992年版，第204页。

敢松懈。只有人人起来负责，才不会人亡政息。"①新中国成立后，我们党领导全国各族人民建立了人民民主专政的国体和人民代表大会制度的政体，为人民民主的实现提供了政治前提和制度基础。党的十一届三中全会以来，我们党总结历史经验教训，把发展社会主义民主政治作为始终不渝的奋斗目标，开创了中国特色社会主义民主新的发展阶段。党的十八大推进了社会主义政治制度自我完善和发展，不断扩大人民民主，使中国特色社会主义民主政治展现出更加旺盛的生命力和更加辉煌灿烂的发展前景。习近平总书记在首都各界纪念现行宪法公布施行30周年大会上的讲话中指出："我们要坚持国家一切权力属于人民的宪法理念，最广泛地动员和组织人民依照宪法和法律规定，通过各级人民代表大会行使国家权力，通过各种途径和形式管理国家和社会事务、管理经济和文化事业，共同建设，共同享有，共同发展，成为国家、社会和自己命运的主人。"②

中国特色社会主义民主是一个实践的过程，也是一个发展的过程，它必然要受到经济文化条件、社会环境等多种因素的制约。当前，我国仍处于并将长期处于社会主义初级阶段，生产力水平总体上还不高，经济社会发展很不平衡，这就决定了中国特色社会主义民主的发展是一个长期的历史过程。在这样的历史条件下，培育和践行社会主义民主观应该做到以下几点：一是坚定不移地走中国特色社会主义政治发展道路，为建设中国特色社会主义民主提供坚实的政治基础和保障；二是要把坚持党的领导、人民当家作主和依法治国有机统一起来，保证中国特色社会主义政治实践的健康发展和社会主义政治文明建设目标的顺利实现；三是积极拓宽公民的政治参与渠道，努力提升公民的民主素养，切实将民主理念转化为每个公

---

① 吕澄等主编：《党的建设七十年纪事（1919—1991）》，中共党史出版社，1992年版，第204页。
② 习近平：《在首都各界纪念现行宪法公布施行30周年大会上的讲话》，《人民日报》，2012年12月5日第02版。

民自觉的生活方式。

3.文明：社会主义的重要特征

汉语中"文明"一词最早出自《易经》，《易经·乾卦》中有"见龙在田，天下文明"一句，不过此时"文明"含有"文采光明"之意，与现代汉语所说的文明含义不尽相同。在其他典籍中，"文明"具有更加丰富的内涵。《尚书·舜典》称赞舜"濬哲文明，温恭允塞"，此处的文明含有个人内在的德行和修养之意。前蜀杜光庭《贺黄云表》中"柔远俗以文明，慑凶奴以武略"内含着"文治教化"的意思。除此之外，文明还有新的、合乎人道等等一些含义。英文中"文明"（civilization）一词的语源出自于拉丁文"civis"，最初是指罗马的城市公民身份，含有比当时非城市人或野蛮人的原始生活状态优越的意思，即含有"城市化"和"公民化"之意。"文明"一词早在18世纪就开始在欧洲被用于正式文献中，但是直到20世纪才开始在人文学科各领域中被广泛使用。在随后几千年的时间里，文明一词的含义几经演化，引申为一种先进的社会和文化发展状态，以及达到这一状态的过程。一方面，"文明"一词被应用于一定的空间范围，即用来指代"地域性文明"，如两河文明、黄河文明。另一方面，用"文明"一词来指与原始社会，即"野蛮"阶段相区别的较高的人类历史发展阶段，将人类社会纵向划分出奴隶制文明、封建制文明、资本主义文明、社会主义文明等文明形态，它们依次构成人类文明进步的各个历史阶段。

社会主义文明是人类社会发展的积极成果和进步状态，也是社会主义现代化国家的重要特征。从总体上来说，可以将社会主义文明归结为广义和狭义两个层次。广义上的社会主义文明指的是人类改造世界的物质成果和精神成果的总和，与社会主义现代化建设的总体布局相对应，它横向可以展开为物质文明、政治文明、精神文明、社会文明、生态文明等五大文明形态。狭义上的社会主义文明，即指与人类社会生活的思想理论、道德风尚、文学艺术、教育和科学等方面的内容相关的精神文明，特指思想道德和历史文化上的先进性，其所体现的是社会的发展和进步，合乎历史发展的规律性和社会主体发展的合目的性的统一。马克思主义认为，随着社会生产力的不断发展，人类文明不断由低级向高级发展，社会主义文明是迄今为止最先进的文明形态。社会主义文明之所以比以往的社会文明更先进，其根本原因就在于它是建立在生产资料公有制和人民当家作主这样的经济和政治基础之上的。此外，社会主义文明的服务对象是全体人民，正如列宁所指出的那样，社会主义文明要"为千千万万劳动人民，为这些国家的精华、国家的力量、国家的未来服务"[①]。

建设社会主义文明国家，是我们党领导革命、建设和改革的重要追求。毛泽东在《新民主主义论》中指出，"我们不但要把一个政治上受压迫、经济上受剥削的中国，变为一个政治上自由和经济上繁荣的中国，而且要把一个被旧文化统治因而愚昧落后的中国，变为一个被新文化统治因而文明先进的中国。"[②]邓小平强调："只要我们的生产力发展，保持一定的经济增长速度，坚持两手抓，社会主义精神文明建设就可以搞上去。"[③]江泽民指出，建设有中国特色社会主义，应是我国经济、政治、文化全面发展的进程，是我国物质文明、政治文明、精神文明全面建设的进程。胡锦涛提出，我们必须走生产发展、生活富裕、生态良好的文明发展道路，全面推进社会主义经济建设、政治建设、文化建设、社会建设以及生态文明建设，努力加快实现以人为本、全面协调可持续的科学发展。在新的历史时期，习近平提出要实现中华民族伟大复兴的中国梦，并强调实现中国

---

① 《列宁选集》第1卷，人民出版社，1995年版，第666页。
② 《毛泽东选集》第二卷，人民出版社，1991年版，第663页。
③ 《邓小平文选》第三卷，人民出版社，1993年版，第379页。

梦，是物质文明和精神文明比翼双飞的发展过程。随着中国经济社会不断发展，中华文明也必将顺应时代发展焕发出更加蓬勃的生命力。

社会主义文明承载着广大人民群众在精神文化方面的共同价值追求，是社会主义核心价值观的重要组成部分。中华民族的伟大复兴不仅需要经济上的腾飞提供物质基础，还需要文明建设上的辉煌提供精神动力。物质生活的贫困不是社会主义，精神文明的缺失也不是社会主义。富裕起来的中国更需要培育和践行社会主义文明价值观，不断满足人民的精神需求、丰富人民的精神生活、增强人民的精神力量，以提高全民族的思想道德素质和科学文化水平。为此，应当从以下几个方面作出努力：一是自觉遵循文明建设发展规律，把传承和发扬中华民族的优秀文化传统同借鉴人类文明的一切积极成果有机结合起来，使社会主义文明建设与时代进步同行，与实践发展同步；二是尊重社会主义社会发展的客观规律，把精神文明建设和物质文明、政治文明、社会文明、生态文明建设有机地结合起来，为全面推进中国特色社会主义建设各项事业顺利发展提供强大的思想保证；三是发挥社会主义文明引导社会、教育人民、推动发展的功能，大力弘扬社会正气，增强民族凝聚力和创造力，建设中华民族共有精神家园。

4.和谐：中国特色社会主义的本质属性

"和谐"是事物内部诸要素之间矛盾统一关系的辩证体现，也是不同事物之间相辅相成、共同发展的辩证关系的体现。在中国，和谐是中华民族传统文化的基本理念。先秦以来，中华民族在长期实践中，在处理个人与外部世界以及个人与自身的关系时，逐渐形成了重整体、重和谐，强调矛盾冲突融合、共存共生的价值取向。儒家强调和谐有序，追求实现"仁者爱人""礼之用，和为贵"的价值理念。道家主张"道法自然"，倡导人们顺应自然、遵循自然规律、与自然万物和谐相处。墨家的墨子提出"兼相爱""爱无差等"，希望人与人之间能够通过互相关爱来改善人际关系、消除破坏性冲突，创造良好和谐的社会环境。在西方，空想社会主义者明确提出建立"和谐社会"的构想。傅立叶早在1803年发表的《全世界和谐》一文中，就已经指出了现存资本主义制度的不合理性，预言其必将为"和谐制度"所代替的理论。马克思恩格斯批判地吸收了空想社会主义理论中的合理成分，创立了科学社会主义理论，不仅勾画出未来社会的和谐状态，而且还指明了实现美好社会理想的正确途径。目前我国正在进行的和谐社会建设，正是把马克思主义关于社会和谐的思想转变为现实的伟大实践。

社会和谐是中国特色社会主义的本质属性和内在要求。尽管"和谐"这一范畴来自中国传统文化，但其内含的价值意蕴却具有鲜明的现代色彩，体现了中国共产党执政兴国的一贯主张。2004年党的十六届四中全会首次正式提出"构建社会主义和谐社会"的概念，并明确指出了其主要内容就是：民主法治、公平正义、诚信友爱、充满活力、安定有序、人与自然和谐相处。我们所要构建的社会主义和谐社会既不同于中国历史上一些思想家所憧憬的"大同世界"，也不同于空想社会主义者所描绘的"乌托邦"，而是基于中国的基本国情、现实的发展阶段和现代化建设中遇到的新情况、新问题提出来的，是马克思主义关于社会和谐的思想同当代中国实际相结合的产物。正如《中共中央关于构建社会主义和谐社会若干重大问题的决定》所指出的那样，构建社会主义和谐社会，是我们党从中国特色社会主义事业总体布局和全面建设小康社会全局出发提出的重大战略任务，反映了建设富强民主文明和谐的社会主义现代化国家的内在要求，体现了全党全国各族人民的共同愿望。

对和谐的追求是人类生存的共同愿望和价值诉求。但是，在社会主义产生之前，其他社会形态由于自身存在的无法超越的局限性，都不可能建立真正意义上的符合全体人民共同价值理想的和谐社会。社会主义制度对资本主义制度的否定和超越，不仅仅在于社会形态的转换和阶级关系的变迁，更重要的是在于它正确地处理了各种矛盾关系，最大限度地实现了社会和谐。具体来说，社会主义和谐价值观包含以下几个方面的内容：第一，人与自身的和谐，即人自身和谐，就是个人身心健康、协调发展，这是个体实现自我身心内外和谐的有益途径。第二，人与自然的和谐，即人与自然界的和谐，就是要求人类所进行的一切实践活动都要以尊重自然规律为前提，实现人与所处的环境和谐共生。第三，人与人的和谐，即人际关系和谐，就是指个体之间、个体与群体之间、群体与群体之间的互相尊重、平等互利、融洽相处。第四，人与社会的和谐，即社会关系和谐，就是指人与社会制度、社会组织之间的相互作用、相互制约、相互促进。第五，国际关系的和谐，即世界和谐，就是要坚持多边主义，实现共同安全；坚持互利合作，实现共同繁荣；坚持包容精神，共建和谐世界。

和谐是我国在社会建设方面追求的价值目标，是社会主义核心价值观在国家层面的基本范畴。近年来，党和政府在加快发展经济的同时，更加注重保障和改善民生、完善社会管理、建设和谐文化、促进社会公平正义，社会主义和谐社会的建设取得了显著成效。但是，目前我国正处于社会转型时期，不可避免地会出现社会阶层固化、贫富差距加大、利益诉求多元、矛盾冲突增多、社会成员公德与诚信意识薄弱等影响社会和谐的问题。可见，培育和践行社会主义和谐价值观任重而道远，贯穿于建设中国特色社会主义的始终，是一个不断协调、化解矛盾的长期历史过程。为此，需要从以下几个方面着手：一是加强对社会主义和谐价值观的倡导，引导人们用和谐的思维认识事物，用和谐的态度对待问题，用和谐的方式处理矛盾，努力使其成为统领全体社会成员的主流价值导向，使社会主义和谐价值观内化为每一个社会个体的价值理念和精神追求；二是建立健全相应的制度机制、监督机制、激励机制和评价机制，为培育和践行社会主义和谐价值观提供制度保障；三是把社会主义和谐价值观的理念同构建社会主义和谐社会的实践结合起来，切实做到内化于心、外化于行。

二、社会层面的价值取向：自由、平等、公正、法治

党的十八大报告所倡导的"自由""平等""公正""法治"共同构成了社会主义核心价值观在社会层面的基本内容。这是从价值取向的角度对社会主义核心价值观的基本理念作出的高度凝练，精辟地阐明了中国特色社会主义的基本属性。在社会层面追求"自由""平等""公正""法治"，是维持社会秩序、调整社会关系、激发社会活力、建立和谐社会的重要道德力量和强大精神动力。这既与我们党以人为本的发展理念相承接，又与当前推进国家治理体系和治理能力现代化的目标要求相契合，是凝聚全面深化改革共识的基本精神要素和核心价值追求。

1.自由：社会主义的价值理想

"自由"是一个内涵丰富的概念。千百年来，自由始终是人们关注的重大课题。从哲学层面来说，对自由的认识和理解往往涉及自由与必然的关系问题。马克思主义哲学产生之前，哲学家们要么把自由理解为对必然的认识和服从，要么把自由理解为对必然的精神超越。斯宾诺莎率先提出了"自由是对必然的认识"这一命题。黑格尔在斯宾诺莎理论的基础上，论证了自由与必然在精神范围内的辩证统一，他指出："一说到必然性，一般人总以为只是从外面去决定的意思……但这只是一种外在的必然性，而非真正内在的必然性，因为内在的必然性就是自由。"①马克思主义哲学用实践的观点看待自由，把自由看作是在对必然的认识基础上对客观世界的改造。恩格斯阐明，"自由不在于幻想中摆脱自然规律而独立，而在于认识这些规律，从而能够有计划地使自然规律为一定目的服务……自由就

---

① 黑格尔：《小逻辑》，商务印书馆，1980年版，第105页。

在于根据对自然界的必然性的认识来支配我们自己和外部自然。"①毛泽东则精简地将自由表述为：自由是对必然的认识和对客观世界的改造。也就是说，人只有基于对必然全面、深刻把握的前提下，在对客观世界的改造中才能真正实现自身的自由。

　　作为社会主义核心价值观的基本内容，自由不只是哲学意义上的抽象概念，其实质上是社会主义的基本价值追求，最终目的是要实现人的自由全面发展。马克思和恩格斯不仅把自由与否作为衡量个人发展的尺度，而且还将其与"人类解放"程度联系起来，作为衡量社会进步与否的最重要的本质特征。他们阐明了社会主义是对资本主义制度下奴役、剥削和压迫等不自由现象的反抗，由此深刻揭露了资本主义自由的虚伪性。在资本主义制度下，由于生产资料掌握在少数统治阶级手中，工人没有任何自我发展、自我实现的权利，他们所拥有的不过是出卖自身劳动力、任凭资本家的奴役和剥削的"自由"。因此，恩格斯强调："我们的目的是要建立社会主义制度，这种制度将给所有的人提供健康而有益的工作，给所有的人提供充裕的物质生活和闲暇时间，给所有的人提供真正的充分的自由。"②可以说，自由是社会主义的内在逻辑，社会主义不仅要消灭一切不自由的制度根源，而且还要把保证个人的自我发展和自我实现作为自身的价值目标，为人类从必然王国向自由王国转变奠定基础。正如马克思和恩格斯在《共产党宣言》里所庄严宣告的那样，"代替那存在着阶级和阶级对立的资产阶级旧社会的，将是这样一个联合体，在那里，每个人的自由发展是一切人的自由发展的条件"③。

　　自由是社会主义的价值理想，自由的理念一直为中国共产党和中国人

①《马克思恩格斯选集》第3卷，人民出版社，1995年版，第455—456页。
②《马克思恩格斯全集》第21卷，人民出版社，1965年版，第570页。
③《马克思恩格斯选集》第1卷，人民出版社，1995年版，第294页。

民所崇尚、珍视和追求。毛泽东早在修改第一部宪法草稿时就曾指出，我们的国家之所以能够关心到每一个公民的自由和权利，当然是由我国的国家制度和社会制度来决定的。任何资本主义国家的人民群众，都没有也不可能有我国人民这样广泛的个人自由。改革开放以来，我们党进一步丰富和发展了马克思主义的自由观，明确提出：人的自由全面发展不仅是共产主义社会的本质特征，而且也是建设社会主义新社会的本质要求。江泽民在"七一"讲话中指出，我们建设有中国特色社会主义的各项事业，我们进行的一切工作，既要着眼于人民现实的物质文化需求，同时又要着眼于促进人民素质的提高，也就是要努力促进人的全面发展。在此基础之上，胡锦涛同志在中央人口资源环境工作座谈会上指出，坚持以人为本，就是要以实现人的全面发展为目标，从人民群众的根本利益出发，谋发展，促发展，不断满足人民群众日益增长的物质文化需求，切实保障人民群众的经济、政治和文化权益，让发展的成果惠及全体人民。党的十八大明确把"促进人的全面发展"纳入中国特色社会主义道路的内涵之中，并且强调要"不断在实现发展成果由人民共享、促进人的全面发展上取得新成效"。这表明，中国特色社会主义的各项事业的出发点和落脚点，都是为了最大限度地保障人民的权益，不断促进人民的自由和发展。

"自由"作为社会主义核心价值观的基本内容，也就是倡导人的自由全面发展，这是马克思主义关于共产主义社会价值的本质规定。但是，正如马克思所说，"权利决不能超出社会的经济结构以及由经济结构制约的社会的文化发展"①。这就表明，自由并不是抽象的孤立的行为，它必然会受到生产力发展水平和社会交往程度的限制。中国目前仍处于社会主义初级阶段，仍然在不同程度上存在制约人的自由发展的诸多因素，如生产力发展水平相对落后、社会财富积累不足、商品经济不发达、社会制度和各

---

① 《马克思恩格斯选集》第3卷，人民出版社，1995年版，第305页。

方面体制不健全等。为此，在社会各项建设中应当确立相应的价值理念和标准，让公民在法律和道德允许的范围内，决定自己做什么和不做什么。也就是说，在社会物质生活水平、精神文明程度不断提升的同时，更要将公民在法律和道德界限内所允许的自由程度作为衡量社会发展水平的尺度，谋求自由在更大范围内的实现。

2.平等：社会主义制度的基本原则

"平等"是指人们在经济、政治、文化、社会等方面处于同等的地位、享有同等的权利。平等的观念在不同的视域有不同的理解。在自然法视域中，主张平等意味着人人都享有平等的自然权利；在宗教视域中，主张平等意味着人人在上帝面前都是平等的；在社会视域中，主张平等意味着人人都拥有"生而平等"的天赋权利。在现代社会，平等作为一种关于社会应当如何对待其成员的规范性价值，关系到每个人的尊严和幸福，是个人生存的最基本的权利。尽管每个社会成员在出身、个性、能力、需求等方面各不相同，但是作为社会存在的主体，每个人生存和发展的权利和机会都是平等的。平等是人类共同追寻的价值理想，是社会历史发展的精神动力和重要标志。可以说，现代社会的进步，就是人和人之间从不平等走向平等这样一个平等逐渐实现的过程。

平等观念作为构建理想社会的基本价值取向和原则，在人类思想史上源远流长。千百年来，人们对平等的追求与探索已经成为人类社会的基本价值诉求。在中国历史上，孔子早在两千多年前就提出了"不患寡而患不均"的著名论断，从经济层面上强调财物分配上的平等。无论是北宋末年王小波、李顺领导农民起义时主张的"等贵贱，均贫富"，还是太平天国运动提出的"有田同耕，有饭同食，有衣同穿，有钱同使，无处不均匀，无处不饱暖"的社会纲领，都将平等作为自己的价值理念和行动纲领。近代资产阶级革命先行者孙中山更是将平等作为自己毕生坚持的信念与理想，他在《三民主义》中明确指出："民权两个字，是我们革命党的第二个口号，同法国的革命口号的平等是相对待的。"①在西方，公元前1世纪小亚细亚的奴隶起义所提出的"太阳国"，就是一个没有富人也没有穷人、没有奴隶也没有主人的平等的理想社会。近代以来，西方资产阶级启蒙思想家赋予平等以更加深刻的逻辑内涵，从而为推翻封建制度在欧洲的统治奠定了坚实的基础。

平等是社会主义制度的基本原则，是中国共产党领导中国革命和建设的核心价值理念。恩格斯曾经说过："一切人，或至少是一个国家的一切公民，或一个社会的一切成员，都应当有平等的政治地位和社会地位。"②可见，马克思主义主张的平等，是全体社会成员之间的平等，即每个社会成员都可以平等地相互对待、平等地享有共同管理国家和社会的权利。中国的革命和建设更是在现实中践行着马克思主义的平等理念。早在1927年，毛泽东在江西永新县实施的"三湾改编"就倡导"官兵一致"的平等原则。自新中国成立之日起，特别是改革开放以后，我国着力营造更加平等的社会环境，切实保障全体社会成员享有更多平等参与、平等竞争、平等发展的权利和机会。这些都是中国社会追求平等价值理念的真切体现。

社会主义核心价值观所倡导的平等观是在批判、借鉴人类历史上诸多平等观的基础上形成的，是对以往平等观要么片面强调机会上的权利平等、要么片面强调结果上的经济平等的现实超越，实现了平等在包括政治、经济、社会、文化、生态等各个领域中从起点到结果的整个过程的整体观照。培育和践行这样一种平等价值观需要从以下几个方面着手：一是大力倡导社会主义平等理念，营造平等氛围，让平等成为调节人与人之间关系、规制一切社会行为的价值准则。二是继续发展社会生产力，使发展

---

① 孙中山：《三民主义》，中国长安出版社，2011年版，第96页。
② 《马克思恩格斯选集》第3卷，人民出版社，1995年版，第444页。

成果更多更公平地惠及全体人民，为平等在全社会范围内的实现提供坚实的物质基础。三是积极推进政治、经济、社会等各个领域的改革，消除影响平等的体制和制度障碍，确保全体社会成员切实享有平等参与、平等发展的机会和权利。

3.公正：社会主义的基本价值取向

在当代中国语境里，"公正"一般被理解为公平和正义的复合词，是人类调整社会秩序和人与人之间关系的一种价值理念和行为准则。公平通常指基于一定标准或原则而平等地对待人或事。正义则通常与一定的社会制度特别是法律尊严的体现相联系，主要指符合一定社会制度和道德规范的行为。公正包括程序公正和社会公正。程序公正追求起点的平等，它要求所有人在规则面前一律平等。社会公正追求结果的平等，而不过问个人的出身、机会和努力程度。在现代社会，一般以程序公正为基础，同时兼顾社会的公正。

千百年来，公正一直是人类社会孜孜以求的价值理想。中国传统文化中蕴含着大量关于公正的思想。早在《礼记》中就记载了"大道之行也，天下为公"的大同理想。老子主张"以正治国"的理念。孔子强调："政者，正也。子帅以正，孰敢不正？"（《论语·颜渊》）宋代朱熹曾提出过"惟公然后能正"的思想。明代思想家吕坤认为，公正二字是支撑世界良性运行的要义，没有这两个字，便塌了天。在西方，早在古希腊时期，柏拉图就以正义问题贯穿《理想国》全书，明确提出"正义就是平等"的命题，并将其视为衡量理想政体的重要标准。亚里士多德认为公正是最主要的，它比星辰更加光辉。当代著名的美国政治哲学家罗尔斯更是将公正视为社会制度的首要价值，用来作为衡量社会制度进步与否的首要标志。

实现社会公平正义是中国共产党人的一贯主张，是发展中国特色社会主义的重大任务。新中国成立初期，毛泽东对分配制度、工资制度等一系列问题的论述都体现着对公正的追求。改革开放初期，邓小平就把社会公正纳入社会主义的本质规定中，强调在改革开放中要注意避免两极分化。江泽民"三个代表"重要思想的本质要求就是坚持执政为民，实现社会公正。2005年初，胡锦涛在省部级主要领导干部提高构建社会主义和谐社会能力专题研讨班上的讲话中强调，维护和实现社会公平和正义，是中国社会主义制度的本质要求。党的十七大报告把"公平正义"同"民主法治""自由平等"一起作为公民意识教育应当树立的三大理念。此后，党的十七届五中、六中全会都强调了公平正义问题，强调"促进社会公平正义""维护法律权威和社会公平正义"。党的十八大报告进一步强调，必须坚持维护社会公平正义。公平正义是中国特色社会主义的内在要求。要在全体人民共同奋斗、经济社会发展的基础上，加紧建设对保障社会公平正义具有重大作用的制度，逐步建立以权利公平、机会公平、规则公平为主要内容的社会保障体系，努力营造公平的社会环境，保证人民平等参与、平等发展权利。在新的历史阶段，习近平在中央政法工作会议上重点强调，要把维护社会大局稳定作为基本任务，把促进社会公平正义作为核心价值追求，把保障人民安居乐业作为根本目标，坚持严格执法公正司法，积极深化改革，加强和改进政法工作，维护人民群众切身利益，为实现"两个一百年"奋斗目标、实现中华民族伟大复兴的中国梦提供有力保障。

公正作为一种社会价值，是社会主义的基本价值取向。一个社会的公正，不是诉诸抽象的自由和权利，而是应当体现在经济、政治、法律等社会生活的各个领域、各个层次和各个方面具体的现实的公平正义。社会主义所倡导的公正观，是在推翻资本主义生产资料私有制、消灭一切阶级和剥削的革命实践过程中提出来的、与广大人民根本利益一致的、能够切实有效地保障社会主义社会价值目标在社会各方面得到贯彻和实施的无产阶级公正理念。具体来说，社会主义的公正观包含以下几方面的内容：一是实行以公有制为主体、多种所有制经济共同发展的基本经济制度，广大人民群众平等地占有生产资料，确保社会利益分配的起点公正；二是实行以按劳分配为主体、多种分配方式并存的分配制度，以劳动作为统一的分配尺度，确保社会利益分配的程序公正；三是把共同富裕作为社会发展的最终目标，致力于发展成果为全体人民所共享，确保社会利益分配的结果公正；四是依照体现人民意志和社会发展规律的法律治理国家，逐步建立起以权利公平、机会公平、规则公平、分配公平为主要内容的社会公正保障体系，确保在全社会的范围内实现社会的公平正义。

把公正作为社会主义核心价值观在社会层面的价值取向，表明我们党和国家把保障社会公平正义摆到了更加突出的位置。改革开放40多年来，我国的社会生产力和国家综合实力不断增强，经济总量位居世界前列，人民生活水平显著提高，这些都为实现社会公正提供了强大的物质基础和保障。但是，中国目前社会结构转型的同时也引发了大量的社会问题。比如，贫富差距的矛盾、社会资源配置的矛盾、阶层与阶层之间以及阶层内部不同利益主体的矛盾比较突出，再加上部分人法制观念淡薄、公正意识薄弱，导致人们的不公正感有所上升。可见，实现和维护社会公平正义任重而道远，需要我们持续而艰辛地努力。为此，需要做到以下几个方面：一是深化收入分配制度改革，建立公正合理的收入分配格局，让改革和发展成果惠及全体人民；二是健全公正的社会保障体系，改善弱势群体的生活处境，缓解贫富差距过大带来的社会矛盾和冲突；三是建立社会公正保障体系，拓宽和健全监督渠道，努力营造公平正义的社会环境。

4.法治：现代社会治理的基本方式

"法治"是现代社会治理的基本方式，其基本内涵在于将法律作为社会治理的最高准则，任何个人和组织都不享有法律之外的特权。具体来说，可以从两个方面的区分来理解法治概念的内涵。一方面，法治是与人治相对应的一个概念，是不同的治国理念。人治是指依靠统治者个人的权威治理国家的一种政治主张。人治强调个人权力在法律之上，而法治理念正好与其相反，强调法律在国家和社会治理中的至上地位。另一方面，法治是与法制相区别的一个概念，具有不同的特定含义。法制是法律制度的简称，其与政治制度、经济制度相对应，指的是法律及相关制度。而法治是与人治相对应，是依法治理的基本原则和方法。法治和法制最根本的区别，在于后者仅仅表示一个国家设有法律制度和法律体系，而无法排除人治的可能性。总体上来说，现代法治应当是民主与法制的有机结合，没有民主制度作基础，法制就有可能为"人治"服务，成为维护"专制"的一种统治工具。也就是说，只有使民主制度化、法律化，并严格依法办事，以确立一种正常的法律秩序的国家，才是真正的法治国家。

法治是政治文明发展到一定历史阶段的标志。文明社会就是法制社会，但是，在人类历史上，社会性质不同，其治理国家的法治理念也不尽相同。总体来说，社会主义法治理念的内涵主要包括五个方面：一是依法治国。依法治国是社会主义法治的核心内容，是我们党治国理政观念的重大转变，是实现国家长治久安的重要保障，是发展社会主义民主政治的必然要求。二是执法为民。执法为民是社会主义法治的本质要求，是中国共产党始终坚持立党为公、执政为民宗旨的必然要求，是"一切权利属于人民"的宪法原则的具体体现，是社会主义法治始终保持正确政治方向的根本保证。执法为民的基本内涵包括以人为本、保障人权、文明执法。三是公平正义。公平正义是社会主义法治理念的价值追求，是社会主义法治建设的根本目标，是新时期广大人民群众的强烈愿望，是立法、执法和司法工作的生命线，是社会主义和谐社会的基本特征。公平正义的基本内涵包括法律面前人人平等、合法合理、程序正当、高效及时。四是服务大局。服务大局是社会主义法治工作的重要使命，是社会主义法律的本质要求，是法治工作的地位和性质所决定，是社会主义法治实践的经验总结。服务大局的基本内涵包括把握大局、围绕大局、立足本职。五是党的领导。党的领导是社会主义法治的根本保证，是党的先进性决定的，是人民的历史选择，是法治建设的艰巨性决定的。党的领导的基本内涵包括党对社会主义法治的思想领导、政治领导、组织领导。这五个方面相辅相成，共同构成了社会主义法治的有机整体，直接体现了党的领导、人民当家做主和依法治国的协调统一，科学地揭示了社会主义法治理念的内在要求、本质特征和原则之间的辩证关系。

依法治国，建设社会主义法治国家是改革开放以来我们党和国家坚定不移的基本方针。党的十一届三中全会明确提出了"发展社会主义民主，健全社会主义法制"的基本方针。1997年，党的十五大把"依法治国"确立为党领导人民治理国家的基本方略，并将过去"建设社会主义法制国家"的提法，改为"建设社会主义法治国家"，极其鲜明地突出了对"法治"的强调。1999年九届人大二次会议通过的宪法修正案规定，"中华人民共和国实行依法治国，建设社会主义法治国家"。将"法治"写入宪法，使其通过法定程序上升为国家意志，这标志着中华人民共和国治国方略的重大转变。党的十六大提出，发展社会主义民主政治，最根本的是要把坚持党的领导、人民当家做主和依法治国有机统一起来。党的十七大提出，依法治国是社会主义民主政治的基本要求，强调要全面落实依法治国基本方略，加快建设社会主义法治国家。党的十八大强调，要更加注重发挥法治在国家治理和社会管理中的重要作用。法治是治国理政的基本方式，要加快建设社会主义法治国家，全面推进依法治国。党的十八届三中全会进一步提出，建设法治中国，必须坚持依法治国、依法执政、依法行政共同推进，坚持法治国家、法治政府、法治社会一体建设。这是对"法治"的全新诠释，将"法治"提升到一个全局性的战略高度。2014年10月，中国共产党第十八届中央委员会第四次全体会议首次专题讨论依法治国问题。10月28日，《中共中央关于全面推进依法治国若干重大问题的决定》发布，这表明党和国家在落实依法治国基本方略、建设社会主义法治国家的道路上又向前迈了一大步。

将"法治"作为社会主义核心价值观的基本内容，是历史与现实的必然，体现了党坚持走中国特色社会主义法治道路、建设中国特色社会主义法治体系的勇气和决心。目前，我国全面建成小康社会进入决定性阶段，改革进入攻坚期和深水区。可以说，我们党所面对的改革发展稳定任务之重前所未有、矛盾风险挑战之多前所未有。因此，依法治国在党和国家工作全局中的地位更加突出、作用更加重大。可以说，"全面推进依法治国是关系我们党执政兴国、关系人民幸福安康、关系党和国家长治久安的重大战略问题，是完善和发展中国特色社会主义制度、推进国家治理体系和治理能力现代化的重要方面"①。为此，应当做好以下几个方面的工作：一是加强法制宣传教育，在全社会弘扬社会主义法治精神，提高全体公民的法律意识和法制观念；二是加强和改进立法工作，坚持科学立法、民主立法，进一步提高立法质量，不断完善中国特色社会主义法律体系；三是全面推进依法行政，确保有法必依、执法必严、违法必究，切实维护人民合法权益和社会公平正义；四是深化司法体制改革，建设公正高效权威的社会主义司法制度，确保司法机关依法独立行使司法权；五是健全监督机制，加强执法监督力度，确保法律的严格实施，以维护宪法和法律的尊严。

三、公民层面的价值准则：爱国、敬业、诚信、友善

党的十八大报告所倡导的"爱国""敬业""诚信""友善"共同构成了社会主义核心价值观在公民层面的基本内容。这是从价值准则的角度

---

① 《关于〈中共中央关于全面推进依法治国若干重大问题的决定〉的说明》，《人民日报》，2014年10月29日第02版。

对社会主义核心价值观的基本理念作出的高度凝练，涵盖了社会公德、职业道德和个人品德等与日常生活紧密相连的各个方面，是每个公民都应该恪守的基本道德规范和行为准则。在公民个人层面倡导"爱国""敬业""诚信""友善"，明确了每个公民对国家、对工作、对社会、对他人应当持有的态度和应尽的责任，这不仅传承了中华民族的传统美德，更展现了当代中国构建和谐社会的时代精神。

1.爱国：中华民族精神的核心

"爱国"是个人对国家的一种最深厚的感情，是由个体自下而上地发起、并受到主流价值观念和国家意识形态自上而下地影响和引导的一种集体性的情感认同方式。爱国主义是中华民族精神最稳定的文化基因，是中华民族精神的核心。千百年来，"爱国如家""公忠为国""精忠报国""天下兴亡，匹夫有责"等思想观念早已深深地熔铸进中华民族的民族性格。爱国是中华民族团结奋进、生生不息的精神纽带和精神动力。可以说，中华民族的发展史，就是一部以爱国主义为核心的民族精神的发展史。正是这种精神激发中国人民在国家和民族面临危难、遭遇危机之时，奋起抗争，战胜了前进道路上一个又一个的艰难险阻，才取得了今天的辉煌成就。

爱国是一个历史范畴，必然与特定历史时期的国家政治制度、阶级状况、主流文化等因素密切相关。爱国作为社会主义核心价值观的基本范畴，具有明确的内涵：

就对象内容而言，爱国首先包括热爱国家的山川河土，捍卫国家主权安全、领土完整。中国地大物博，拥有广阔领土和辽阔海洋，自然景色秀美，矿藏资源丰富，这些自然条件极大地激发了每个人的爱国情怀。与此同时，爱国还应该坚决捍卫国家主权、安全、领土完整，为维护国家发展利益和社会大局稳定提供强大力量支撑和保证。其次，爱国要热爱中华民族灿烂的历史文化，努力实现传统文化的创造性转化和创新性发展。中华民族具有五千多年连绵不断的文明历史，创造了博大精深的中华文化，为人类文明进步作出了不可磨灭的贡献。爱国就要认真汲取中华优秀传统文化的思想精华和道德精髓，努力实现传统文化的创造性转化和创新性发展。再次，爱国要热爱广大人民大众，积极维护民族团结和祖国统一。中国的主体一直是一个统一的多民族国家，民族团结、国家统一、各族人民勤劳努力共同保障了中国的发展进步。因此，爱国就应该把满足全体人民的福祉作为发展和建设最根本的出发点和落脚点，就应该把维护民族团结和祖国统一作为中华民族的核心利益。最后，爱国还要充分肯定自己国家发展的成就，增强对中国特色社会主义的理论自信、道路自信、制度自信和文化自信。改革开放40多年来，中国实现了长期快速稳定的发展，取得了举世瞩目的伟大成就。爱国就应该对这些发展和成就给予充分肯定，坚定走中国特色社会主义道路的信心和决心。

就表现形式而言，爱国是一个从爱国情感到爱国观念，再转变为爱国行动的由浅至深、由低到高的过程。爱国是千百年来中华儿女民族意识和祖国意识的积淀，表现为个人对自己祖国的一种最朴素、最真挚、最深厚的情感。这源自于对祖国美好河山、悠久历史和传统文化的热爱；源自于对民族团结、祖国统一，以及广大人民群众福祉的关切；源自于对自己国家发展成就的充分肯定，以及有本国特色的理论、道路、制度和文化的自信。但是，这种个体性的爱国情感还处于认识的感性阶段，还需要进一步加以规范、塑造和引导，使之上升为理性的观念体系。这主要包括为祖国的独立统一而同仇敌忾的民族气节，为祖国的繁荣富强而尽忠守职的高度责任感，为祖国的利益而无私奉献的价值取向等理性的情感认同。这种超越个体性的爱国观念是最终转化为自觉的爱国行动的力量之源。真正的爱国就应该是爱国之心、报国之志和效国之行的有机统一。正是在爱国精神的鼓舞下，中国人民用自己的智慧和劳动推动了社会的发展和进步，取得了令世人瞩目的成就，造就了今天的中国。而今，爱国最根本的行为要求就是要投身到全面深化改革的宏伟实践和建设中国特色社会主义的伟大事业中去，努力推动科学发展、促进社会和谐，为实现中华民族伟大复兴而团结奋斗。

此外，我们所讲的爱国，不是极端的民族主义，而是开放、包容和理性的爱国主义。极端的民族主义有两种表现形式，一种是民族分离主义，另一种是非理性爱国主义。民族分离主义者认为，一个民族应当对应一个国家，有多少个民族存在就应该有多少个国家与之相对应。因此，他们的目标是从现存的主权国家中分离出一部分领土建立自己独立的国家。民族分离主义的危害显而易见，即他们直接充当了国际强权势力侵害本国核心利益的工具。国际强权势力为一己私利怂恿、包庇和支持民族分裂主义的暴力和恐怖主义活动，他们打着"人权高于主权"的旗号对主权国家的民族问题横加指责和干涉。这种"新干涉主义"是霸权主义在新的历史时期的一种新的表现形式和变种，应当坚决进行抵制、与之斗争，防止这种别有用心的行为进一步得逞。非理性爱国主义是一种狭隘的民族主义，他们把本民族的利益进行了无限扩张和想象，尤其是在国家尊严和领土、主权的完整受到严重威胁的时候，爱国者往往自告奋勇、群集结社，毫无忌惮地释放自己的情绪和不满。这是一种盲目的不可遏制的非理性冲动，不仅不利于争端或危机的和平解决，而且对日常的工作、生活，甚至社会治安都造成不同程度的影响。因此，在爱国主义的主流中也要排除非理性爱国主义的干扰。总之，作为社会主义核心价值观的爱国，是继承以往我国爱国主义合理内核和精华的同时，又吸纳了崭新的时代内涵的一种新的开放、包容、理性的爱国主义。

2.敬业：职业道德的基本要求

"敬业"是一个道德范畴，是一个人对自己所从事的工作、所承担的职责高度负责的态度和行为。敬业是公民的重要价值准则，也是职业道德的基本要求。其中，敬业之"业"，涵盖了人们所从事的一切促进人类生存和发展的劳动领域和工作领域。"业"之所以必须"敬"，就在于劳动对于人类社会存在和发展具有首要意义。历史唯物主义认为，生产劳动是人类社会存在和发展的基础。马克思曾说过，任何一个民族，如果停止劳动，不要说一年，就是几个星期也要灭亡。生产劳动的重要性决定了敬业观念在社会发展中的重要地位。当下，党的十八大把"敬业"作为社会主义核心价值观在公民个人层面的基本要求加以倡导，引导人们爱岗敬业、恪尽职守，为实现全面建成小康社会的奋斗目标和中华民族伟大复兴的中国梦而不懈奋斗。对于每一个公民来说，敬业精神的内涵表现在以下几个方面：

干一行爱一行的职业情感。敬业的前提是热爱自己所从事的工作和所投身的事业，热爱是敬业的首要内涵。对自己职业的热爱是敬业的深层动力，能激发人们巨大的工作热情，使其以恭敬的态度、执着的精神对待自己的工作和事业。真正的敬业者必然具有爱业情怀，正所谓"爱而不敬，非真爱也；敬而不爱，非真敬也"（《朱子·语类》）。一个人只有真正热爱自己所从事的职业，将其视为自己人生理想和价值得以表达的所在时，他才有可能将自己全部的精力投入其中，以高度的责任感和使命感想尽一切办法把工作做好。尽管在现实生活中由于多方面的原因，很多人都不能把自己的爱好当成自己的事业，如愿地从事与自己兴趣相投的工作。但是，我们不能因此而失去敬业的态度，一个人无论身处什么岗位，只要在岗一天就应当本着"干一行爱一行"的敬业态度在实践中逐步培养自己对职业的情感，尽职尽责地干好本职工作。

精专扎实的业务素养。敬业是一种高度负责的态度和行为，其目的是为了能够胜任自己的本职工作，为社会和他人提供优良的产品和服务，推动整个社会不断向前发展。一个人如果知识水平不高、技术能力不强，那么无论其多么爱岗敬业，都很难取得显著的成就。因此说，精业，即精专扎实的业务素养应当是敬业内涵的应有之义。特别是在知识经济飞速发展的现代社会，树立终生学习的观念，不断提升专业素养和业务水平，才能在自己的本职工作中取得更大的成绩。邓小平曾经说过，我们的事业总是要求精雕细刻，没有一样事情不是一点一滴的成绩积累起来的。因此说，要想推进社会的发展和进步不仅要有干一行爱一行的职业情感，还要有干一行精一行的业务素养。

勤勉努力的工作态度。敬业除了是对工作的感情和自身的业务素养之外，还包括勤勉努力的工作态度。勤勉努力是做好任何工作的基础，无论你从事什么样的工作，都必须勤勤恳恳一步一个脚印才能有所成就。曾国藩曾经在《劝戒浅语十六条》中详尽地阐释了何为勤勉，即一曰身勤，险远之路，身往验之，艰苦之境，身亲尝之。二曰眼勤，遇一人，必详细察看，接一文，必反复审阅。三曰手勤，易弃之物，随手收拾，易忘之事，随笔记载。四曰口勤，待同僚，则互相规劝，待下属，则再三训导。五曰心勤，精诚所至，金石亦开，苦思所积，鬼神亦通。勤勉不是三分钟的热情，只有恒久地在工作中做到身勤、眼勤、手勤、口勤、心勤，才能不断提高自己的工作业绩和水平。

忠于职守的责任意识。忠于职守是敬业的主要内容，其包含两层含义：一是忠于职责，二是忠于操守。忠于职责就是要忠诚地对待自己的岗位职能所设定的工作责任，优质高效地完成各项工作任务。人的能力有大小，水平有高低，但工作能不能干好，很大程度上取决于有没有责任心。没有强烈的责任心，就失去了干工作的根本动力，就不会有过硬的工作质量标准，工作就不能很好地得到落实。有了责任意识，就能集中精力，全身心投入，形成意志和品格，就能凝聚人心、凝聚力量、创造出一流的成绩。忠于操守就是做事要严格遵守自己的职业操守，这包括遵守一定的法律法规、道德规范和心灵法则。忠于操守是做人、做事之道，体现一个人的品格和道德修养。中国自古就有君子"五耻"之说，即"君子有五耻：居其位，无其言，君子耻之；有其言，无其行，君子耻之；既得之而又失之，君子耻之；地有馀而民不足，君子耻之；众寡均而倍焉，君子耻之"（《礼记·杂记》）。可见，忠诚是一种美德，更是一种责任、一种精神。一个人无论身居何职，忠于职守就是其职业生涯安身立命的基本平台。

大公无私的奉献精神。人生的价值不在于索取，而在于奉献。无私奉献是敬业的最高境界，无私奉献之难点在于"无私"二字，正如德国戏剧家布莱希特所说，无私是稀有的道德，因为从它身上是无利可图的。在工作中，无私奉献体现了一个人的工作态度。一般来说，对于那些社会地位高、工作轻松、报酬优厚的职业，要做到敬业相对来说比较容易。但是，对于那些工作环境艰苦、任务繁重，甚至还会危及生命的岗位，要做到敬业并非易事，这就需要从业者有大公无私的奉献精神才能坚守。

3.诚信：公民道德的基本规范

从语源上看，"诚信"是一个综合性概念，包括"诚"和"信"两方面的内容。所谓"诚"，是指真实、诚恳，既不欺人，也不自欺。"诚"的概念出现在中国战国时期的历史文献《尚书》中，《尚书·太甲下》中有"神无常享，享于克诚"的记载，此时"诚"主要指笃信鬼神的虔诚。《礼记·大学》中有"所谓诚其意者，毋自欺也"的记载。南宋朱熹在《四书章句集注·中庸》中对"诚"的解释是"诚者，真实无妄之谓，天理之本然也"。所谓"信"，是指守信、信用、信任。"信"和"诚"一样，在春秋以前多用于指对鬼神的虔信。后经儒家提倡，"信"逐步摆脱宗教色彩，成为经世致用的道德规范。

"诚"和"信"都是中国古代重要的伦理范畴。在中国古代，"诚"和"信"最初是单独使用的，词义是相通的，可以互训，"诚"

即"信","信"即"诚"。东汉许慎的《说文解字》曾这样解释说，"诚，信也，从言成声"；"信，诚也，从人言"。春秋时期，管仲曾将"诚"和"信"连用，"先王贵诚信。诚信者，天下之结也"（《管子·枢言》）。战国末期，荀子也曾将"诚"和"信"连用，"诚信生神，夸诞生惑"（《荀子·不苟》）。尽管"诚"和"信"基本意思相近，但二者的规范意义仍然存在细微差别并各有侧重。"诚"更多地是指"内诚于心"，"信"则偏重于"外信于人"，正如仲长统在《昌言》中所解释的那样，"忠诚发乎心，信效著乎外"。具体说来，"诚"主要强调道德主体的内在德性，表现为真实、诚恳等内在的道德诉求；"信"则更多的是指"内诚"的外化，体现为守信、信用、信任等社会化的道德践行。

虽然"诚"和"信"各有侧重，但"诚信"的总体含义是诚实守信，体现了个人对自身言行价值的一种根本选择，以及人与人之间的一种信任需求。诚信是中华民族的传统美德，是中国传统道德文化的精华。千百年来，中华民族把"诚信"视为个人"立身进业之本"，将其作为基本的道德规范加以强调。历经时代变迁，诚信不仅是传统的个体道德修养，而且还是社会成员的公共道德和政府机构的行事准则，在人际关系、社会秩序、治国理政等诸多领域发挥着重要作用。党的十八大把"诚信"作为社会主义核心价值观在公民个人层面的基本内容加以倡导，赋予诚信以更多的时代内涵。具体来说，包含以下几个方面：

诚实劳动。诚信要求全体社会成员在劳动创造过程中诚实守信，不弄虚作假、投机取巧、耍奸偷懒。诚实劳动是指劳动者以主人翁的态度对待劳动的一种道德规范。也就是说，每一个有劳动能力的人都应该尽自己最大能力参与劳动生产，把为社会和他人而劳动看作是自己应尽的职责和神圣的义务。诚实劳动既是劳动者优秀品质的体现，又是创造美好生活的必由之路。正如习近平总书记所说，劳动是财富的源泉，也是幸福的源泉。

人世间的美好梦想，只有通过诚实劳动才能实现；发展中的各种难题，只有通过诚实劳动才能破解；生命里的一切辉煌，只有通过诚实劳动才能铸就。"一勤天下无难事。"必须牢固树立劳动最光荣、劳动最崇高、劳动最伟大、劳动最美丽的观念，崇尚劳动，造福劳动者，让全体人民进一步焕发劳动热情、释放创造潜能，通过劳动创造更加美好的生活。

恪守承诺。诚信要求全体社会成员都要恪守承诺、契约。中华民族历来有恪守承诺的诚信文化传统。《春秋穀梁传》中说："人之所以为人者，言也。人而不能言，何以为人？言之所以为言者，信也。言而不信，何以为言？"在达成协议时，双方所说的"一言既出，驷马难追"更是为我们所熟知。但是，传统的诚信文化是建立在血缘、地缘基础之上，由人格信任和熟人社会信任所构成的道德规范。而这里所说的恪守承诺是一种契约精神，它既包括由社会个体本人许下的诺言所引发的特定权利和义务，也包括国家的法律法规、政策制度等规定的普遍义务。在现代社会，特别是在现代市场经济条件下，恪守承诺是整个经济秩序、社会秩序得以维持的最根本的规范。

相互信任。诚信要求全体社会成员都要遵守社会道德原则和规范，从而建立起彼此之间的信任关系，相信对方的真挚和忠诚。近些年来，随着国家经济实力的不断增强，人们物质生活水平也随之不断提高。但是，与此同时，人们却发现人们之间的社会关系发生了严重危机，人与人之间的人情味越来越淡，彼此之间逐渐丢失了相互信任，无法相信对方的真诚和忠实。究其原因，主要在于很多时候社会公德和道德规范不被人们所遵守，人与人之间缺乏一种道德的联系和约束，从而导致社会诚信的缺失。实际上，在一个信任缺乏的社会，每个人都是受害者。儿童被车碾轧没人救、老人当街跌倒无人扶、遇到灾难没人愿意捐助……中国当代的社会转型，对人们之间的信任提出了新的要求，这就需要全体社会成员都要遵守一定的道德底线，维持最基本的相互信任，不要让信任危机剥夺每个人的安全感和幸福感。

4.友善：社会和谐的重要因素

"友善"是中华民族的传统美德，它是基于中华民族的生存环境与生存伦理而生成的一种重要的道德范畴。我国传统文化中包含着丰富的仁爱友善思想。《论语·学而》开篇就强调，"子曰：'学而时习之，不亦说乎？有朋自远方来，不亦乐乎？人不知而不愠，不亦君子乎？'" 可见，孔子及其门徒们历来就重视人际关系的和谐，注重友善待人。孟子在描述他心目中的理想社会时曾这样表述过："老吾老以及人之老，幼吾幼以及人之幼。"（《孟子·梁惠王上》）体现了他希望人们将血亲关系扩展到整个社会的人际关系中去的友善观念。老子则强调友善的形而上之智慧，阐明与人为善是利人利己的生存之道，正所谓"上善若水。水善利万物而不争，处众人之所恶，故几于道。居善地，心善渊，与善仁，言善信，政善治，事善能，动善时。夫唯不争，故无尤"（《道德经·第八章》）。

友善是社会和谐的重要因素，当代社会更加重视友善这一传统美德的传承和发展。早在2001年，中共中央办公厅印发的《公民道德建设实施纲要》就把"团结友善"作为公民应当遵守的基本道德规范。2012年，党的十八大报告将"友善"作为社会主义核心价值观在公民个人层面的基本范畴加以倡导。社会主义核心价值观所倡导的友善，是新时代处理人际关系、维系道德秩序的基本价值准则和行为规范，是增进人际和睦、促进社会和谐、凝聚中国力量的内在要求。社会主义友善价值观，要求人们在人际交往中正确处理彼此之间的关系，相互尊重、谦敬礼让、理解宽容、相互扶助，进而形成全体公民互敬友爱、融洽相处的和谐社会局面。

友善需要人与人之间做到相互尊重。现代社会，人与人之间已经取消了阶级差别，每个人都是人格平等的社会个体。人格的平等决定了人们在社会交往中建立起友善关系的前提是相互尊重。社会心理学研究表明，每个人都有自己的人格尊严，人人都渴望得到尊重，这是人的天性。但是，正如孔子所说："己欲立而立人，己欲达而达人。"（《论语·雍也》）这就告诫人们，你希望别人怎样对待自己，你首先应该以那样的方式对待别人。要想获得别人的尊重，首先要做到尊重别人。表现在人际交往中，就是无论是自己抑或是对方的地位高低、财富多寡，都应当以礼貌的态度平等地对待他人。

友善需要人与人之间做到谦敬礼让。中国自古就有礼仪之邦的美誉，谦敬礼让是中华民族传统文化的要义。孔子曰："不学礼，不以立。"（《论语·季氏》）孟子曰："恭敬之心，礼也。"（《孟子·告子上》）《礼记·冠义》曰："凡人之所以为人者，礼义也。"孔融让梨、六尺巷、曾子避席、程门立雪等这些我们耳熟能详的故事都告诉世人：谦敬礼让是一种风度，一种智慧，更是一种修养。但是，在处处讲求竞争的现代社会，谦敬礼让似乎越来越受到人们的质疑，人们往往将其等价于不积极进取，抑或是让出自己应得的利益给别人。实际上，谦敬礼让不是让人们面对竞争时主动退缩，而是要求人们在社会生活中，无论是面对出行、购物、排队这些日常生活中的琐事，还是在与人合作、长期相处的过程中，都不要斤斤计较，而是要自觉遵守、维护社会良性运行的规则和秩序。

友善需要人与人之间做到理解宽容。友善并不仅仅表现在与他人关系良好、情趣相投、意见统一的时候，更重要的是当与他人意见相左、遭到他人误解，甚至与他人利益发生矛盾时，也能做到心胸豁达、理解和宽容他人。正所谓"贤而能容罢，知而能容愚，博而能容浅，粹而能容杂"（《荀子·非相》）。在现实生活中，由于年龄、出身、知识、能力、地位、阅历等各方面都存在差异，人与人之间的认知结构、观念体悟、切身利益难免会不尽相同，甚至还会时常发生冲突。只有尝试着从他人的角度出发，真诚地替他人着想，彼此之间互相理解和宽容，才能化干戈为玉帛，与他人友好相处。

友善需要人与人之间做到相互扶助。"友"的本意便是相互扶助，这是人与人之间善意最直接、最真实的表达。相互扶助首先表现在与家人朋友之间的相互提醒、彼此激励，正所谓"朋友之义，务在切直以升于善道者也"（《中论·贵验》）。相互扶助还表现在与同事邻里之间的协调配合、团结共事，这样才能事半功倍，营造出良好的生存环境。相互扶助更表现在陌生人之间的互施援手、解急救难，这样才能让爱的能量得以延续，正如刘云山曾说过的那样，"积极健康向上的思想和精神在人们心里播下种子，就能生根、开花、结果，就能转化为崇德向善的实际行动。"[1]

第三节　社会主义核心价值观的历史意义

党的十八大明确提出了社会主义核心价值观的基本内容，即"倡导富强、民主、文明、和谐，倡导自由、平等、公正、法治，倡导爱国、敬业、诚信、友善"。以"三个倡导"为基本内容的社会主义核心价值观，与中国特色社会主义发展要求相契合，与中华优秀传统文化和人类文明优秀成果相承接，是我们党凝聚全党全社会价值共识作出的重要论断。社会主义核心价值观的凝练和提出，对于深化社会主义核心价值及其本质的认识，对于提升国家文化软实力和民族文化自信心，对于凝聚推进全面深化改革的强大精神力量，对于夯实中国特色社会主义的共同思想基础，具有重要的现实意义和深远的历史意义。

一、深化了社会主义核心价值及其本质的认识

所谓价值观就是"人们对物质世界和精神世界的判断、评价、取向和

---

[1] 刘云山：《着力培育和践行社会主义核心价值观》，《求是》，2014年第2期，第4页。

选择，在深层上表现为人生处世哲学，包括理想信念和人生的目的、意义、使命、态度，而在表层上则表现为对利弊、得失、真假、善恶、美丑、义利、理欲等的权衡和取舍"①。在一个社会的价值观体系中，各种价值观的地位和作用并不相同，核心价值观是社会价值观体系中起主导和支配作用的价值观。社会主义核心价值观是中国共产党人和中国人民在继承优秀传统文化，借鉴人类文明优秀成果，特别是在革命、建设和改革中逐步形成和发展起来的价值观念和价值追求，集中体现了社会主义国家的理想信念、道德规范和价值标准，是社会主义制度的本质属性和价值取向。

中国共产党成立之初，就高度重视思想道德建设。在井冈山时期，我们党就强调要"从思想上建党"，要求共产党员要有勇于牺牲、甘于奉献的模范精神。在延安时期，毛泽东提出了学习白求恩"毫不利己、专门利人"的精神，做一个高尚的人、一个纯粹的人、一个有道德的人、一个脱离了低级趣味的人、一个有益于人民的人，成为中国共产党人加强自身道德修养的不懈追求。新中国成立后，我们党高度重视思想道德建设，通过弘扬雷锋精神、铁人精神、"两弹一星"精神等，积极开展革命传统精神、艰苦奋斗精神和爱国主义精神的宣传和教育。通过这些宣传教育活动的深入开展，极大地提高了全党全国人民的思想政治水平和精神道德面貌。

改革开放以后，随着中国对外开放大门的打开，我们党强调要加强社会主义精神文明建设。早在1979年叶剑英就曾提出过，我们在建设高度物质文明的同时，也要建设高度社会主义精神文明。邓小平于1980年在题为《贯彻调整方针，保证安定团结》的讲话中强调，我们要建设的社会主义国家，不但要有高度的物质文明，而且要有高度的精神文明。1981年6月，

---

① 韩震：《社会主义核心价值观凝练研究》，北京师范大学出版社，2012年版，第6—7页。

中共十一届六中全会审议通过的《关于建国以来党的若干历史问题的决议》，把社会主义精神文明建设列为社会主义现代化建设道路的十个要点之一，并首次把党在新的历史时期的奋斗目标概括为建设"现代化的、高度民主的、高度文明的社会主义强国"。1982年，党的十二大对社会主义精神文明作出全面论述，强调社会主义精神文明是社会主义的重要特征，是社会主义制度优越性的重要表现。1986年9月，党的十二届六中全会通过了《中共中央关于社会主义精神文明建设指导方针的决议》，进一步阐明了社会主义精神文明建设的战略地位、根本任务、基本要求和指导思想。1996年10月，中共十四届六中全会审议并通过了《中共中央关于加强社会主义精神文明建设若干重要问题的决议》，明确指出了社会主义精神文明建设的指导思想，并且强调要提高全民族的思想道德素质和科学文化素质，团结和动员各族人民把我国建设成为富强、民主、文明的社会主义现代化国家。

在新的历史时期，我们党相继提出了社会主义核心价值体系和社会主义核心价值观，以此作为中国特色社会主义的价值引领。社会主义核心价值体系包括四个方面的基本内容，即马克思主义指导思想、中国特色社会主义共同理想、以爱国主义为核心的民族精神和以改革创新为核心的时代精神、社会主义荣辱观。社会主义核心价值观以"三个倡导"的形式，提出了富强、民主、文明、和谐、自由、平等、公正、法治、爱国、敬业、诚信、友善等建设目标和要求。社会主义核心价值观是社会主义核心价值体系的高度凝练和集中表达，是中国特色社会主义在国家、社会、公民层面的价值反映，凝聚了人民群众的价值诉求和期许。富强、民主、文明、和谐是中国特色社会主义现代化的价值目标，是立足国家层面提出的要求，体现了社会主义核心价值观在发展目标上的规定。自由、平等、公正、法治是社会发展的价值导向，是立足社会层面提出的要求，体现了社会主义社会的基本属性。爱国、敬业、诚信、友善是每个公民都应当自觉遵循的道德准则，是立足公民个人层面提出的基本要求，体现了社会主义道德的本质属性。以"三个倡导"为基本内容的社会主义核心价值观与中国特色社会主义本质相契合，是全体中国人价值认同的"最大公约数"，为激励全国人民实现中华民族伟大复兴的共同理想提供了强大的精神力量。

二、提升了国家文化软实力和民族文化自信心

从世界历史的发展来看，国与国之间的竞争，不仅表现在经济、科技、军事等硬实力的竞争，更加反映在以思想文化、意识形态和价值观念的吸引力所体现出来的"软实力"之间的较量。在软实力中，最为关键的就是核心价值观，它直接反映着一个国家的凝聚力和竞争力的强弱。正如美国学者柏忠言所言，一个国家要强盛，必须在物质上、精神上都先进；一个国家在精神上挨饿，那么，迟早在物质上也要挨饿。也就是说，对于任何一个国家来说，要想在世界历史的长河中占有一席之地，就不仅要发展自己的硬实力，更要发展自己的软实力。中国要想真正建立富强民主文明的国家，就必须具有强大感召力的文化软实力，这就要求我们必须要培育自己持续、稳定、符合历史发展方向的核心价值观。

从我国的历史发展进程来看，中华民族的优秀文化深深地熔铸在我们的民族精神之中，孕育了具有中华民族独特意识、品格和气质的核心价值观念，这是提升中国文化软实力、形成民族文化认同感、增强中华民族文化自信心的根本基石。改革开放以来，特别是随着社会主义市场经济体制的确立，以公有制为主体、多种经济成分共同发展的经济格局的形成，我国经济成分、社会结构、分配方式和利益格局日趋多样化，各种新的社会问题相继出现，这就迫切需要在社会生活中明确树立起一面价值观念上的旗帜。中国共产党在十七大报告中提出了要"提高国家文化软实力"的战略任务。2011年10月，党的十七届六中全会审议通过了《中共中央关于深化文化体制改革 推动社会主义文化大发展大繁荣若干重大问题的决定》，

提出要增强国家"文化软实力",弘扬中华文化,努力建设社会主义文化强国。2013年,习近平在主持中央政治局第十二次集体学习时指出,提高国家"文化软实力",关系"两个一百年"奋斗目标和中华民族伟大复兴中国梦的实现。因此,要弘扬社会主义先进文化,深化文化体制改革,推动社会主义文化大发展大繁荣,增强全民族文化创造活力,推动文化事业全面繁荣、文化产业快速发展,不断丰富人民精神世界、增强人民精神力量,不断增强文化整体实力和竞争力,朝着建设社会主义文化强国的目标不断前进。

社会主义核心价值观的提出,是党和国家在社会主义理论和实践方面的一大突破,它代表着中国特色社会主义理论所包含的一种文化觉醒和文化自觉。对于当今中国来说,积极培育和践行社会主义核心价值观对于增强国家文化软实力具有特殊重要的意义。一是提升了中华传统文化的世界影响力,增进国际社会对中国的理解。当今世界正处在大发展大变革大调整时期,随着世界多极化、经济全球化的深入发展,各种思想文化交流交融交锋也更加频繁。在这一背景下,弘扬和传播文明、和谐、诚信、友善等社会主义核心价值观,改变西方文化对中国文化所呈现出的单向"输入"态势,从而提升中华传统文化在整个世界范围的影响力,以增进国际社会对中国的理解和认同。二是彰显了中国当代文化的开放性和包容性,增强民族文化自信和自觉。开放和包容是任何一种文化生存和发展的前提和基础。也就是说,随着时代的不断发展,一个民族所固有的文化必须要借鉴、吸收其他文化中的积极因素才能保持其先进性。民主、自由、平等、公正、法治是人类文明的优秀成果,体现了人类社会发展的进步状态。社会主义核心价值观以此作为基本内容,彰显了中国当代文化的开放性和包容性,增强了我们对本民族文化价值、文化生命力以及未来发展态势的自信和自觉。三是展示了中国当代文化的吸引力和感染力,增强中华民族的凝聚力。文化是民族的血脉,是人民的精神家园,一个民族如果没有文化力量的支撑就失去了向心力和凝聚力。价值观是文化的内核，没有价值观作为支撑，文化建设就失去了魂，没有了方向和引领。社会主义核心价值观是中华传统文化的精髓和人类文明优秀成果的有机结合，展示了中国当代文化的吸引力和感染力，有利于在多元价值并存的现代社会中形成统一的指导思想和共同的理想信念，使中华民族以一个具有强大凝聚力的民族巍然屹立于世界民族之林。

三、凝聚了推进全面深化改革的强大精神力量

党的十八届三中全会的召开，拉开了全面深化改革的大幕，标志着我国改革开放事业迈入全面深化的新阶段。全会审议通过的《中共中央关于全面深化改革若干重大问题的决定》，阐明了全面深化改革的重大意义、指导思想、目标任务和基本原则，汇集了全面深化改革的新思路、新论断和新举措，绘制出中国再次发展腾飞的蓝图。这次会议将完善和发展中国特色社会主义制度、推进国家治理体系和治理能力现代化，作为全面深化改革的总目标，这是实现中华民族伟大复兴中国梦的重要内涵，也是社会主义核心价值观的内在要求。习近平在省部级主要领导干部学习贯彻十八届三中全会精神全面深化改革专题研讨班开班式上强调，一个国家选择什么样的治理体系，是由这个国家的历史传承、文化传统、经济社会发展水平决定的，是由这个国家的人民决定的。我国今天的国家治理体系，是在我国历史传承、文化传统、经济社会发展的基础上长期发展、渐进改进、内生性演化的结果。推进国家治理体系和治理能力现代化，要大力培育和弘扬社会主义核心价值体系和核心价值观，加快构建充分反映中国特色、民族特性、时代特征的价值体系。社会主义核心价值观所倡导的富强、民主、文明、和谐，正是国家治理体系和治理能力现代化在经济、政治、文化和社会等方面逐步展开后的价值诉求。以社会主义核心价值观为指引，全面深化改革的价值共识才能够形成，攻坚克难的精神动力才能够凝聚。

全面深化改革必须以促进社会公平正义、增进人民福祉为出发点和落脚点。这是全面深化改革需要着力解决的根本问题。改革开放以来，我国经济社会发展取得了巨大的成就，广大人民群众对公平公正地分享改革发展的成果有了更高的期许。强调改革以促进社会公平正义、增进人民福祉为出发点和落脚点，正是回应了老百姓的迫切期许和要求。但是，应该看到，经过40多年改革开放，好改和容易改的领域和环节已基本到位，下一步改革发展的难点和挑战在于如何从"效率优先、兼顾公平"步入"兼顾效率和公平、更加注重公平"的新阶段。改革已经进入攻坚期和深水区，必须以更大的政治勇气和智慧，才能破除各方面体制机制障碍，统一思想达成共识。社会主义核心价值观倡导自由、平等、公正、法治，目的就在于要在全社会的范围内努力营造公平正义的环境，突破利益固化的藩篱，逐步建立以权利公平、机会公平、规则公平、分配公平为主要内容的社会保障体系，才能更好地实现、维护和发展全体人民的根本利益，使改革发展成果更多更公平地惠及全体人民。

随着我国改革开放步伐的不断加快，我国与世界各国之间的经济文化交往日益密切，这为我国经济和社会的发展提供机遇的同时，也给我们的思想认识带来了一定程度的混乱。西方各种社会思潮和价值观念不断涌入，其中一些消极的思想意识，比如拜金主义、享乐主义和极端个人主义的思想意识和价值观念对我国传统的和主流的思想观念和价值观念造成了很大的冲击。此外，随着我国现代化程度的日益加深，人们思想活动的独立性和差异性不断增强，价值观念呈现出多样化发展的趋势。更加开放的思想文化氛围，一方面为主流意识形态和核心价值观念的丰富和发展提供了有利条件；另一方面，也使整合多元思想观念和价值观念的工作变得更加复杂艰巨。与此同时，西方敌对势力也企图打着经济全球化的幌子，对我国进行意识形态和价值观念的输出和渗透，以实现其西化、分化社会主义中国的图谋。社会主义核心价值观倡导爱国、敬业、诚信、友善等价值准则，对公民进行爱国主义、职业道德、社会公德和个人修养等方面的教育和引导，力图逐渐消除近些年来人们在思想领域出现的问题、分歧和矛盾。

四、夯实了中国特色社会主义的共同思想基础

社会主义核心价值观是团结全党全国各族人民，完成中国特色社会主义伟大事业不可或缺的共同思想基础。当代中国正处于改革发展的关键时期，经济体制的变革、社会结构的调整、利益格局的变动、思想观念的转变，给人们的思想意识和价值观念带来了空前的冲击，造成了部分人思想上的困惑、误解和不满，甚至迷失了社会主义道路的前进方向，这种现状更加凸显了构建共同思想基础的必要性和紧迫性。

共同思想基础，是一个政党、一个国家、一个民族赖以存在和发展的根本前提。我们党历来重视共同思想基础的建设。毛泽东强调，党要有"共同语言"，社会主义国家要有"统一意志"。邓小平强调，我们这么大一个国家，要团结起来、组织起来，一靠理想，二靠纪律，否则建设就不能成功。江泽民指出，"一个民族、一个国家，如果没有自己的精神支柱，就等于没有灵魂，就会失去凝聚力和生命力。"[1]胡锦涛在中央党校省部级干部进修班讲话时指出，作为共同理想的中国特色社会主义，是当代中国发展进步的旗帜，是全党全国各族人民团结奋斗的旗帜。习近平在多次讲话中提及实现中华民族伟大复兴的中国梦，这强调的仍然是共同思想基础建设。

在当代中国，共同思想基础就是中国特色社会主义的共同理想，也就是在中国共产党的领导下，坚持走中国特色社会主义道路，实现中华民族的伟大复兴。实现中华民族伟大复兴中国梦是以习近平同志为核心的党中

---

① 《江泽民文选》第二卷，人民出版社，2006年版，第230页。

央提出的重大战略思想，是党和国家未来发展的政治宣言，是全党全国各族人民共同的奋斗目标，是引领全党全国人民团结奋斗的一面精神旗帜。党的十八大以来，习近平总书记多次指出，实现中华民族伟大复兴中国梦要坚持走中国道路，凝聚中国力量，弘扬中国精神。作为中国精神的集中体现的社会主义核心价值观凝聚了实现中华民族伟大复兴的强大精神力量。党的十八大明确提出了社会主义核心价值观的基本内容，即"倡导富强、民主、文明、和谐，倡导自由、平等、公正、法治，倡导爱国、敬业、诚信、友善，积极培育和践行社会主义核心价值观"①。中共中央办公厅印发的《关于培育和践行社会主义核心价值观的意见》指出，以"三个倡导"为基本内容的社会主义核心价值观，与中国特色社会主义发展要求相契合，与中华优秀传统文化和人类文明优秀成果相承接，是我们党凝聚全党全社会价值共识作出的重要论断。面对世界范围思想文化交流交融交锋形势下价值观较量的新态势，面对改革开放和发展社会主义市场经济条件下思想意识多元多样多变的新特点，积极培育和践行社会主义核心价值观，对于巩固马克思主义在意识形态领域的指导地位、巩固全党全国人民团结奋斗的共同思想基础，对于促进人的全面发展、引领社会全面进步，对于集聚全面建成小康社会、实现中华民族伟大复兴中国梦，具有重要现实意义和深远历史意义。

社会主义核心价值观的提出，正是我们党积极主动地正视现实，毫不动摇地用中国特色社会主义理论引领多样化的社会思潮，最大限度地形成思想共识，努力把不同阶层、不同认识水平的人们团结在中国特色社会主义事业的伟大旗帜下的体现。社会主义核心价值观旗帜鲜明地提出了在社会生活中，应当坚持和提倡什么、反对和抵制什么，为全体社会成员判断

---

① 《中国共产党第十八次全国代表大会文件汇编》，人民出版社，2012年版，第29页。

行为得失、作出道德选择提供了价值标准，是全党全国各族人民为中国特色社会主义伟大事业而团结奋斗的共同思想基础。为此，只有深入贯彻我们党对社会主义核心价值观建设提出的新部署新要求，在全社会范围内积极培育和践行社会主义核心价值观，以整合各方力量形成合力，才能把中国特色社会主义各项事业不断推向前进，进而实现中华民族的伟大复兴。

结 语

历史进步的观念自其诞生之日起所受到的质疑和批评就从未停止过，特别是自20世纪60年代以来，随着当代社会历史生活的巨大变迁从而引起的西方社会历史观念的变化，人们此前所坚定的历史进步的信仰面临着严峻的考验。法国学者乔治·索雷尔在《进步的幻象》一书中将进步理论所描绘的历史进步视为一种幻象。在他的理论中，历史进步不过是"古今优劣"之争所造成的结果，无论"摆出多少进步的'证据'，一个不可辩驳的事实始终存在：现代进步观念的出现，不是对历史状况的总结性概括，而是17世纪某些法国知识分子力图证明他们及其同辈在知识上优越于柏拉图和亚里士多德时所采取的某些修辞技巧"①。

实际上，只有当进步的观念脱离开行动的首要性时，进步才会表现为一种幻象。马克思反对所有试图将进步作为一种思想来讨论的做法，他的历史进步观念是建立在对现实的历史事实的考察基础之上的。马克思的历史进步理论不是对社会进步进行抽象的描绘或者对未来发展进行乌托邦式的设定的历史哲学，而是一种开放的、非目的论的历史发展过程的观念。在他那里，并不存在从属于历史发展的普遍规律，存在的只是通过行动才能被认识的崇高真理。马克思最大的贡献就是将思想与行动联系起来，通过直接经验和政治行动探求历史进步的现实道路。

---

① [法]乔治·索雷尔：《进步的幻象》，上海人民出版社，2003年版，第3页。

对于马克思来说，真正的进步隐含在改变世界的实践活动中，真正的进步就在通往进步的道路上，这是持续的、动态的、开放性的发展过程。只有坚持这样的进步观念，才能走向历史的深处，从而揭开人类社会的历史进步之谜。马克思的历史进步理论是真正地审视人类历史进程、把握历史本质的科学的理论。因此，在当代社会历史发展的境遇中，在中国走向现代化的道路进程中，要不断地用鲜活的历史材料来激活马克思丰富的关于历史进步的思想资源，从而为人类找寻更好的生活状态和存在方式。

参考书目

[1][英]约翰·伯瑞. 进步的观念[M]. 上海: 上海三联书店, 2005.

[2][英]G. A. 科恩. 卡尔·马克思的历史理论: 一种辩护[M]. 北京: 高等教育出版社, 2008.

[3][法]乔治·索雷尔. 进步的幻象[M]. 上海: 上海人民出版社, 2003.

[4][美]塞缪尔·亨廷顿, 劳伦斯·哈里森. 文化的重要作用: 价值观如何影响人类进步[M]. 北京: 新华出版社, 2002.

[5][美]威廉姆·肖. 马克思的历史理论[M]. 重庆: 重庆出版社, 1989.

[6][英]戴维·麦克莱伦. 青年黑格尔派与马克思[M]. 北京: 商务印书馆, 1982.

[7]郝永平. 进步观念的当代重建[M]. 武汉: 湖北教育出版社, 1999.

[8]姚军毅. 论进步观念[M]. 北京: 中国社会科学出版社, 2000.

[9]杨霞. 历史进步与人的解放[M]. 北京: 中国社会科学出版社, 1996.

[10]单继刚. 作为意识形态的进步话语[M]. 沈阳: 沈阳出版社, 2004.

[11]韩震. 历史哲学[M]. 昆明: 云南人民出版社, 2002.

[12]张一兵. 回到马克思[M]. 南京: 江苏人民出版社, 1999.

[13]张汝伦. 历史与实践[M]. 上海: 上海人民出版社, 1995.

[14]陈晏清, 阎孟伟. 辩证的历史决定论[M]. 北京: 中国社会科学出版社, 2010.

[15]陈先达. 走向历史的深处[M]. 北京: 中国人民大学出版社, 2010.

[16]刘森林. 重思发展——马克思发展理论与当代价值[M]. 北京: 人民出版

社, 2003.

[17]丰子义. 发展的反思与探索——马克思社会发展理论的当代阐释[M]. 北京: 中国人民大学出版社, 2006.

[18]孙伯鍨. 探索者道路的探索[M]. 南京: 南京大学出版社, 2002.

[19]俞吾金. 重新理解马克思——对马克思哲学的基础理论和当代意义的反思[M]. 北京: 北京师范大学出版社, 2005.

[20]尹树广. 晚年马克思历史观的变革[M]. 哈尔滨: 黑龙江人民出版社, 2000.

[21]孙麾, 吴晓明. 唯物史观与历史评价[M]. 北京: 中国社会科学出版社, 2009.

[22]陈学明, 马拥军. 走近马克思[M]. 北京: 东方出版社, 2002年.

[23]许宝强, 汪晖. 发展的幻象[M]. 北京: 中央编译出版社, 2001.

[24]韦定广. 世界历史语境中的人类解放主题[M]. 北京: 人民出版社, 2004.

[25]张华金. 文明与社会进步[M]. 上海: 上海社会科学出版社, 1998.

[26]魏小萍. 探求马克思《德意志意识形态》原文文本的解读与分析[M]. 北京: 人民出版社, 2010.

[27]商逾. 马克思历史决定论及其历史命运[M]. 济南: 山东大学出版社, 2003.

[28]高岸起. 进步观[M]. 北京: 人民出版社, 2000.

[29]龚培河, 万丽华. 马克思主义历史进步观[M]. 北京: 科学出版社, 2019.

[30]王成. 进步观念——从认知概念到伦理理念[M]. 北京: 光明日报出版社, 2019.

[31]吴敬琏. 中国经济改革进程[M]. 北京: 中国大百科全书出版社, 2018.

[32]蔡昉. 读懂中国经济[M]. 北京: 中信出版社出版, 2017.

[33]林毅夫, 蔡昉, 李周. 中国的奇迹: 发展战略与经济改革(增订版)[M]. 上海: 格致出版社, 2014.

[34]张维迎. 市场与政府: 中国改革的核心博弈[M]. 西安: 西北大学出版社, 2014.

[35]郑永年. 大趋势: 中国下一步[M]. 北京: 东方出版社, 2019.

[36]李兴山. 建设有中国特色社会主义市场经济若干重大理论问题[M]. 北京: 中共中央党校出版社, 1997.

[37]中共中央党史研究室第三研究部. 中国改革开放30年[M]. 沈阳: 辽宁人民出版社, 2008.

[38]汤应武. 改革开放30年重大决策纪实[M]. 北京: 中共中央党校出版社, 2008.

[39]本书编写组. 改革开放三十年决定当代中国命运的重大抉择[M]. 北京: 中央文献出版社, 2008.

[40]高尚全. 中国改革开放四十年——回顾与思考(上、下)[M]. 北京: 人民出版社, 2018.

[41]于小英. 协商民主与国家治理研究[M]. 北京: 中央编译出版社, 2015.

[42]本书编写组. 基层协商民主典型案例选编[M]. 北京: 人民出版社, 2015.

[43]陈家刚. 协商民主与国家治理: 中国深化改革的新路向新解读[M]. 北京: 中央编译出版社, 2014.

[44]徐行. 当代中国协商民主的制度化建设[M]. 天津: 南开大学出版社, 2017.

[45]林尚立, 赵宇峰. 中国协商民主的逻辑(修订版)[M]. 上海: 人民出版社, 2016.

[46]周岑银. 公共理性视域下的中国协商民主制度建构[M]. 北京: 中国社会科学出版社, 2019.

[47]陈家刚. 社会主义协商民主: 制度与实践[M]. 北京: 社会科学文献出版社, 2019.

[48]郭建宁. 当代中国的文化选择[M]. 北京: 北京大学出版社, 2004.

[49]本书编写组. 培育和践行社会主义核心价值观[M]. 北京: 人民出版社, 2014.

[50]陈新汉. 社会主义核心价值体系价值论研究[M]. 上海: 上海人民出版社,

2008.

[51]陈亚杰. 建设社会主义核心价值体系[M]. 北京: 人民出版社, 2007.

[52]程伟礼, 杨晓伟. 中国特色社会主义核心价值观的历史形成[M]. 上海: 复旦大学出版社, 2012.

[53]方爱东. 社会主义核心价值观研究[M]. 合肥: 中国科学技术大学出版社, 2013.

[54]方旭光. 认同的价值与价值的认同: 社会主义核心价值观论[M]. 北京: 中国社会科学出版社, 2014.

[55]韩震. 社会主义核心价值观凝练研究[M]. 北京: 北京师范大学出版社, 2012.

[56]居云飞. 社会主义核心价值观与中华优秀传统文化[M]. 北京: 中国社会科学出版社, 2014.

[57]张学森. 核心价值观的历史演进与当代构建[M]. 北京: 人民出版社, 2014.

[58]何锡蓉. 核心价值体系构建与价值观研究[M]. 上海: 上海人民出版社, 2008.

[59]黄力之. 兴国之魂——社会主义核心价值观培育[M]. 上海: 上海人民出版社, 2014.

[60]李松. 中国一定能: 用社会主义核心价值观托起未来[M]. 北京: 新华出版社, 2013.

[61]李宗桂. 传统与现代之间[M]. 北京: 北京师范大学出版社, 2011.

[62]孙若风. 建设社会主义文化强国[M]. 北京: 中共党史出版社, 2012.

[63]季明. 核心价值观概论[M]. 北京: 人民出版社, 2013.

[64]张学森. 核心价值观的历史演进与当代构建[M]. 北京: 人民出版社, 2014.

[65]成中英. 新觉醒时代——论中国文化之再创造[M]. 北京: 中央编译出版社, 2014.